国家社会科学基金“价值创造视角下互联网平台企业商业模式创新的影响因素与创新路径研究”（批准号16BGL032）最终成果

江苏省社会科学基金“生命周期视角下网络平台企业风险生成机制及防控对策研究”（批准号19GLB015）阶段性成果

江苏省高校哲学社会科学重点项目“初创型互联网平台企业成长的影响因素及路径研究”（批准号2018SJZDI045）阶段性成果

国家社会科学基金“准公共产品视角下网络平台企业的治理机制研究”（批准号：20BGL096）阶段性成果

价值创造视角下互联网平台企业商业模式创新

影响因素与创新路径研究

刘建刚　张美娟◎著

中国财富出版社有限公司

图书在版编目（CIP）数据

价值创造视角下互联网平台企业商业模式创新影响因素与创新路径研究 / 刘建刚，张美娟著. —北京：中国财富出版社有限公司，2021. 3

ISBN 978 - 7 - 5047 - 7397 - 5

Ⅰ. ①价… Ⅱ. ①刘… ②张… Ⅲ. ①网络公司—商业模式—创新管理—研究 Ⅳ. ①F490. 6

中国版本图书馆 CIP 数据核字（2021）第 055344 号

策划编辑	郑欣怡　宋　宇	**责任编辑**	郭逸亭	**版权编辑**	李　洋
责任印制	梁　凡	**责任校对**	张营营	**责任发行**	黄旭亮

出版发行	中国财富出版社有限公司		
社　　址	北京市丰台区南四环西路 188 号 5 区 20 楼	**邮政编码**	100070
电　　话	010 - 52227588 转 2098（发行部）		010 - 52227588 转 321（总编室）
	010 - 52227566（24 小时读者服务）		010 - 52227588 转 305（质检部）
网　　址	http：//www. cfpress. com. cn	**排　　版**	宝蕾元
经　　销	新华书店	**印　　刷**	北京九州迅驰传媒文化有限公司
书　　号	ISBN 978 - 7 - 5047 - 7397 - 5/F · 3388		
开　　本	710mm × 1000mm　1/16	**版　　次**	2022 年 5 月第 1 版
印　　张	15. 5	**印　　次**	2022 年 5 月第 1 次印刷
字　　数	254 千字	**定　　价**	68. 00 元

序

随着“互联网+”概念的提出及深入推进，不少互联网平台企业正在通过商业模式创新以几何速度快速成长，颠覆了传统企业成长发展过程的周期性规律。本研究在互联网平台企业、商业模式创新等领域现有研究的基础上，从价值创造视角对互联网平台企业商业模式创新的影响因素和创新路径进行了研究。

现将互联网平台企业商业模式创新的影响因素分为内部因素和外部因素，以滴滴出行为企业案例，通过扎根理论三级编码，研究得出了价值创造视角下互联网平台企业商业模式创新六大内部影响因素：产品（或服务）、用户体验及其黏着度、平台推广、价值链延展、竞争壁垒、政策应对举措，并以网络生鲜平台企业为典型细分领域，对企业创新文化、市场环境、技术环境和政策等外部影响因素对互联网平台企业商业模式创新的影响进行了实证研究。考虑到用户在互联网平台企业商业模式创新中的重要作用，以网络生鲜平台企业为典型细分领域，进一步把用户体验细分为九大因素，通过相关性分析和回归分析研究了九大细分因素对网络生鲜平台企业商业模式创新绩效的影响。进一步考虑到用户感知质量在消费者购买意愿形成过程中，起到的重要中介作用，同时品牌形象是最重要的用户感知来源，运用结构方程模型对用户感知质量中介作用下品牌形象对网络生鲜平台企业商业模式创新绩效的影响进行了实证研究。

通过经验总结与理论归纳，对“互联网+”环境下商业模式创新路径进行了研究，提出并分析了“互联网+”环境下商业模式创新的五条路径。以滴滴出行为典型企业案例，进行了基于扎根理论的单案例剖析，研究分析了滴滴出行作为互联网平台企业开展商业模式创新的路径。以永安行和 ofo 为共享单车细分行业的案例企业，运用扎根理论进行了双案例比较分析，分析了有桩单车和无桩单车平台企业在客户价值主张、产品与服务、运营体系、技术创新、政府政策举措、盈利模式等方面商业模式创新路径的异同。以时空制约突破为细分视角，对互联网平台企业商业模式创新路径进行了研究，以 8 家企业为案例对四种不同类型的互联网平台企业开展了基于扎根理论的多案例类比分析，对每一类互联网平台企业由时空制约突破带来的商业模式创新路径进行了剖析。围绕互联网平台企业商业模式创新与技术创新协同发展细分视角，以小米科技为案例进行了扎根理论案例分析，研究给出了小米科技商业模式创新与技术创新协同发展的路径。

在本书出版之际，感谢马德清、钱玺娇、韩楠、陈昌杰、高杰等研究生对本书的贡献。

目　录

第一篇　研究背景及理论基础篇 …… 1
第一章　绪论 …… 2
1.1　背景 …… 2
1.2　意义 …… 5
1.3　总体结构 …… 6
第二章　理论基础及文献综述 …… 11
2.1　互联网平台企业概念及内涵 …… 11
2.2　文献综述 …… 13
2.3　主要研究方法 …… 18

第二篇　影响因素分析篇 …… 23
第三章　价值创造视角下互联网平台企业商业模式创新内部影响因素研究——基于滴滴出行的案例剖析 …… 25
3.1　扎根理论及研究对象选择 …… 27
3.2　滴滴出行商业模式创新影响因素分析 …… 27
3.3　滴滴出行商业模式创新借鉴分析 …… 35
3.4　本章小结 …… 38
第四章　价值创造视角下互联网平台企业商业模式创新外部影响因素研究——以网络生鲜平台企业为例的实证分析 …… 39
4.1　网络生鲜平台企业发展基本情况概述 …… 40

4.2 网络生鲜平台企业商业模式创新外部影响因素假设 …… 45
4.3 研究模型构建 …… 47
4.4 网络生鲜平台企业商业模式创新外部影响因素的实证研究 …… 48
4.5 网络生鲜平台企业商业模式创新外部影响因素的对策建议 …… 68
4.6 本章小结 …… 70
第五章 基于用户体验的网络生鲜平台企业商业模式创新绩效（消费者购买意愿维度）影响实证研究 …… 72
5.1 文献基础和理论依据 …… 73
5.2 消费者体验细分因素及研究假设 …… 74
5.3 量表设计与数据分析 …… 78
5.4 对策与建议 …… 85
5.5 本章小结 …… 87
第六章 基于用户感知质量中介作用的品牌形象对网络生鲜平台企业商业模式创新绩效（消费者购买意愿维度）影响实证研究 …… 88
6.1 文献基础与理论依据 …… 89
6.2 理论模型与研究假设 …… 91
6.3 数据分析和模型验证 …… 99
6.4 对策与建议 …… 109
6.5 本章小结 …… 110

第三篇 创新路径分析篇 …… 113
第七章 “互联网+”环境下商业模式创新路径研究 …… 116
7.1 研究背景 …… 116
7.2 “互联网+”环境下商业模式创新路径分析 …… 117
7.3 “互联网+”环境下商业模式创新对策与建议 …… 123
7.4 本章小结 …… 125

第八章 价值创造视角下互联网平台企业商业模式创新路径研究——基于扎根理论的滴滴出行案例分析 …… 127
8.1 研究背景 …… 127
8.2 滴滴出行典型案例选择 …… 128
8.3 滴滴出行商业模式创新路径分析 …… 129
8.4 互联网平台企业商业模式创新路径对策与建议 …… 136
8.5 本章小结 …… 138
第九章 价值网络视角下有桩单车和无桩单车商业模式创新路径比较研究——基于永安行和ofo的双案例扎根分析 …… 139
9.1 理论基础 …… 140
9.2 研究方法选择与研究方案设计 …… 141
9.3 基于扎根理论的案例分析 …… 142
9.4 有桩单车和无桩单车商业模式创新路径比较分析 …… 154
9.5 共享单车商业模式创新路径对策与建议 …… 155
9.6 本章小结 …… 157
第十章 时空制约突破视角下互联网平台企业商业模式创新路径研究——基于扎根理论的多案例分析 …… 158
10.1 时空制约突破理论基础 …… 159
10.2 研究方案 …… 161
10.3 互联网平台企业时空制约突破商业模式创新路径多案例分析 …… 162
10.4 经验借鉴和建议 …… 174
10.5 本章小结 …… 176
第十一章 互联网平台企业商业模式创新与技术创新协同发展路径研究——以小米科技为案例 …… 178
11.1 文献基础 …… 179
11.2 研究策略与设计 …… 180
11.3 基于扎根理论的模型构建与研究发现 …… 185
11.4 本章小结 …… 189

第四篇　总结篇 …… 191
第十二章　总结与展望 …… 192
12.1　研究内容总结 …… 192
12.2　研究对策与建议总结 …… 194
12.3　研究创新点总结 …… 200
12.4　研究的不足与展望 …… 202
参考文献 …… 203

附录1　调查问卷1 …… 225

附录2　调查问卷2 …… 229

附录3　调查问卷3 …… 233

附录4　图表清单 …… 237

第一篇　研究背景及理论基础篇

本篇内容共分为两章，将会给出价值创造视角下互联网平台企业商业模式创新影响因素与创新路径研究的背景、理论基础及文献综述。

第一章将从三个方面给出本研究的背景：(1) 互联网平台企业商业模式创新政策环境正在不断优化；(2) 互联网平台企业商业模式创新所依托的互联网用户正日益成熟；(3) 互联网平台企业风起云涌，新的商业模式正不断涌现。本章将从两个方面给出研究意义：理论价值与学术意义、实践价值与应用意义，并将给出本研究的总体结构。

第二章内容包括：互联网平台企业概念及内涵、文献综述、主要研究方法三个部分。互联网平台企业概念及内涵部分将对研究对象进行概念界定和内涵阐述；文献综述部分将从互联网平台企业的文献综述、互联网平台企业商业模式创新文献综述两个方面阐述该领域的研究现状及存在问题；主要研究方法部分将简要介绍基于扎根理论的案例分析法和基于结构方程的问卷调查分析法。

第一章　绪论

随着互联网、云计算、物联网、人工智能、增强现实、区块链等信息技术的出现，以及我国“互联网+”战略计划的不断推进，新业态不断涌现、商业模式不断创新、传统资源不断优化整合、社会资源的使用效率不断提升，互联网已经成为推动我国经济提质增效、转型升级的重要工具。互联网平台企业作为“互联网+”行动计划中发展最快的企业形态，已实现颠覆式成长。数据显示，腾讯1998年成立，到2007年市值过百亿美元，到2018年市值过五千亿美元；阿里巴巴2017年双十一当天平台成交额1682亿元，是2009年双十一成交额的3364倍；滴滴出行（原名“滴滴打车”）2012年上线，到2017年年底集聚了4.5亿乘客用户，全年累计提供74.3亿次出行服务；共享单车，从2014年诞生，到2017年年底用户规模已达2.21亿，基本实现对国内主要城市的全面覆盖，并渗透到21个海外国家。大量案例表明，互联网平台企业通过商业模式创新实现的颠覆式成长，已经打破了传统企业成长发展的周期性规律。与此同时，互联网平台企业也存在着诸如共享单车乱停乱放、滴滴出行网约车司机犯罪、百度搜索竞价、腾讯游戏带来负面影响、阿里售卖假货等负面热点问题，如何从商业模式创新视角使鼓励模式创新、支持企业发展与包容审慎监管规范企业行为相平衡，已经成为政府管理部门面临的难点问题。互联网平台企业商业模式创新已经成为学术界的研究热点、企业界的关注焦点、各级政府的工作重点。

1.1　背景

1.1.1　互联网平台企业商业模式创新政策环境正在不断优化

近年来，互联网平台企业商业模式创新政策环境体系已经构建，并逐步完善。

2015 年 3 月，李克强总理在政府工作报告中首提“互联网 +”这个概念[1]。

2015 年 5 月，国务院印发的《中国制造 2025》中指出，深化互联网在制造领域的应用。制定互联网与制造业融合发展的路线图，明确发展方向、目标和路径。发展基于互联网的个性化定制、众包设计、云制造等新型制造模式，推动形成基于消费需求动态感知的研发、制造和产业组织方式[2]。

2015 年 7 月，《国务院关于积极推进“互联网 +”行动的指导意见》指出，将互联网作为生产生活要素共享的重要平台，最大限度优化资源配置，加快形成以开放、共享为特征的经济社会运行新模式[3]。

2015 年 11 月，工业和信息化部（以下简称“工信部”）印发的《贯彻落实〈国务院关于积极推进“互联网 +”行动的指导意见〉行动计划》（2015—2018 年）指出：“跨界融合的新模式、新业态成为经济增长的新动力，培育一批互联网与制造业融合示范企业”，“打造服务产业转型的平台经济。支持制造企业、互联网企业、信息技术服务企业跨界联合，建设和应用推广工业云平台”。[4]

2016 年 6 月，李克强总理在会见出席第十届夏季达沃斯论坛的企业家代表时表示，《中国制造 2025》和“互联网 +”是不可分割的，要使中国制造向智能化的方向发展，必须依靠互联网，依靠云计算，依靠大数据。

2017 年 10 月，党的十九大报告中指出，要推动互联网、大数据、人工智能和实体经济深度融合。

2018 年 3 月，李克强总理在政府工作报告中指出，要深入开展“互联网 +”行动，实行包容审慎监管，推动大数据、云计算、物联网广泛应用，新兴产业蓬勃发展，传统产业深刻重塑[5]。

1.1.2　互联网平台企业商业模式创新所依托的互联网用户正日益成熟

2018 年 1 月 31 日，中国互联网络信息中心发布的《中国互联网络发展状况统计报告》指出，2017 年我国有 4074 万人新接入互联网，成为新增网民。截至 2017 年年底，我国网民规模达到 7.72 亿。上网的人群范围越来越广，互联网的互动性、社交性使得我国互联网的用户正在从以青年为主逐步向低龄和高龄两端延伸，农村网络基础设施的提升和智能手机的普遍使用使农村的网络用户快速增长。

出生于1970—1980年的互联网用户是中国互联网普及（2000年前后）之后的第一代用户，他们从青年时期（20~30岁）开始高频率使用互联网，目前已经成为社会的中坚力量，是中国主流消费的重要决策者，他们的日益成熟是腾讯、阿里、百度等第一代中国互联网平台企业商业模式获得成功的用户基础。

出生于1980—1990年的互联网用户是中国第二代互联网用户，他们从青少年时期（10~20岁）开始使用互联网，从20~30岁开始高频使用移动互联网，他们大多数已经工作，处于职业生涯的中期，消费能力和消费决策权正在成长，他们的日益成长和成熟是小米科技、滴滴出行、摩拜单车等新生代互联网平台企业商业模式创新获得成功的用户基础。

出生于1990—2000年的互联网用户是中国第三代互联网用户，他们在10岁之前就开始使用互联网，从10~20岁开始高频使用移动互联网，目前还是学生或处于职业生涯初期阶段，他们个性化特征显著，普遍具有互联网思维，有强烈意愿尝试互联网新模式，他们的日益成长和成熟必然会成为下一代互联网平台企业商业模式创新成功的用户基础。

出生于2000年之后的互联网用户，在互联网环境下成长、学习、生活，随着他们的成长和成熟，互联网平台企业商业模式必然会迎来再一次创新。

1.1.3 互联网平台企业风起云涌，新的商业模式正不断涌现

传统互联网平台企业，如腾讯、阿里、百度已经通过商业模式创新成长为商业帝国。腾讯通过其产品QQ、微信改变了人们传统的社交和通信方式。

新兴互联网平台企业，如小米科技、滴滴出行、摩拜单车、拼多多通过商业模式创新快速成长为独角兽企业。小米科技，通过互联网高效整合了供应商与终端用户资源，通过互联网打造粉丝经济、社群经济，进行饥饿营销，2017年小米手机出货量达到9200万部，同比增长59%。滴滴出行通过互联网有效解决了传统出行行业中车辆资源和乘客资源之间的信息不对称问题，实

现了出行场景中供需双方资源的匹配，从2012年企业创立到2017年年底，快速聚集了用户4.5亿，每日出行规模达到2500万次，每日处理数据超过4500TB。摩拜单车的共享单车模式，通过互联网、物联网等技术使单车使用全流程跨越时空限制，以最便捷的体验解决了公众出行的“最后一公里”问题，2017年就实现了日订单量超2000万，在全球超过50个城市累计投放超过365万辆智能共享单车。拼多多把社交元素融入传统电商实现了商业模式创新，通过“拼团”和“砍价”在网络社交软件中病毒式传播，以极低的成本和极快的速度获取了大量用户，创立3年就成功在美国上市，2017年全年和2018年第一季交易额为1412亿元和662亿元，订单总数分别为43亿单和17亿单，月活跃用户分别为6500万人和1.03亿人。

网络生鲜平台企业如天天果园、中粮我买网、本来生活网等，围绕生鲜类产品的储运特点，聚焦于通过互联网实现生鲜类产品供给与消费者需求之间的匹配优化；物流交易类平台如满帮、第一物流网、车联天下等，通过互联网解决了货运市场中车货匹配的问题，提升物流效率、降低车辆空载率，实现商业模式创新；技术众包类平台企业如猪八戒网、大学仕等，通过互联网实现了企业技术需求与技术工作者利用闲散时间提供技术供给之间的精准匹配；互联网教育类平台企业如学而思，通过互联网实现了优质教育培训资源的异地共享。

互联网平台企业商业模式创新作为互联网企业界共同关注的焦点，值得学术界进行深入的理论研究和学术剖析，探究其本质及产生巨大效能的背后隐含的规律。

1.2　意义

1.2.1　理论价值与学术意义

从价值创造视角对互联网平台企业商业模式创新的影响因素和创新路径进行研究，其理论价值与学术意义主要有三个方面：（1）探索互联网平台企业商业模式创新的价值网络拓展规律，有利于从价值创造角度剖析互联网平台企业通过商业模式创新构建和完善价值创造体系的规律；（2）分析互联网平台企业商业模式创新的影响因素，能够发现影响互联网平台企业商业模式创新的影响因素，并探索这些因素如何影响互联网平台企业商业模式创新；（3）研究互联网平台企业商业模式创新的创新路径，能够探索不同行业、不同类型、不同视角下互联网平台企业商业模式创新路径的异同，进一步从互联网平台企业应用领域完善和丰富现有商业模式创新研究理论体系。

1.2.2 实践价值与应用意义

从价值创造视角对互联网平台企业商业模式创新的影响因素和创新路径进行研究，实践价值与应用意义主要有两个方面：（1）能够为互联网平台企业进行商业模式创新提供可借鉴的经验；（2）能够为政府部门进一步引导、服务、管理、监管互联网平台企业商业模式创新，以及构建有利于互联网平台企业商业模式创新健康发展的生态环境提供对策和建议。

1.3 总体结构

本研究共分为四篇（十二章），采用了总—分—总的结构形式，第一篇为研究背景及理论基础篇（由第一章和第二章组成），第二篇为影响因素分析篇（由第三章、第四章、第五章、第六章组成），第三篇为创新路径分析篇（由第七章、第八章、第九章、第十章、第十一章组成），第四篇为总结篇（由第十二章组成）。

第一章绪论。从三个方面给出了本研究的背景：互联网平台企业商业模式创新政策环境正在不断优化；互联网平台企业商业模式创新所依托的互联网用户正日益成熟；互联网平台企业风起云涌、新的商业模式正不断涌现。从理论价值与学术意义、实践价值与应用意义两个方面给出了本研究的意义。并给出了研究的总体结构。

第二章理论基础及文献综述。在现有文献的基础上，为了使本研究的范围和边界更加准确和具体，对本研究的研究对象——互联网平台企业进行了概念定义和内涵阐述；从互联网平台企业的文献综述、互联网平台企业商业模式创新文献综述两个方面对该领域的研究现状进行了梳理，指出现有文献的不足之处，引出本研究的主要内容；对后面章节中需要重点使用的两种研究方法——基于扎根理论的案例分析法和基于结构方程的问卷调查分析法进行了简要介绍。

第三章以滴滴出行为企业案例，对价值创造视角下互联网平台企业商业模式创新内部影响因素进行了案例剖析，通过对案例资料的三级编码，研究出价值创造视角下互联网平台企业商业模式创新六大内部影响因素：产品（或服务）、用户体验及其黏着度、平台推广、价值链延展、竞争壁垒、政策应对举措。通过分析六大内部影响因素对滴滴出行在商业模式创新中的影响，为互联网平台企业开展商业模式创新提出了对策和建议。

第四章以网络生鲜平台企业为典型细分领域，对价值创造视角下互联网平台企业商业模式创新外部影响因素进行了实证研究，通过结构方程模型构建，以问卷调查为数据采集方法，对价值创造视角下三类外部影响因素：企业创新文化（管理者富有创新精神因素、管理者保持开放心态因素、管理者鼓励员工知识共享因素）、市场环境（人口因素、经济因素、竞争因素）、技术环境和政策（技术进步因素、冷链产业的发展因素、公共政策的支持因素）对网络生鲜平台企业商业模式创新的影响进行了实证分析，在统计分析结果的基础上剖析了结果产生的原因，并针对外部影响因素，就如何开展网络生鲜平台企业商业模式创新给出了对策和建议。

第五章以网络生鲜平台企业为典型细分领域，考虑到网络生鲜平台企业商业模式创新绩效最重要的维度是消费者购买意愿，通过实证调研的方法探究了用户体验对网络生鲜平台企业商业模式创新绩效（消费者购买意愿维度）的影响，进一步把用户体验细分为九大因素：产品价格体验因素、产品质量体验因素、品牌形象体验因素、物流服务体验因素、网络口碑体验因素、风险感知体验因素、安全保障体验因素、客户服务体验因素、网站设计体验因素，在网络生鲜消费者问卷调研的基础上，通过相关性分析和回归分析研究了九大细分因素对网络生鲜平台企业商业模式创新绩效（消费者购买意愿维度）的影响，并对统计分析结果进行了原因剖析，给出了网络生鲜平台企业进一步提升商业模式创新绩效（消费者购买意愿维度）的对策和建议。

第六章以网络生鲜平台企业为细分领域研究对象，考虑到用户体验是用户对购物及消费的整体流程所形成的感知质量（或感知效应），同时感知质量在消费者购买意愿形成的过程中起到了重要的中介作用，而品牌形象［主要包括企业形象、产品（或服务）形象、使用者形象］是消费者购买意愿形成中最为重要的感知来源，运用结构方程模型对感知质量中介作用下品牌形象对网络生鲜平台企业商业模式创新绩效（消费者购买意愿维度）的影响进行了实证研究。对统计结果进行了原因剖析，并围绕通过打造品牌形象以提升网络生鲜平台企业商业模式创新绩效（消费者购买意愿维度）给出了对策和建议。

第七章通过经验总结与理论归纳，对“互联网+”环境下商业模式创新路径进行了研究，提出并分析了“互联网+”环境下商业模式创新的五条路径：延展价值链路径、提升用户体验路径、内容引流路径、去除中间环节路径、打造社群品牌路径。并针对“互联网+”环境下商业模式创新的五条路径给出了对策和建议。

第八章围绕互联网平台企业商业模式创新路径，以滴滴出行为典型企业案例，进行了基于扎根理论的单案例剖析，通过三级编码研究得出了滴滴出行作为互联网平台企业开展商业模式创新的四条路径（主范畴）：产品（服务）模式创新路径、营销策略模式创新路径、信息对称模式创新路径、价值链模式创新路径。针对滴滴出行商业模式创新的四条路径，给出了互联网平台企业开展商业模式创新的对策与建议。

第九章以永安行和 ofo 为案例企业，运用扎根理论进行双案例比较分析，分析了有桩单车和无桩单车平台企业在客户价值主张、产品与服务、运营体系、技术创新、政府政策举措、盈利模式等方面商业模式创新路径的异同，并围绕两种共享单车商业模式的创新路径给出了对策和建议：倡导行业客户价值主张、探索有桩模式和无桩模式的融合创新、实现大数据支撑下的共享单车精益治理、探索价值网络延展路径。

第十章从时空制约突破视角对互联网平台企业商业模式创新路径进行了研究，把互联网平台企业划分为网络购物类平台、服务撮合类平台、一站式企业商务运营平台、网络社交平台四种类型，在分类的基础上以 8 家企业为案例，开展了基于扎根理论的多案例类比分析，对每一类互联网平台企业通过时空制约突破形成的商业模式创新路径进行了剖析，并给出了对策建议。

第十一章围绕互联网平台企业商业模式创新与技术创新协同发展路径开展研究，以小米科技为案例进行扎根理论案例分析，研究给出了小米科技商业模式创新与技术创新协同发展的路径：小米科技在识别市场机会过程中发现“互联网+”创新契机，提出全新的基于互联网产品研发模式的价值主张，使其能够对引进的技术进行创造性模仿创新；技术创造性模仿创新作为商业模式创新的基础，促进了“营销—盈利—运作”三位一体商业模式持续创新战略的生成，电商直销、生态营销、粉丝经济、社群经济、网络口碑等模式创新不断发挥作用；而商业模式创新战略能够大力推动技术自主或合作创新能力的跃迁升级，技术自主或合作创新又会反过来从根本上带动商业模式的持续创新，小米科技的渐进性技术自主或合作创新，大大提高了自身可持续创新能力，带来了新的技术突破，挖掘了新的市场需求，从根本上推动了商业模式的持续变革。

第十二章对研究进行总结与展望，主要包括研究内容总结、研究对策与建议总结、研究的创新点总结、研究不足与展望。

研究的总体结构如图 1.1 所示。

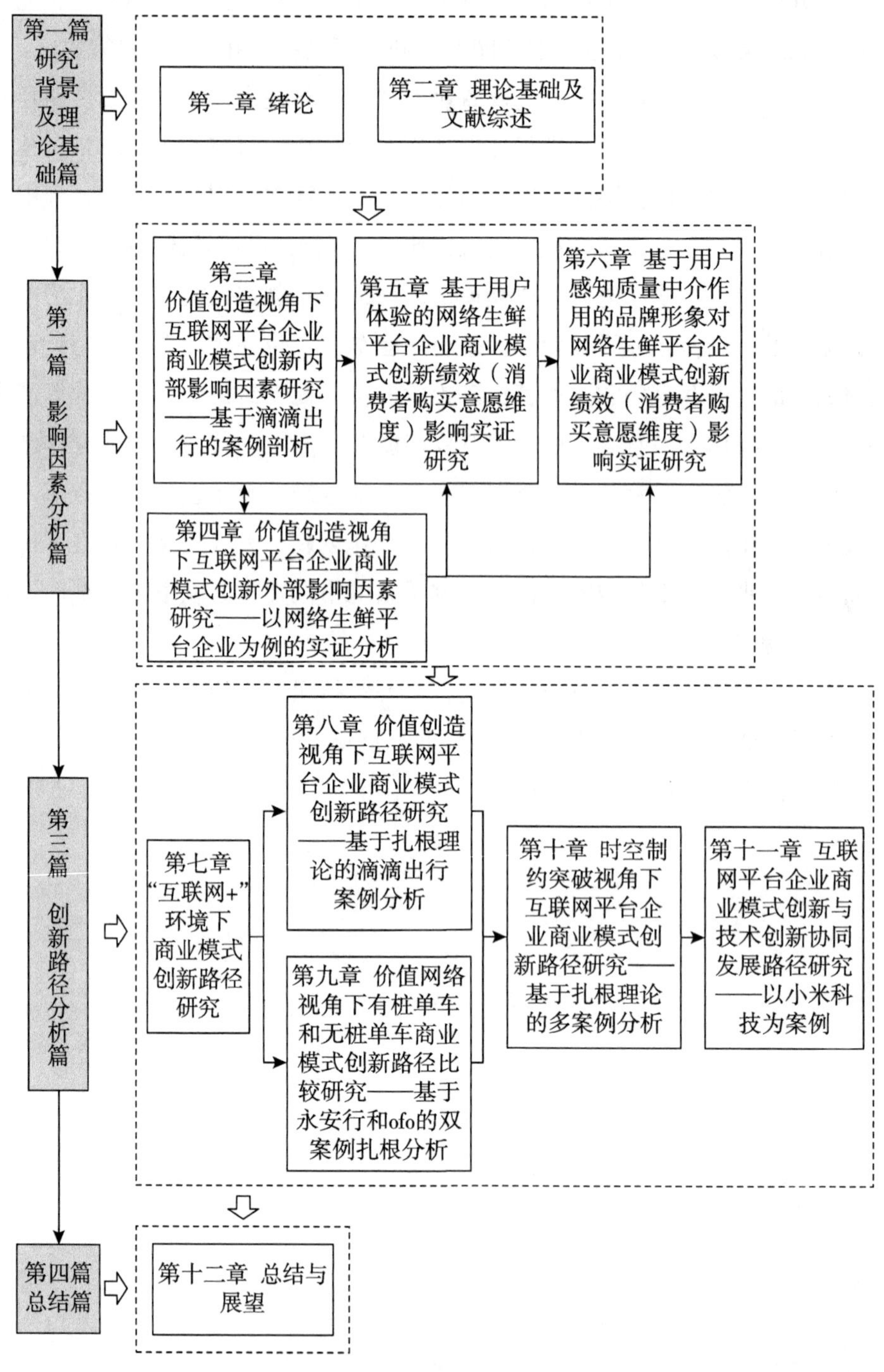

第一篇
研究背景及理论基础篇
第一章 绪论
第二章 理论基础及文献综述
第二篇 影响因素分析篇
第三章
价值创造视角下互联网平台企业商业模式创新内部影响因素研究——基于滴滴出行的案例剖析
第五章 基于用户体验的网络生鲜平台企业商业模式创新绩效（消费者购买意愿维度）影响实证研究
第六章 基于用户感知质量中介作用的品牌形象对网络生鲜平台企业商业模式创新绩效（消费者购买意愿维度）影响实证研究
第四章 价值创造视角下互联网平台企业商业模式创新外部影响因素研究——以网络生鲜平台企业为例的实证分析
第三篇 创新路径分析篇
第七章
“互联网+”环境下商业模式创新路径研究
第八章 价值创造视角下互联网平台企业商业模式创新路径研究——基于扎根理论的滴滴出行案例分析
第九章 价值网络视角下有桩单车和无桩单车商业模式创新路径比较研究——基于永安行和ofo的双案例扎根分析
第十章 时空制约突破视角下互联网平台企业商业模式创新路径研究——基于扎根理论的多案例分析
第十一章 互联网平台企业商业模式创新与技术创新协同发展路径研究——以小米科技为案例
第四篇
总结篇
第十二章 总结与展望

图 1.1 研究的总体结构

第二章 理论基础及文献综述

2.1 互联网平台企业概念及内涵

广义上来讲，平台是一种现实或虚拟空间，该空间可以促成双方或多方客户之间的信息交流或交易（服务）的达成，如传统的卖场、超市等[6]。互联网平台是通过互联网把双方或多方资源聚合在一起，借由互联网便捷的信息传递功能实现多方资源的匹配或整合，如淘宝、滴滴出行、美团、小米科技等，互联网平台具有跨越时空、资源整合、价值创造等特性[7][8]。关于平台企业的概念和内涵，各研究流派中的诸多学者均给出了各自的定义，学术界尚没有形成统一的认识。

Rochet 和 Tirole（2003）从双边市场角度给出了平台企业的定义：平台是一种现实或虚拟交易空间或场所，该空间可以为供需双方的交易提供环境，在价格结构上的任何变动都将影响双方对平台的需求及参与规模，并影响交易总量，如果平台企业能够在不同类别的最终用户之间有效地交叉补贴，那么这个具有网络外部性的市场就是双边市场[9]。Armstrong（2006）在平台企业的定义中强调了跨边网络效应，认为双边（或多边）用户在通过平台企业互动时创造了剩余价值，双边（或多边）用户中的一边所得到的利益取决于平台企业吸引另外一边（或多边）用户的活动[11]。陈威如等（2013）在《平台战略：正在席卷全球的商业模式革命》中进一步从战略角度将价格结构和跨边网络融合在一起，认为平台企业是指连接两个（或更多）特定群体，为他们提供互动机制，满足所有群体的需求，并巧妙地从中盈利的企业[12]。平台企业的构成要素如图 2.1 所示。

麻省理工学院的 Gawer 和 Cusumano（2008）从创新管理视角给出了平台

图 2.1　平台企业的构成要素[12]

企业的定义：平台是一种在技术、产品、交易系统中具有根基作用的存在体，通过接口与平台外部资源发生联系，促进不同市场领域的企业开展交易和创新活动，平台的构成资源包括需求方用户、供给方用户和平台提供商，且用户间存在直接和间接的网络效应[13][14]。浙江大学王节祥（2017）为了研究互联网平台企业的边界选择和开放度治理，给出了互联网平台企业的定义：以互联网技术作为基础设施，支撑双边用户之间的交易和创新活动，或提升交易和创新活动效率的平台提供商。为了方便研究开展，他们排除了单边用户或三边以上用户的平台[15]。平台企业架构如图 2.2 所示。

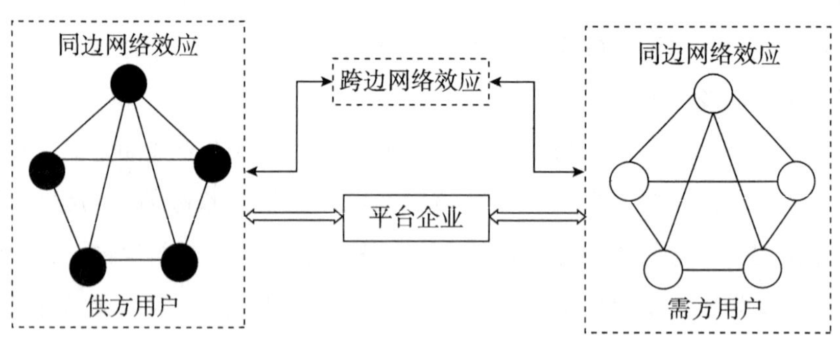

图 2.2　平台企业架构

为了更好地从价值创造视角研究互联网平台企业的商业模式创新，本研究对互联网平台企业给出了如下定义：互联网平台企业以互联网为基础环境构建生态体系，主要由平台内部节点元素和平台相关节点元素组成，平台内部节点元素主要包括用户节点（如单边、双边或多边用户）、平台供应商节点，平台相关节点元素主要包括平台价值链延展节点（如使用平台流量的其他平台或外部主体、在平台上发布广告的主体）、平台政府监管节点等。互联网平台企业通过价值主张构造运用互联网的跨越时空等特性解决用户（单边、双边或多边用户）特定服务的需求（如商品交易、资源匹配、互联网信息资源查询、互联网资源共享等）；通过细分客户平台推广实现用户资源的快速集聚，通过平台产品（或服务）提升用户体验、增强用户黏着度，通过服务费用收取、用户流量变现、广告等方式实现盈利模式的构建和价值链的延展；通过政府监管的应对措施实现互联网平台企业生态体系的健康可持续发展。价值创造视角下互联网平台企业的概念与内涵如图 2. 3 所示。

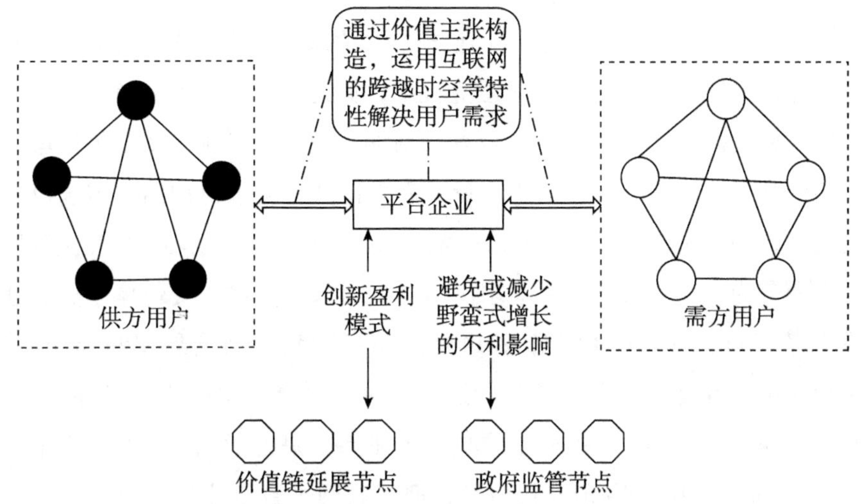

图 2. 3　价值创造视角下互联网平台企业的概念与内涵

2. 2　文献综述

2. 2. 1　互联网平台企业的文献综述

随着互联网技术的发展及普及，2000 年以来，互联网平台企业越来越受到学术界的关注。根据互联网平台的双边市场资源整合特性，Rochet 和 Tirole（2003）等学者为平台经济的研究做了开创性贡献[9][10]，Rochet 和 Tirole（2003）研究认为平台企业所联结的双边市场具有价格结构效应[9]，供需双方一方的价格结构发生变化，就能够对交易结果产生影响。Armstrong（2006）等研究认为，在互联网平台企业的双边用户中一边的用户增加，会导致另一边的用户相应增加，即互联网平台企业存在跨边网络效应[11]。Hagiu 和 Wright（2015）在跨边网络效应的基础上进一步总结出互联网平台企业的两个特点：（1）双边市场的两边用户之间直接进行交易；（2）平台企业对双边市场两边用户均具有黏着性，平台具有对双边用户的专用性资产，导致双边用户退出平台的成本较高[16][17]。

由于互联网平台企业双边市场的形态不同，研究人员从不同角度进行了分类。Evans（2003）将双边市场分为市场创造者、受众创造者和需求协调者[17][18]。市场创造者将交易潜在的供给方和需求方集聚起来，提高了交易发生的可能性，增强了交易过程的便捷程度，如淘宝、京东等电商平台；受众创造者主要是内容产业，通过平台发布新闻、视频、音频、文字等内容，吸引更多的观众和读者，带来用户流量；需求协调者可以协调用户需求以避免重复成本，如支付体系等。Kaiser 和 Wright（2006）从市场功能角度把互联网平台企业分为：交易市场类、需求配对类、目录服务类、支付体系类、搜索引擎等[19]。Filistrucchi（2013，2014）则将平台划分为交易型和非交易型，其中交易型平台需要平台的参与者进行交易，才能产生跨边网络外部效应，而在非交易型平台中，用户只要加入了平台，就会产生跨边网络外部效应[17]。Roson（2013）从所有权角度，把互联网平台企业分为独立拥有的平台和垂直一体化平台两大类[20]。

在与同行开展竞争的过程中，互联网平台企业和一般的企业有所不同，互联网平台企业的成长往往能够借助互联网快速集聚双边用户，做大规模、形成垄断。Caillaud 和 Jullien（2003）以及 Evans（2003）等研究者发现当某一个领域的互联网平台企业用户规模化之后，就能够形成竞争壁垒，新的互联网平台企业将很难再有机会进入市场，即会产生互联网平台企业竞争中“赢者通吃”的效应[21][22]。Armstrong（2006）、Eisenmann，Parker 和 Alstyne（2006）研究认为，互联网平台企业采用的免费、补贴等掠夺性定价策略能够对用户产生十足的吸引力，帮助互联网平台企业的双边用户规模快速扩大[11][23]。Amelio 和 Jullien（2007）研究发现互联网平台企业可以通过开展与主营业务相关度较高的其他业务来增强平台的盈利能力并扩大用户的使用规模[24]。陈永伟（2017）、Rieder 和 Sire（2013）以 Google（谷歌）平台为例研究发现，互联网平台企业在竞争中能够通过对双边市场中一边用户的充分掌握，来精准引导另一边用户，使其中的部分用户获利[25][26]。

2.2.2　互联网平台企业商业模式创新文献综述

“商业模式”最早出现在20世纪50年代Bellman和Clark的论文中，随着全球经济的飞速发展以及WTO（世界贸易组织）的成立，20世纪90年代“商业模式”重新回到学者们的研究视野中。国外对“商业模式”的研究较早，从商业模式的概念、要素、分类研究逐渐转向商业模式创新研究[27]。不同的国外学者对商业模式创新具有不同的看法：Sosna等（2010）从商业模式创新的阶段性出发进行研究；Linder等（2000）以创新形式为出发点进行分析；也有学者基于整合的视角，构造商业模式框架，认为商业模式的创新是由企业外部和内部环境因素共同决定的[28][29]。Osterwalder（2007）等认为应以商业模式的构成要素为起点对其进行创新[30]。国内对于商业模式的研究起步较晚，总结评述国外商业模式创新路径能够为国内商业模式创新提供借鉴，为正在进行商业模式创新的企业提供指导[31]-[34]。从研究方法上来讲，国内对商业模式创新路径的研究主要有扎根理论、构建模型以及问卷调查等[35][36]。另外，国内学者也从不同视角出发，对商业模式进行了研究，刘丹等（2014）从大数据的视角对商业模式创新的不同阶段进行分析[37]，罗珉等（2015）从价值创造的视角解释了互联网时代商业模式是社群逻辑的平台模式[38]。学者们也从知识视角、内外整合视角以及要素视角等对商业模式创新进行了研究，丰富了商业模式研究的内涵与外延。

随着互联网、云计算、大数据、移动互联等信息技术的快速发展与应用，商业模式创新已经成为创新管理的重要组成部分，是企业形成和提升核心竞争力的重要手段（吴晓波等，2015）[39]。亚当·斯密（1776）提出的价值论，为价值创造理论奠定了基础。Porter（1985）的价值链理论把经营过程看作系列价值创造活动构成的价值链，企业经营的核心问题就是如何正确确定自己在价值链中的位置（Porter等，2000）[40]。在价值链理论基础上，价值网络理论进一步克服了价值链理论的静态化、线性化、单向化缺陷（Ghoshal等，1999；Rayport和Sviokla，1995；Duncan等，1997；罗珉，2006；李垣、刘益，

2001）[41]-[45]。价值网络理论强调价值创造主体之间合作的动态性，补充了价值创造主体之间的竞争合作等更加复杂的网络关系，提出了价值创造主体之间的双向资源分配关系（Gulati，Nohria 和 Zaheer，2000；Kothandaraman 和 Wilson，2001；Hearn 和 Pace，2006；王琴，2011）[46]-[49]。随着互联网技术的发展，社群、跨界、场景、融合等互联网特征正在对价值网络理论产生重要影响，客户成为价值网络的中心，传统价值创造的中间环节大幅减少，跨界成为价值创造的新增长点（罗珉、杜华勇，2018；Lepak 和 Smith，Taylor，2007）[50][51]。

商业模式创新的核心在于价值创造（Amit 和 Zott，2001；OECD 等，2005）[52][53]，在价值网络中价值创造环节的任意变化都能触发商业模式创新（Chesbrough，2006）[54]，价值创造视角下商业模式创新研究主要集中于以下三个方面：（1）商业模式创新与企业绩效关系研究。商业模式创新是企业改变价值创造基本逻辑从而提升顾客价值和企业竞争力的动态过程（叶晓茵、孙锐、林春培，2014；Amit 和 Zott，2012）[55][56]，商业模式创新已经成为企业提升绩效的重要使能技术（Teece 等，2010）[57]，其对于企业绩效的正向作用已经得到了广泛的认可（Amit 和 Zott，2001；Zott 和 Amit，2008）[52][58]；（2）商业模式创新影响因素研究。研究人员发现商业模式创新的影响因素主要包括：价值主张、核心能力、盈利模式、消费者目标群体、分销渠道等（Osterwalder，Pigneur 和 Tucci，2005；Johnson 和 Christensen，2008；江积海、张烁亮，2014）[59]-[61]，Osterwalder（2005）[59]认为价值主张的更新有利于创造价值、传递价值、获取价值，Demil 和 Lecocq（2010）提出核心能力决定着商业模式的成本、收入、可持续性[62]，Teece（2010）认为盈利模式是商业模式创新最直接的影响因素，直接决定了企业在价值网络中的位置[57]，Magretta（2002）认为商业模式创新的多个影响因素之间的互动与匹配会显著影响商业模式创新的整体效果[63]；（3）商业模式创新与技术创新关系研究。商业模式创新是技术价值的转换器，技术创新是商业模式创新的一个关键驱动因素（Chesbrough，2010；Baden－Fuller 和 Haefliger，2013；江积海、张烁亮，2014）[64][65][61]，新技术的出现会对企业商业模式的各个要素产生影响，利于商业模式创新价值主张的实现（陈劲，2015；Teece，2010）[66][57]，利于引导技术创新向符合市场需求的方向发展，满足目标消费群体的需求，产生新的盈利模式（洪志生、薛澜、周源，2015）[67]，能够更好地将企业开放式创新中的变革性技术和产品推向市场（叶晓茵、孙锐、林春培，2014；Chesbrough，2010；胡保亮，2015）[55][64][68]。在互联网环境下，引入新的价值共创参与者，跨界增加盈利点以拓展价值网络（如“网络视频+电子商务”或“移动出行+电子支付”），已经成为商业模式创新的一种重要路径（王琴，2011；罗珉、杜华勇，2018）[49][50]。

互联网1969年产生，1994年中国正式获准接入互联网，从诞生之日起互联网就显现出跨越空间限制、实现及时信息交互、降低信息传递成本、减少信息不对称性等特性，同时也给企业价值创造中的协调、商务、社团、内容和沟通带来了破坏性影响（Zott，Amit和Massa，2011）[69]，在互联网环境下商业模式创新显现出了前所未有的活跃度（Zott，Amit和Massa，2011；Afuah和Tucci，2001）[69][70]。互联网平台企业是互联网环境下最活跃的一种企业形态，平台经济已经成为学术界的研究热点（Roehet和Tirole，2003；Caillaud和Jullien，2003；Armstrong，2006）[9]-[11]。互联网平台企业利用其双边市场特性可以通过调整价格结构影响商业模式中的用户参与和盈利（Armstrong，2006）[11]，其商业模式创新成为构建高效、去中间化双边市场的有效路径（Roehet和Tirole，2003；李凌，2015）[9][71]。互联网平台企业所具有的消除信息不对称、跨界资源整合、裂变式信息传播等特性为传统的商业模式带来了颠覆式的创新路径（吴晓波等，2014）[39]。互联网平台企业正在打破传统商业模式下的价值创造体系，客户已经成为价值网络的核心，用户体验正在成为影响商业模式创新的关键因素（罗珉、杜华勇，2018）[50]。根据互联网平台的信息共享、减少中间环节、价值增值等特性，国内外研究者从价值链视角对互联网平台企业商业模式创新开展了研究，对互联网平台企业商业模式创新的机理进行了探索[72][57]，对互联网平台企业商业模式创新的方法进行了剖析[49][73]，对互联网平台企业商业模式创新的影响因素和创新路径进行了跟踪研究[74]。

2.2.3 现有研究的述评

综观现有研究，互联网平台企业与商业模式创新研究领域均已经形成了较为完善的理论体系，进行了较为丰富的实践探索，并给出了系列对策和建议，但是在以下四个方面仍然存在不足：(1) 互联网平台企业发展十分迅猛，它们的商业模式创新在很多领域甚至带来了颠覆式发展，但是关于互联网平台企业商业模式创新的研究，仍然远远落后于产业发展的进程；(2) 在价值创造视角下，互联网平台企业通过双边市场实现了客户资源的快速集聚，通过跨界融合实现了价值网络的拓展，新的价值共创主体在增加，新的盈利模式在探索，但从价值创造视角对互联网平台企业商业模式创新进行的研究仍然处于起步阶段；(3) 在价值创造视角下，互联网平台企业商业模式创新有不同类型（如滴滴出行的商业模式创新主要解决的是信息不对称问题，实现了资源的高效匹配，而小米科技的商业模式创新主要解决了产品供应商与用户之间沟通不畅的问题，实现了客户中心化运营），不同类型的互联网平台企业商业模式创新在影响因素和创新路径方面存在着很大差异，现有研究中较少有文献对互联网平台企业商业模式创新进行聚类分析，并对不同类型互联网平台企业商业模式创新进行普遍性和差异性分析，探究不同类型的互联网平台企业商业模式创新的路径；(4) 互联网平台企业商业模式创新快速发展的同时，也给政府引导、服务、管理互联网平台企业带来了挑战（如恶性竞争与良性发展问题、快速发展与诚信危机问题等），针对如何解决互联网平台企业商业模式创新快速发展所带来的问题以及如何构建互联网平台企业商业模式创新健康发展的生态环境等方面的研究仍然十分匮乏。因而，本研究将以互联网平台企业为研究载体，以商业模式创新为研究领域，以价值创造为研究视角，分析其影响因素，探索其创新路径。

2.3 主要研究方法

2.3.1 基于扎根理论的案例分析方法概述

扎根理论是由 Glaser 和 Strauss 提出的一种用程序化的思路进行定性研究的方法，该理论认为只要有新的数据就可能产生新的理论，是在经验资料支撑下通过系统归纳得到研究结论的方法[75][76]。扎根理论源于 Symbolic interactionism 互动论传统，以及约翰·杜威和乔治·米德的实用主义哲学思想，前者认为社会、显示和自我都是由人们的行动和互动构建的，需要通过行动者的视角来理解；后者认为，事实和价值互相关联时，有用的知识才是真知识，世界是一个整体且丰富多变，需要通过观察、实验等方法从经验事实中提炼理论[77][78]。在运用扎根理论开展研究的过程中，研究者需要对现有经验资料通过研究者个人进行编码，并与现有理论互动比较，扎根理论研究的结果是对现实的理论呈现，需要研究者在研究过程中逐级抽象和概括[78]。

Glaser 和 Strauss 在早期的研究中强调编码技术，把扎根理论的编码分为开放性编码和选择性编码，在开放性编码过程中使经验性资料概念化并形成一系列概念，而选择性编码则进一步将概念通过假设串联起来，构建理论[75][76]。Glaser 和 Strauss 在后期的研究中，更加注重研究现象是否能够被有效解释，理论生成的范畴是否能够通过脉络有机联系在一起。Gersick（1998）采用扎根理论研究方法考察了团队发展的生命周期问题，充分体现了扎根理论的取样思想[79]；Margolis 和 Molinsky（2008）运用扎根理论研究了“不可避免的坏事”，通过不断分析和交流收集到的数据，寻找收集新数据的思路[80]。Pandit（1996）进一步总结了运用扎根理论开展研究的具体流程，主要由五个步骤组成：研究设计和案例选择、数据收集、数据整理、数据分析和文献比较。为了便于在数据整理阶段观察因果关系，需要对收集的数据进行排序和编码，根据数据抽象出概念，将概念进一步抽象形成范畴并建构理论[81]。扎根理论的研究方法就是持续比较和理论取样，主要特点不在于它的经验性，而在于能够从经验资料中抽象出新的概念和思想[82]。目前，应用扎根理论展开的研究主要有三级编码过程：开放性编码、主轴性编码和选择性编码，这三个步骤是逐步深入的，后面的编码都是在前一个成功编码的基础上建立的[75][76]。扎根理论研究过程如图 2.4 所示。

近年来，扎根理论研究法得到了国内许多研究学者的重视，作为一种重要的归纳式研究方法，被主流学者认为是当前在中国开展管理研究时的一种必要且适宜的研究工具。《管理世界》《管理评论》《科研管理》等国内重要刊物纷纷发表了以扎根理论为工具的研究论文[83]-[91]，被广泛应用于管理指

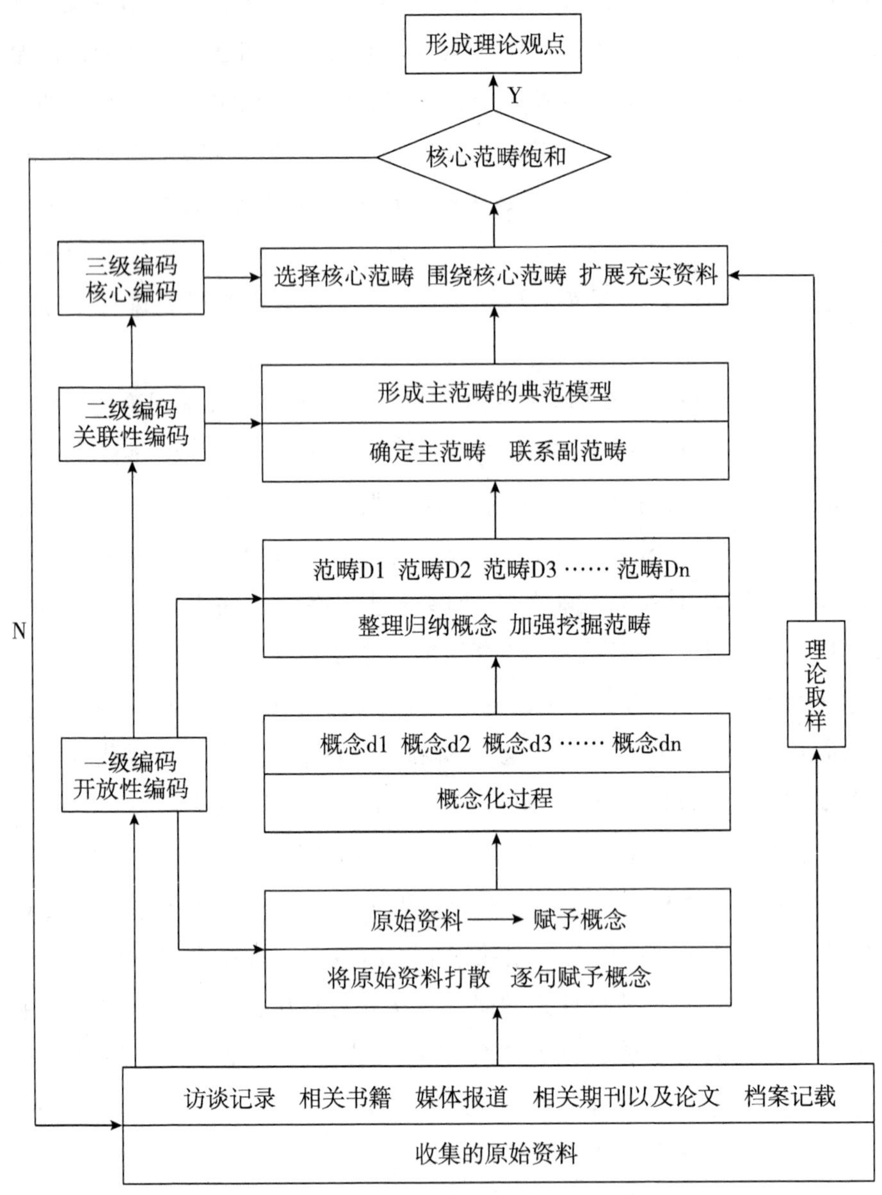

图 2.4 扎根理论研究过程

标体系构建[83]、比较研究[86]、评价研究[87]、对策分析[89]、案例分析[91]等研究领域，取得了丰硕的研究成果。

扎根理论研究能够在现有经验资料和理论之间架起桥梁，通过结合经验资料、现有文献和研究者个人的知识储备，发现经验资料内部隐含的内在本质规律。互联网平台企业在发展中形成了大量案例资料，为基于扎根理论开展的单案例纵向跟踪和多案例横向比较研究提供了重要的经验资料来源，同时理论界关于互联网平台企业商业模式创新的理论研究仍然远远落后于产业发展，亟须从现有的经验资料中，通过层层抽象与归纳，构建能够反映互联网平台企业商业模式创新本质规律的相关理论。在后续章节中将选择基于扎根理论的案例分析方法，以滴滴出行、小米科技、永安行、ofo、酷特智能、运满满（满帮）等企业为案例开展单案例纵向跟踪、双案例横向对比、多案例横向分类比较。

2.3.2　基于结构方程的问卷调研与统计分析方法概述

结构方程模型（Structural Equation Modeling，SEM）是基于变量的协方差矩阵来探究和分析处理复杂的多变量数据之间关系的一种方法。20 世纪 80 年代以来，结构方程模型迅速发展，有效解决了传统统计方法中无法处理的研究多个原因与多个结果的关系、研究模型中存在不可直接观测的变量等问题，成为多元分析的重要工具，被广泛应用于经济、管理领域的研究中。结构方程模型在传统多因素分析方法的基础上，允许自变量和因变量存在测量误差，并将测量误差引入路径图中，从而更加准确地利用可观测变量之间的某种联系来探知不可直接测量的变量之间的关系。因而，结构方程模型是一种建立、估计和检验因果关系模型的方法，模型中既可能包含可观测的显在变量，也可能包含无法直接观测的潜在变量。结构方程模型可以替代多重线性回归、通径分析、因子分析、协方差分析等方法，清晰分析单项指标对总体的作用和单项指标间的相互关系。

在结构方程模型当中有潜在变量、观察变量、误差变量这三种类型的变量。潜在变量（latent variable）是一个构念，是无法测量的，又叫潜变量或隐变量，如人际交往能力、智力、解决问题的能力等。观察变量（observed variable）又叫测量变量（measurement variable）、显性变量（manifest variable），是指那些可以直接观察测量而得到的变量，如社会人口学特征包含的一系列类似的变量都属于测量变量。观察变量是问卷中的题项。误差变量（unique variable）是不能实际测量的变量，是存在于实验中、存在于观察变量中的变量。

结构方程模型具有以下几个特性[92]-[95]：（1）SEM 具有理论先验性，SEM 分析的一个特性，是其假设因果模型必须建立在一定的理论上，因而 SEM 是一种用以检证某一理论模型或假设模型适切性的统计技术，所以 SEM 被视为一种验证性（confirmatory）而非探索性（exploratory）的统计方法；（2）SEM 可同时处理测量与分析问题，相对于传统的统计方法，SEM 是一种可以将测量（measurement）与分析（analysis）整合的计量研究技术，它可以同时估计模型中的测量指标、潜在变量，不仅可以估计测量过程中指标变量的测量误差，也可以评估测量的信度与效度；（3）SEM 适用于大样本的统计分析，协方差分析与相关分析类似，若是样本数较少，则估计的结果会欠缺稳定性，SEM 分析乃根据协方差矩阵而来，因而参数估计与适配度的卡方检验对样本数的大小非常敏感，SEM 适用于大样本的分析，取样样本数越多，则 SEM 统计分析的稳定性与各种指标的适用性也越佳，一般而言，200 以上的样本，才可以称得上是一个中型的样本，若要追求稳定的 SEM 分析结果，受试样本数最好在 200 以上，但较新的统计检验方法允许少于 60 个观察值（Tabchnick 和 Fidell，2007）。

在第四章对于价值创造视角下互联网平台企业商业模式创新外部影响因素的研究中，选择使用基于结构方程模型的统计分析方法进行研究；在第六章基于用户感知质量中介作用的品牌形象对网络生鲜平台企业商业模式创新绩效（消费者购买意愿维度）影响的研究中，选择使用结构方程模型的统计分析方法，以网络生鲜平台消费者为调研对象进行研究。

第二篇 影响因素分析篇

第二篇内容共分为四章，主要研究价值创造视角下互联网平台企业商业模式创新的影响因素。在研究中将把影响因素分为内部因素和外部因素，Osterwalder（2005）[59]给出了商业模式的九大组成部分（价值主张、目标客户、分销渠道、顾客关系、关键活动、关键资源、伙伴承诺、收入流和成本结构）。在研究中把互联网平台企业商业模式创新的内部因素界定为在Osterwalder（2005）九大组成部分内部的影响因素，把互联网平台企业商业模式创新的外部因素界定为在九大组成部分外部，同时对商业模式创新有着影响作用的因素，主要包括企业创新文化（如管理者富有创新精神因素、管理者保持开放心态因素、管理者鼓励员工知识共享因素）、市场环境（如人口因素、经济因素、竞争因素）、技术环境和政策因素（如技术进步因素、冷链产业的发展因素、公共政策的支持因素）等。

第三章以滴滴出行为企业案例，对价值创造视角下互联网平台企业商业模式创新内部影响因素进行案例剖析；第四章以网络生鲜平台为典型细分领域，对价值创造视角下互联网平台企业商业模式创新外部影响因素进行实证研究；第五章研究将在第三章通过扎根理论案例分析得出互联网平台企业商业模式创新影响因素的基础上，考虑到用户在价值创造体系中的重要作用，以网络生鲜平台企业为细分领域的研究对象，同时考虑到平台企业商业模式创新绩效最重要的维度是消费者的购买意愿，进一步通过实证调研的方法探究用户体验对网络生鲜平台企业商业模式创新绩效（消费者购买意愿维度）

的影响；第六章研究将在第五章的研究基础上，同时考虑到用户体验是用户对购物及消费的整体流程所形成的感知质量（或感知效应），感知质量在消费者购物意愿形成的过程中起到中介作用，而品牌形象［主要包括企业形象、产品（或服务）形象、使用者形象］是最为重要的感知来源，对感知质量中介作用下品牌形象对网络生鲜平台企业商业模式创新绩效（消费者购买意愿维度）的影响进行研究。

研究思路如图所示。

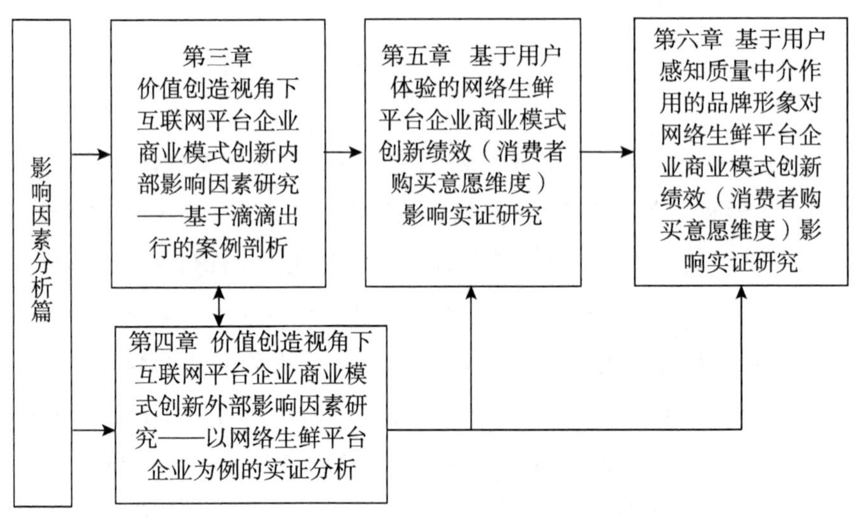

研究思路

第三章　价值创造视角下互联网平台企业商业模式创新内部影响因素研究——基于滴滴出行的案例剖析

从1994年互联网正式进入中国起，其以时空跨越、资源整合、信息共享的特性展现出极为强劲的发展势头，历经二十余年的高速发展，为商业世界带来了翻天覆地的变化。近几年，随着《国务院关于积极推进“互联网+”行动的指导意见》出台，“互联网+”已经成为推动我国经济提质增效升级的战略举措。“互联网+商务”产生了阿里巴巴、京东等平台企业，“互联网+社交”产生了腾讯、陌陌等平台企业，“互联网+信息检索”产生了百度等平台企业，“互联网+工业”产生了小米科技、酷特智能等新模式企业，“互联网+自行车出行”产生了ofo、摩拜单车等平台企业，“互联网+农业”“互联网+教育”“互联网+医疗”“互联网+视频播放”“互联网+科技创新服务”“互联网+旅游”等众多领域的互联网平台企业正在以它们独特的商业模式整合、改变、优化传统产业，推动着我国商业格局的快速变革，成为我国新的经济增长动力引擎。

互联网平台企业是“互联网+”行动计划中发展最快的企业形态。2010年成立的小米科技，仅仅用了两年的时间便以网络营销体系为模式核心，开发出了智能手机领域的小米模式，通过互联网平台企业商业模式创新带来了饥饿营销、粉丝经济、新型互联网销售和生产渠道等区别于传统的商业模式。小米科技的商业模式创新为我国智能手机产业发展注入了新的活力，中国各大智能手机品牌都开始效仿小米科技开展以互联网为主要工具的商业模式创新。在2011年，腾讯推出了微信——一款主打移动端快速发送语音、文字和图片的聊天软件，这款软件迅速兴起，在2013年，其用户数已超过3亿，到

2018 年用户数量已突破 10 亿，给移动通信运营商的短信、彩信、电话等传统通信服务带来了极大挑战，微信抓住了移动互联网兴起带来的机遇，通过通信服务模式创新颠覆了人们的通信交流方式。蚂蚁金融于 2013 年 6 月推出的余额宝业务以其互联网平台金融服务的模式，在 2014 年总盈利额超过 5000 亿元，成为世界上第四大货币基金市场，2018 年总规模达 1.8 万亿元超过了四大国有银行的活期存款规模总和，蚂蚁金融正是依靠“互联网 + 个人金融”模式创新，捕捉到了传统个人小额闲散活期资金管理、使用、增值便捷化的强烈需求，以初期远远高于传统市场的个人存款理财收益实现了用户规模的急剧增长。数据显示，腾讯于 1998 年成立，2007 年市值已过百亿美元，到 2018 年市值超过 5000 亿美元；阿里巴巴 2017 年“双 11”当天平台成交额达 1682 亿元。大量案例表明，互联网平台企业通过商业模式创新带来的野蛮式成长，已经颠覆了传统企业发展的周期性规律。正如德鲁克所言，当今企业之间的竞争，已然不是产品之间的竞争，而恰恰是商业模式之间的竞争，互联网平台企业商业模式创新已经成为学术界的研究热点、企业界的关注焦点、各级政府的工作重点[50]。

商业模式创新的核心在于价值创造[64]，商业模式创新对于企业绩效的正向作用已经得到了广泛认可[96]-[99]。Osterwalder，Pigneur 和 Tucci （2005）[59]从价值链角度给出了商业模式的九大组成部分：价值主张、目标客户、分销渠道、顾客关系、关键活动、关键资源、伙伴承诺、收入流和成本结构，认为各组成部分中的一个或多个发生变化均会带来商业模式创新。因而，本章研究的商业模式创新内部影响因素界定为包含在九大组成部分内部的影响因素。互联网平台企业作为互联网环境下最活跃的一种企业形态，具有双边市场、跨越空间限制、降低信息传递成本、减少信息不对称性等特性，与这些特性相对应的商业模式创新内部影响因素是互联网平台企业实现颠覆式发展的主要驱动力，在内部因素的影响下商业模式创新显现出了前所未有的活跃度[73]。本章研究主要关注影响互联网平台企业商业模式创新的内部因素有哪些，及与传统企业商业模式创新相比较，互联网平台企业商业模式创新的内部影响因素有什么不同。

3.1　扎根理论及研究对象选择

3.1.1　扎根理论

扎根理论是由 Glaser 和 Strauss 提出的一种用程序化的思路进行定性研究的方法，是在经验资料支撑下通过系统归纳得到研究结论的方法，主要特点不在于它的经验性，而在于能够从经验资料中抽象出新的概念和思想。扎根理论研究过程主要包括三个步骤：开放性编码、主轴性编码和选择性编码，这三个步骤是逐步深入的，后面的编码都是在前一个成功编码的基础上建立的。本章研究主要通过扎根理论的案例剖析展开。

3.1.2　研究对象选择

针对互联网平台企业的独特性，选择滴滴出行作为研究对象。滴滴出行通过互联网平台实现了对传统行业（近距离出行行业）的资源整合，实现了资源的高效匹配，滴滴出行自 2012 年成立以来，经过四年的发展，已经形成了大数据支撑下的移动出行产品矩阵，占据了中国移动出行领域 80% 以上的市场份额，2016 年 6 月完成新一轮 45 亿美元的股权融资，2016 年 8 月收购优步中国成为估值 350 亿美元的独角兽企业。以滴滴出行作为案例进行研究，既具有独特性又具有典型性，有助于剖析互联网平台企业商业模式创新的影响因素，探究互联网平台企业颠覆式发展中所隐含的本质规律。

本章研究建立在对滴滴出行商业模式创新影响因素相关资料长期跟踪和积累的基础上，数据来源主要包括企业信息发布、平台调研、用户访谈、第三方研究机构研究成果、直接用户体验等多种渠道。经过长期的跟踪和整理已经形成了相关文字资料二十余万字。

3.2　滴滴出行商业模式创新影响因素分析

本章运用扎根理论借助 NVivo10 工具，对滴滴出行案例资料分别进行开放性编码、主轴性编码、选择性编码，探索互联网平台企业商业模式创新的内部影响因素。

3.2.1 开放性编码

在开放性编码中，遵循“定义现象—发展概念—发掘范畴”的开放性编码流程，针对滴滴出行案例收集的资料进行分析：（1）贴标签。梳理案例资料里所反映的与互联网平台企业商业模式创新内部影响因素相关的现象，不断比较这些现象之间的异同，并为现象贴上标签，分别用 rd1、rd2、rd3……来标识。（2）概念化。针对每一个案例的标签，进行重新归类，将能够表达同一类现象的标签放进同一个集合中，对每一个集合中的标签进行分析和归纳，获取对应的概念，并对每一个概念进行标识，分别用 Rd1、Rd2、Rd3……来标识。（3）范畴化。针对滴滴出行案例中的概念，进行分析和归类，并将能够表达同一类现象的概念放进同一个集合中，对每一个集合中的概念进行分析和归纳，获取对应的范畴，分别用 RD1、RD2、RD3……来标识。经过开放性编码，滴滴出行案例编码获取 58 个标签、15 个概念、12 个初始范畴，如表 3.1 所示。

表 3.1　开放性编码（部分）

资料	贴标签	概念化	范畴化
No. 1 从线上叫车起家，已经囊括出租车、快车、巴士以及代驾等业务 No. 2 滴滴巴士的推出，将加速滴滴出行构建涵盖出租车、商务专车、代驾、合乘拼车等的综合性“一站式”出行平台 …… No. 10 拼车其实是一个非常复杂的事情，因为很少有人愿意为了拼车去等待别人或去绕路。滴滴每天处理 70TB 的数据进行 90 亿次的路径规划并进行优化匹配	rd1 网络出租车服务 rd2 网络顺风车服务 rd3 网络快车服务 rd4 网络专车服务 …… rd10 大数据支撑下的随叫随到业务的实现 rd11 为打造可靠司机队伍，成立“滴滴大学”	Rd1 滴滴出行平台产品（或服务）众多（rd1，rd2，rd3，rd4，rd5，rd6，rd7） …… Rd5 用户安全体验提升（rd48，rd49，rd50，rd51，rd52，rd53，rd54） Rd6 增加用户黏着度（rd13，rd20，rd23，rd32） ……	RD1 平台系列产品（或服务）精准（Rd1） RD2 构成了移动出行产品矩阵（Rd2） RD3 双边用户体验提升（Rd3，Rd4） RD4 用户安全体验提升（Rd5） RD5 增加用户黏着度（Rd6） RD6 双边用户平台差异化推广（Rd7，Rd8）

续　表

资料	贴标签	概念化	范畴化
No. 11 为了打造一支安全可靠的司机队伍，滴滴出行已在北京成立了专车司机培训机构“滴滴大学” …… No. 39 2015 年 10 月 10 日《网络预约出租汽车经营服务管理暂行办法（征求意见稿）》 No. 40 2016 年 7 月 28 日《网络预约出租汽车经营服务管理暂行办法》 No. 41 2016 年 10 月 8 日京沪广深四地同时发布了网约车细则。珠海、肇庆、杭州、重庆、天津、惠州等城市也陆续发布网约车细则	rd12 低价获取用户 rd13 增加服务的黏着度以留住用户 …… rd55 滴滴与 150 家出租车公司合作 rd56 滴滴 2017 年起实施国际化战略 rd57 提高补贴，稳定用户 rd58 与地方政府积极沟通	Rd13 与其他行业战略合作共赢（rd41，rd42，rd43，rd44） Rd14 行业内兼并重组形成竞合共赢（rd45，rd46，rd47） Rd15 应对政策，实施举措（rd55，rd56，rd57，rd58）	RD7 在行业的激烈竞争中完成地面推广（Rd9，Rd10） RD8 制定行业标准，提升准入门槛（Rd11） RD9 大数据支撑下的产品（或服务）生态体系竞争优势（Rd12） RD10 合作共赢式价值链延展（Rd13） RD11 兼并重组形成竞合共赢式价值链延展（Rd14） RD12 应对政策，实施举措（Rd15）

3.2.2　主轴性编码

主轴性编码是在开放性编码的基础上进行的。运用扎根理论的典范模型：因果条件→现象→行动脉络→中介条件→互动行动策略→结果，将开放性编码中得到的范畴联系起来，形成一个能够准确把握主范畴的有机整体。按照典范模型，对滴滴出行案例开放性编码生成的范畴进行主轴性编码，得到了六个主范畴：产品（或服务）、用户体验及其黏着度、平台推广、竞争壁垒、价值链延展、政策应对举措。滴滴出行案例主轴性编码如表 3.2 所示。

表 3.2 主轴性编码

主范畴	因果条件	现象	行动脉络	结果
产品（或服务）	RD3 双边用户体验提升 RD5 增加用户黏着度	RD1 平台系列产品（或服务）精准 RD2 构成了移动出行产品矩阵	通过系列精准服务构成产品矩阵精准满足各类用户的需求，提升用户体验，增加用户黏着度	互联网平台企业的产品（或服务）是影响乘客用户及司机用户体验，增加用户黏着度的重要因素
用户体验及其黏着度	RD6 双边用户平台差异化推广 RD9 大数据支撑下的产品（或服务）生态体系竞争优势	RD3 双边用户体验提升 RD4 用户安全体验提升 RD5 增加用户黏着度	通过提升用户服务体验，增强用户安全保障，增加用户黏着度，从而促进双边市场的差异化推广，形成大数据支撑下的服务生态体系竞争优势	提升互联网平台企业的用户体验及用户黏着度，能够更加有利于平台产品（或服务）的推广以及对已有用户的固化
平台推广	RD9 大数据支撑下的产品（或服务）生态体系竞争优势 RD10 合作共赢式价值链延展	RD6 双边用户平台差异化推广 RD7 在行业的激烈竞争中完成地面推广	通过双边用户的推广获取更多的用户，在行业内的竞争中提升知名度完成地面推广，以形成竞争优势建立竞争壁垒，能够以用户为主要数据资源实现价值链的延展	互联网平台企业的市场推广能够快速获取用户资源，形成以用户为核心资源的竞争优势
竞争壁垒	RD7 在行业的激烈竞争中完成地面推广 RD11 兼并重组形成竞合共赢式价值链延展	RD8 制定行业标准，提升准入门槛 RD9 大数据支撑下的产品（或服务）生态体系竞争优势	制定移动出行行业的标准，能够提高准入门槛，避免抢占用户的恶意竞争，实现平台产品（或服务）的快速推广，大数据支撑下的产品（或服务）生态体系竞争优势更加有利于提升竞争能力，实现行业内部竞合共赢式价值链的延展	互联网平台企业竞争壁垒的建立有利于提高行业准入门槛，避免恶意无序的竞争，以竞争壁垒为依托形成核心竞争优势

续　表

主范畴	因果条件	现象	行动脉络	结果
价值链延展	RD7 在行业的激烈竞争中完成地面推广 RD8 制定行业标准，提升准入门槛	RD10 合作共赢式价值链延展 RD11 兼并重组形成竞合共赢式价值链延展	合作共赢式价值链的延展能够更加快捷地与合作伙伴形成优势互补，实现共赢基础上的平台快速推广，行业内部的兼并重组形成的竞合共赢式价值链延展有利于制定行业标准，提升行业准入门槛，形成行业总体竞争能力的提升	互联网平台企业价值链延展有利于资源在价值链上的充分利用和再次挖潜，实现价值链上的总体价值提升
政策应对举措	RD7 在行业的激烈竞争中完成地面推广 RD11 兼并重组形成竞合共赢式价值链延展	RD12 应对政策，实施举措	与竞争对手的烧钱式快速推广竞赛对传统的出租车产业产生的冲击和影响过大，兼并重组形成的产业垄断性优势，坚定了政府加强监管的决心。滴滴出行通过加强与出租车公司的合作、国际化战略、稳定用户、与地方政府沟通等举措来降低政策带来的冲击	互联网平台企业政策应对举措，能够降低与传统产业博弈中政府监管带来的冲击，提升互联网平台企业的生存和发展能力

3.2.3 选择性编码

选择性编码是在主轴性编码的基础上进行分析，选择核心范畴，以故事线的形式将核心范畴与其他范畴关联起来，并逐步完善各个核心范畴及其之间的关系。选择性编码得到六个核心范畴（六个互联网平台企业商业模式创新的内部影响因素），各核心范畴的主线如下。

（1）产品（或服务）核心范畴，其主线为：滴滴出行平台精准面向打车出行需求、专车出行需求、快车出行需求、顺风车出行需求、巴士出行需求、代驾需求、企业用车需求七类出行需求，在大数据技术支撑下，通过移动互联网平台提供平台产品矩阵，通过产品矩阵实现价值创造视角下出行需求和出行供给资源的高效匹配。

（2）用户体验及其黏着度核心范畴，其主线为：滴滴出行面向乘客和司机双边用户通过乘客红包、司机补贴提高用户的性价比的体验，通过管理标准化、规范化提高用户服务过程体验，通过司机培训、补贴、奖励、休假等提高司机端用户体验，通过安全保障体系提高用户安全体验，通过提升用户体验以及提供各类增值服务增加用户的黏着度。通过提升用户体验、增加用户黏着度实现了价值创造视角下平台细分目标客户的“发现、发展、留住”。

（3）平台推广核心范畴，其主线为：以滴滴出行在北京市场的地面推广为起点，到滴滴出行与快的打车双向补贴的“烧钱大战式”市场推广，再到针对不同用户需求对双边用户中不同类型的用户进行差异化精准推广，以及充分利用与竞争对手激烈竞争的新闻效应提升平台的公众知名度。通过平台推广实现了互联网平台企业双边市场中两边用户的同时快速集聚，与传统的平台理论专注于以一边用户来吸引另一边用户的模式相比较，用户规模的扩大速度更快，实现了价值创造视角下分销渠道的快速形成与客户关系的快速构建。

（4）竞争壁垒核心范畴，其主线为：早期移动出行领域准入门槛低、竞争壁垒弱；中期主要靠双边用户量、补贴资金作为竞争壁垒；近期通过制定行业标准提升准入门槛、运用大数据支撑下的产品（或服务）生态体系建立竞争优势等建立竞争壁垒。建立竞争壁垒能够实现互联网平台企业双边市场理论中的“赢者通吃”，传统双边市场理论的竞争壁垒主要通过用户规模来构建，除了用户规模，形成行业标准、构建产品生态体系等能够进一步固化竞争壁垒，实现在价值创造视角下以关键资源为主构建竞争壁垒。

（5）价值链延展核心范畴，其主线为：通过与支付宝等网络平台合作建立流量共享与用户共享价值链延展机制，通过与微信、QQ 等平台合作推进移动出行社交化以延展价值链，通过与蒙牛开展“牛运红包”活动实现了曝光率价值的挖掘，通过与快的打车、优步中国等行业内竞争对手的兼并重组实现了行业内优势资源的整合，建立了行业内企业之间的良性竞合共赢关系。价值链的延展实现了互联网平台企业发挥互联网便捷的用户流量分流变现的优势，开展与主营业务相关度较高的其他业务，来挖掘和丰富平台企业的盈利点，探索形成价值创造视角下更加强健的盈利模式。

（6）政策应对举措核心范畴，其主线为：以打车软件为起点，滴滴出行等移动出行平台在野蛮式推广并颠覆传统近距离交通产业的同时，也经历着从合法性不被认可、到部分业务被认可（如打车）、到网约车业务被认可（但附带了对司机和车辆的严格限制条件）等政策监管。滴滴出行通过采取强化沟通影响政策、提升自身技术创新和优化流程积极响应政策监管、加强与传统出租车产业的融合发展、在监管边缘地带埋头发展、国际化战略等应对举措降低监管带来的不利影响。

滴滴出行商业模式创新内部影响因素及各核心范畴主线如图 3. 1 所示。

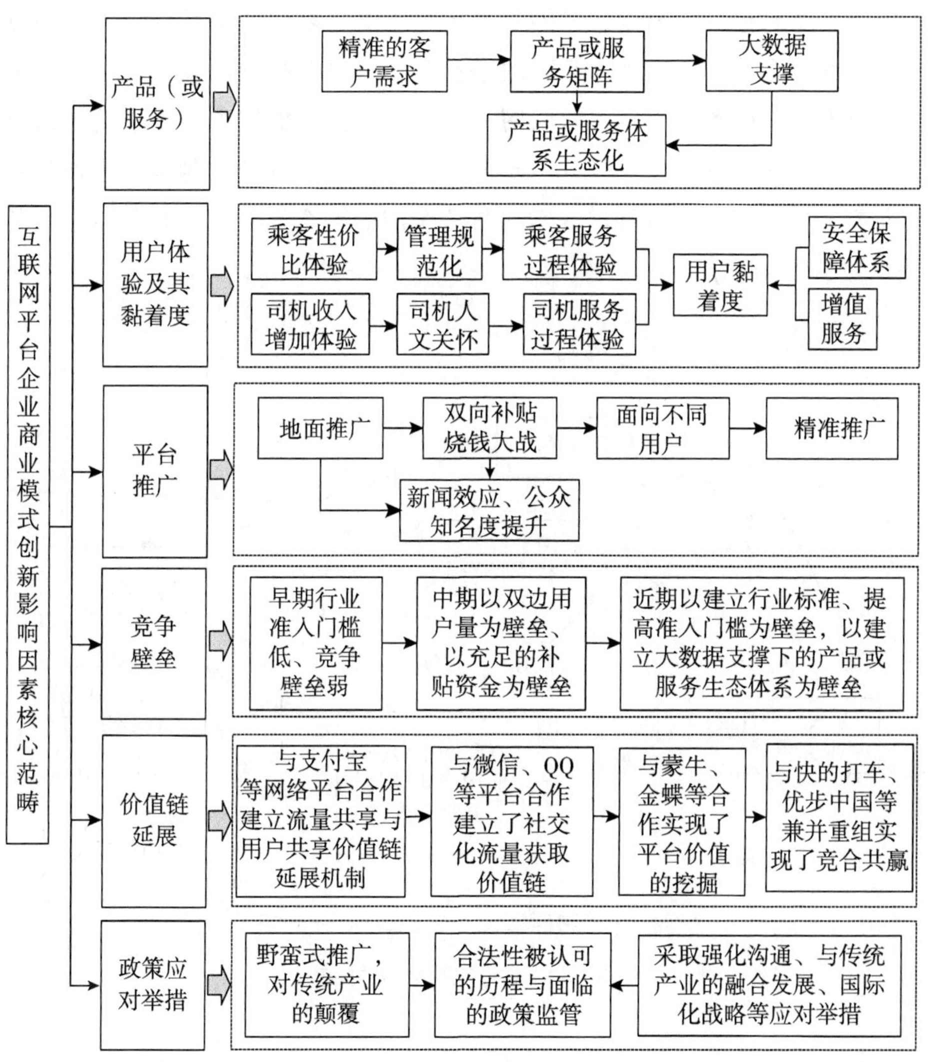

图 3. 1　滴滴出行商业模式创新内部影响因素及各核心范畴主线

滴滴出行商业模式创新内部影响因素的六个核心范畴之间的联系如下：互联网平台企业产品会对提升用户体验、提高用户黏着度产生影响，滴滴出行构建的大数据支撑下的产品生态体系能够影响竞争壁垒的形成和平台推广服务的推广效果；互联网平台企业用户体验及其黏着度是影响竞争壁垒形成的重要因素，是与合作伙伴进行优势互补、与同行其他企业实现兼并重组和竞争合作的重要影响因素，是实现平台推广目标、留住用户的重要依托；互联网平台企业能够以价值链延展的形式通过与合作伙伴的优势互补加快平台推广的速度，能够通过与竞争对手之间竞争及合作带来的曝光率加快平台推广的速度；互联网平台企业竞争壁垒的形成有利于价值链的延展和平台服务的推广；互联网平台企业的推广能够进一步推动价值链延展，进一步改善平台的产品（或服务）；政策应对举措能够使平台产品在更加有利的环境中进行推广，实现与传统产业融合发展。核心范畴之间的关系如图 3.2 所示。

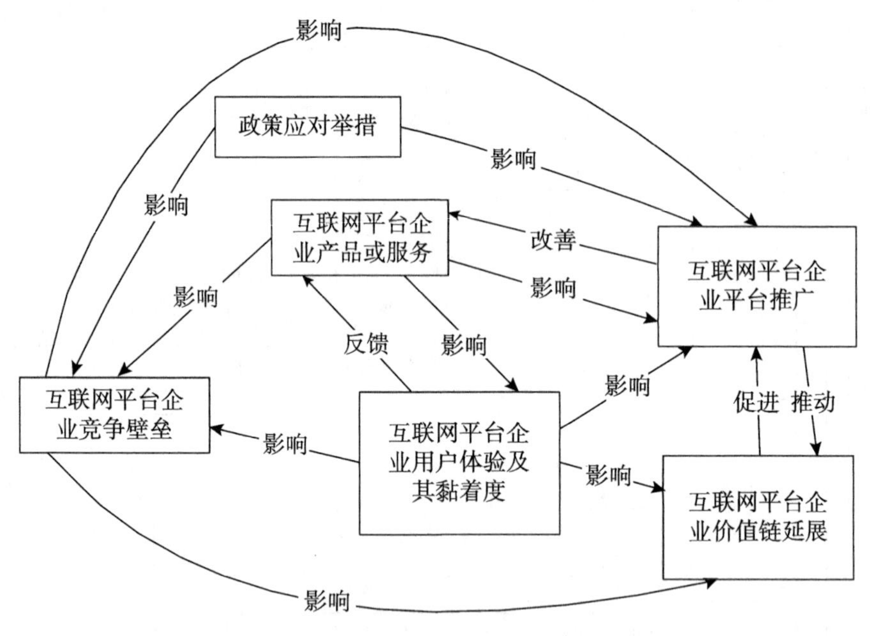

图 3.2 核心范畴之间的关系

3.3　滴滴出行商业模式创新借鉴分析

在滴滴出行六个核心范畴的基础上，对每个内部影响因素做进一步剖析，就能得到互联网平台企业进行商业模式创新可借鉴的经验。

3.3.1　产品（或服务）内部影响因素经验借鉴

滴滴出行所构建的大数据支撑下的产品矩阵，是面向七种矛盾所提供的精准服务：滴滴打车服务瞄准打车难和出租车空载率高的矛盾；滴滴顺风车服务瞄准拼车难和私家车空载率高的矛盾；滴滴快车服务瞄准城市高峰时段运力短缺与社会车辆闲置率高的矛盾；滴滴专车服务瞄准高端商务人群需求较大与汽车租赁公司等资源闲置的矛盾；滴滴代驾服务瞄准酒后等无法开车与代驾司机的人员资源闲置的矛盾；滴滴巴士服务瞄准大城市高峰时段出行硬性需求与公共交通压力过大的矛盾；滴滴企业版服务瞄准企业用车需求与企业用车出行成本较高的矛盾。

可以看出平台产品（或服务）仍然是互联网平台企业商业模式创新的核心所在，互联网平台企业所提供的产品（或服务）直接决定了给用户带来怎样的核心价值，直接决定了能否找准用户需求的痛点，直接决定了用户类型和细分市场。平台产品（或服务）是提升用户体验的直接依据，是推进市场推广的核心动力。

3.3.2　用户体验及其黏着度内部影响因素经验借鉴

滴滴出行十分重视双边用户（乘客用户、司机用户）的体验，通过红包、补贴、奖励、安全保障体系等来提高用户体验。互联网平台用户黏着度是用户使用一次平台服务以后，有了相关需求想继续使用该平台服务的程度，滴滴出行主要通过提高用户体验并配以相关增值服务来提高用户黏着度。

可以发现，用户体验及其黏着度已经成为互联网平台企业商业模式创新的重要影响因素。目前已经处于体验为王的时代，对于互联网平台企业来讲，用户的话语权越来越大，用户体验好就会口口相传，正面效应会快速扩散，用户体验不好也会骂声一片，负面效应快速蔓延。用户的体验将直接影响到产品（或服务）的口碑，以用户体验为基础的用户黏着度的提高有利于固化现有用户、提高用户的活跃度、提升平台推广中的用户转化率。

3.3.3 平台推广内部影响因素经验借鉴

滴滴出行平台推广的第一阶段为纯地面推广，靠业务人员向租车公司、出租车司机、乘客进行推广，积累了第一批双边用户资源，验证了产品的可行性；第二阶段为强力资本介入后的双边补贴效应推广阶段，靠与竞争对手在“补贴战”中的新闻效应实现了平台知名度的快速提升，培养了大批量双边用户的使用习惯；第三阶段为全国市场的快速复制阶段，依托在北京等城市积累的用户推广经验，以双向补贴为主要推广利器，将平台服务快速复制到全国主要城市；第四阶段为精准化和生态体系化推广阶段，针对不同用户群体的特点进行精准化推广，依托大数据支撑下的产品矩阵实现了各相关业务之间的流量共享与网络客户推广。

可以发现，平台推广是互联网平台企业快速抢占市场先机的重要影响因素，对于互联网平台企业来说，平台能否快速推广决定了企业能否先于竞争对手抢占市场先机，掌握竞争的主动权。细分领域同类型的互联网平台服务往往很难有本质性差异，先于竞争对手开展市场推广能够率先积累用户资源、培养用户使用习惯、围绕用户体验完善产品（或服务），并将成熟的产品（或服务）快速复制，从而赢得市场竞争的先机。

3.3.4 价值链延展内部影响因素经验借鉴

滴滴出行通过与支付宝、微信支付等网络支付平台的合作实现了用户共享和流量共享，与蒙牛等企业的合作实现了信息的再利用和信息价值的再创造，与金蝶等企业的合作实现了平台之间的对接和相关业务的快速推广，与QQ、微信等社交平台的合作为平台服务引入了社交元素，并为合作伙伴带来了提高用户黏着度的一项增值服务，与宇通公司合作快速推进了滴滴巴士服务，与快的打车、优步中国等行业内竞争对手的兼并重组实现了行业内优势资源的整合，避免恶性竞争，实现行业内总体价值的增值。

可以发现，价值链延展正在成为互联网平台企业实现价值深度挖掘和资源共享与优化的关键影响因素。对于互联网平台企业来说，价值创造往往是围绕信息使用和资源整合来开展的，通过信息共享实现信息在价值链上的增值，是互联网平台企业实现价值链延展的关键。互联网平台企业通过与合作伙伴之间的信息共享，可以实现价值链的延展和价值链总体价值的共创。互联网平台企业与同行业竞争对手之间建立良性竞合关系，能够实现资源整合，避免恶性竞争，完成行业内总体价值的增值。

3.3.5　竞争壁垒内部影响因素经验借鉴

在早期阶段，移动出行行业准入门槛低、行业的竞争壁垒较低，滴滴出行的竞争壁垒主要为团队成员的核心竞争能力和双边用户资源，团队成员在资源劣势的情况下完成了北京区域的地面推广；在中期阶段，滴滴出行的竞争壁垒主要为双边用户的使用数量和支撑补贴式市场推广的丰富资金来源，在这一阶段“烧钱式”补贴推广背后是腾讯等雄厚的资金投入；如今，随着与快的打车、优步中国等竞争对手的兼并重组，滴滴出行正在通过建立行业标准、构建大数据支撑下的产品生态体系建立竞争壁垒。

可以看出，竞争壁垒的建立正在成为互联网平台企业建立核心竞争力、避免恶性竞争的关键影响因素。细分行业的互联网平台在行业发展起步阶段很难建立竞争壁垒形成核心竞争力，随着行业的发展和互联网平台企业的成熟，需要依托核心团队成员、优质用户、数据资源、综合服务能力、资金、行业标准等方面结合企业发展实际情况构建竞争壁垒，形成核心竞争力。

3.3.6　政策应对举措内部影响因素经验借鉴

2016 年 10 月以来，多个城市（包括北京、上海等一线城市）推出的网约车细则对网约车进行了严格的限制，主要包括：司机本地户籍限制、车辆轴距限制、车牌本地化限制等。滴滴出行面临的政策监管的压力十分大，专车平台面临着司机和车辆资源大面积流失带来的挑战，滴滴出行通过与政府部门沟通、稳定司机用户、加强与出租车公司的合作、国际化战略来降低政策监管带来的冲击，应对效果则需要进一步关注。

可以发现，政策应对举措已经成为互联网平台企业发展过程中的重要影响因素，特别是在与传统产业的竞争中必然会面临着政策监管。能否在同传统产业的竞争、博弈及与政府的合作中发挥政策应对举措的作用，为企业发展争取良好的外部环境（特别是新产业发展的政策环境），已经成为互联网平台企业能否成长为互联网巨头企业的重要因素。

3.4　本章小结

本章以滴滴出行为典型案例，对影响互联网平台企业商业模式创新的因素进行了系统的分析与归纳。在研究过程中以扎根理论为主要的研究方法，通过三级编码对现有案例资料进行了系统的分析与归纳，得到了六个核心范畴（关键影响因素），并对核心范畴的主线和各核心范畴之间的关系进行了剖析。在案例剖析的基础上，分别从六个方面给出了互联网平台企业进行商业模式创新的可借鉴经验。

本章研究的学术价值主要体现在：（1）有利于在该领域的后续研究中进一步剖析互联网平台企业迅猛发展背后隐含的本质规律；（2）能够进一步从互联网平台企业应用领域完善和丰富现有商业模式创新研究理论体系。

本章的实践意义主要体现在：（1）针对互联网平台企业开展商业模式创新，从六个方面给出了可供借鉴的经验；（2）能够为政府部门掌握互联网平台企业商业模式创新的规律，为进一步引导、服务、管理互联网平台企业提供一定的参考。

滴滴出行作为我国乃至全球共享交通的先行者，商业模式创新受到多种因素的影响，在后续的研究中尤其需要进一步跟踪关注两个方面：（1）滴滴出行针对网约车司机和车辆的限制情况；（2）如何通过政策应对举措降低政策监管带来的不利影响，并且结合网约车产业发展、城市交通管理、传统产业的融合发展向中央和地方主管部门提出对策和建议。

第四章　价值创造视角下互联网平台企业商业模式创新外部影响因素研究——以网络生鲜平台企业为例的实证分析

在价值创造视角下，影响互联网平台企业商业模式创新的因素，不仅包括内部影响因素（包含在商业模式九大组成部分之内的影响因素），还存在一些在商业模式九大组成部分之外、对商业模式创新有着影响作用的外部因素，主要有企业创新文化、市场环境、技术环境和政策等因素。企业创新文化是指企业在创新及创新管理活动中所创造和形成的具有本企业特色的创新精神财富以及创新物质形态的综合。创新价值观是其核心组成部分，主要包括管理者富有创新精神、管理者保持开放心态、管理者鼓励员工知识共享等细分因素；动态复杂的市场环境是价值创造活动的动力源泉，开展商业模式创新、构建符合市场需求的价值创造体系，是企业获取竞争优势地位的关键路径，主要包括人口因素、经济因素、竞争因素等细分因素；技术环境和政策因素是开展商业模式创新、构建价值创造体系的重要保障，主要包括技术进步因素、冷链产业的发展因素、公共政策因素等细分因素。互联网平台企业商业模式创新最终能否成功，在很多场景下，外部因素产生了至关重要的影响，如马云、马化腾、李彦宏、雷军等企业家所具有的创新精神及开放心态是阿里巴巴、腾讯、百度、小米科技这些互联网平台企业商业模式创新能够成功的重要保障。微信的商业模式创新的成功得益于腾讯在企业内部开展的鼓励员工创新的内部创业活动，小米科技商业模式创新的成功得益于移动互联网用户数量大规模增长和用户互联网购物行为习惯的逐渐养成，百度的“搜索＋人工智能”模式的成功离不开技术环境的优化。

党的十九大报告指出，要推动互联网、大数据、人工智能和实体经济深度融合。网络生鲜平台是互联网与传统生鲜类农产品产业深度融合的载体，被誉为电商细分领域的最后一片“蓝海”。近年来，每日优鲜、天天果园、食得鲜等网络生鲜平台企业整体融资额已超30亿美元，阿里、京东、腾讯等互联网巨头也纷纷涌入网络生鲜平台领域，使得网络生鲜平台企业在双边商业模式创新、用户资源原始积累、用户体验等方面均得到了显著发展。然而现阶段，在网络生鲜平台企业繁荣的背后，是盈利十分艰难、运营困难重重的困境，线上生鲜农产品真假难辨、流通腐损率极高、配送时效性很难得到保障、中老年用户信任危机居高不下等难题仍然没有得到有效解决，这些已经成为网络生鲜平台企业发展面临的难题。网络生鲜平台企业发展困境的背后到底隐含着什么规律？影响网络生鲜平台企业发展的因素到底是什么？这些已经成为政府、企业、学者共同关注的焦点问题。本章将在价值创造视角下，围绕企业创新文化、市场环境、技术环境和政策等外部影响因素，对互联网平台企业商业模式创新的影响，以网络生鲜平台企业为细分领域开展实证研究。

研究中将先回顾网络生鲜平台企业的发展历程，指出生鲜平台企业发展遇到的困境和不足，在此基础上提出价值创造视角下网络生鲜平台企业商业模式创新的外部因素，设计出价值创造视角下网络生鲜平台企业商业模式创新外部影响因素的研究模型，并开发出能够量化测量的调查问卷，运用结构方程模型对问卷进行数据分析，从中探索外部因素影响商业模式创新的内在理论规律，并为网络生鲜平台企业商业模式创新提出对策和建议。

4.1 网络生鲜平台企业发展基本情况概述

网络生鲜平台企业是以生鲜产品为交易商品的互联网平台企业，互联网平台企业的特性决定了网络生鲜的经营模式与传统经营模式不同，生鲜产品的独特性决定了网络生鲜平台企业与普通产品电商平台企业不同。在网络生鲜平台企业的运营模式中，消费者不再需要亲自到市场挑选商品，而是可以直接在互联网平台上挑选并进行交易，平台企业则利用物流直接将生鲜产品送至消费者手中。生鲜市场的巨大容量、消费者对于生鲜产品的高频购买及消费需求，使网络生鲜平台企业得到了资本市场的追捧，然而，普遍亏损的现状则反映出网络生鲜平台企业仍然在艰难地探索与自身适配的商业模式。

4.1.1 网络生鲜平台行业发展环境

随着互联网的广泛普及，中国电子商务市场迅速崛起，已经普遍渗透进生活的各个方面。据统计，2017 年电子商务交易规模已达 29.66 万亿元，相较于 2016 年增长 24.77%，其中增长较为明显的是网络购物。网络购物的快速发展，使得各平台企业开始寻求更好的发展环境和更广的发展空间，物流和售后服务质量受到重视，消费市场得到开发，消费范围已经扩展到二、三线城市以及农村市场，新的业务领域不断开拓，如生鲜等领域[100]。网络生鲜平台企业的快速发展得益于其供需双方的优势：在供给方，生鲜产品产量总体呈增长趋势，使得网络生鲜平台货源充足；在需求方，经济环境不断优化、人民收入普遍增加，对于生活质量的要求不断提高，需要更为优质的生鲜产品、更为便利的生鲜产品购买服务，为网络生鲜平台企业提供了发展条件和空间[101]。

随着国家相关政策的出台，农村宽带普及率正逐年提高，引导和支持社会类资本参与生鲜电商渠道建设的政策不断出台，支持生鲜农产品领域“互联网+”模式创新的举措不断推出，生鲜产品安全相关法律法规不断完善，“一带一路”倡议的推进促进了跨境生鲜业务的发展，网络生鲜平台企业发展的政策环境正在逐步优化[102][103]。相关技术的发展为网络生鲜平台企业的发展提供技术支持，例如农业种植技术的运用提高了生鲜产品质量，物联网技术的进步提高了产品配送的效率，冷链技术的提升为生鲜产品储运过程中的保鲜提供了保障[104]。生鲜产品健康安全被广泛关注，一定程度上为网络生鲜平台企业的发展带来了机遇，国家更为重视生鲜产品安全监管，网络生鲜平台产地直销等运营模式使消费者可以更加便捷地获得食品产地、来源等方面的信息，提升消费者对网络生鲜平台的信任度[105]。物流体系的完善对网络生鲜平台企业也有重要影响，以自建物流为主，以外包、众包、自提等形式为补充的物流体系日益完善，为网络生鲜平台能够更加安全、便捷、及时地把生鲜产品送达用户提供了保障[106]。

4.1.2 网络生鲜平台行业发展现状

网络生鲜平台企业发展中面临的最关键的问题是生鲜产品的品质和供应链的管理问题，要既能够为用户提供好的生鲜产品，又能够保证送达用户的产品仍然是新鲜的，因而产品的来源和产品的运送过程是网络生鲜平台企业需要重点关注的关键问题。网络生鲜平台企业所提供的产品主要是非标品，标准化程度低，需要在运输过程中通过冷链物流进行流转，这对物流提出了严格要求；而我国冷链物流起步比国外晚很多，普遍表现为基础设施差、生鲜产品不能长时间保鲜且物流成本高，这就使得生鲜物流门槛高，且只能侧重于在一些领域和区域发展[107]。传统模式下通过中间商采购的货源模式很难真正实现供给的差异化，更加难以在大范围内实现不同生鲜产品与最适合的消费者的消费匹配，网络生鲜平台模式通过来源渠道扩展、产品产地采购、自种自买等模式一定程度上解决了差异化需求的问题，通过去除中间环节有效保障了生鲜产品信息的透明度，更加便于产品质量的把控，同时降低了运营成本[108]。但是，很多网络生鲜产品平台的产品来源趋于同化，产品同质化现象普遍存在，产品的品质分类很难细化开展，品类的拓展成本居高不下，网络生鲜平台在选品、品类拓展方面仍然需要更加重视，要在符合质量标准的基础上加以评判然后进行选择[109][110]。与此同时，企业如果过于注重差异化选品，就会使仓储成本和管理难度增加，这对网络生鲜平台企业而言也是一个需要抉择的难题[111]。

网络生鲜平台企业的现有商业模式具有多种分类。

按运营方式分为网络购物模式和O2O（线上到线下）模式：在网络生鲜平台企业的网络购物模式中，用户可以在线上自助下单购买商品，商家收到客户订单之后通知仓库准备发货事宜，商品将通过商家自主建立或者委托的第三方物流送达客户手中；O2O的网络购物模式，仍然是由用户在线上自助下单购买，服务商在收到客户的订单后迅速调集并且整合供应链，客户购买的商品将通过各种各样的终端送达[115]。

按照是否介入经营分为平台模式（包括联营模式）和自营模式：平台模式指的是由互联网巨头提供线上平台，商家进驻的模式，联营模式是平台模式的一种，指的是供应商借用电商平台经营，由电商平台按照比例抽取销售提成；自营模式指的是网络生鲜平台自行采购货物进行销售的模式[116]。

按照需求发起方不同分为从商品到用户［B2C（商对客电子商务模式）、F2C（从厂商到消费者的电子商务模式）］和从用户到商品（C2B、C2F），其中C2F即订单农业，借助网络使消费者可以直接向农场表达需要，农场为客户定制个性化产品，C2B即消费者定制，与前者不同的是其借助网络让消费者可以直接向供应商定制个性化产品[117]。二者都是一种用户的个性化定制模式，一方面消费者对生鲜产品的需求可以通过互联网实现，满足消费者对生鲜产品的个性化要求；另一方面又可根据销售需要确定采购的商品数量，这样仓库内就不会存在存储商品积压情况。由于可以及时售卖出去，生鲜产品的损坏腐败率也会较低。

按照是否与巨头合作分为与互联网巨头合作和无巨头资源，但现在网络生鲜平台企业或多或少都有互联网巨头布局其中，部分没有互联网巨头加持的垂直类网络生鲜平台企业，大多数都已经倒闭[118]。

消费者的购买意愿是反映网络生鲜平台企业发展情况的最直接指标。网络生鲜平台的行业价值主张体现在：能够满足更多潜在消费者的需求，能够吸引更大规模的消费者在网络生鲜平台购买到满意的产品、享受到满意的消费服务[112]。高质量的客户服务是网络生鲜平台企业提高用户体验的关键环节，网络生鲜平台的客户服务主要包括售前服务、售中服务、售后服务。售前服务强调从生鲜产品的源头出发保障产品来源，产品信息在网络平台展示中要更加真实可靠、突出优势，满足网络销售需求的大批次、小批量、需求提前期短等特点，实现仓储管理的科学化。售中服务即在消费者购买过程中，服务者积极回答并解决消费者选购时遇到的问题，保证消费者能够挑选到满意的生鲜产品。售后服务，主要是在消费者完成购买之后，对于出现的负面事件要能够及时妥当处理，对于消费者差评、投诉等反馈信息要认真分析并及时提出整改方案，要具备网络应急事件处理能力，降低负面事件带来的负面口碑的影响[113][114]。

生鲜电商销售模式仍然处于成长期，网络生鲜平台企业的运营模式仍然在不断创新和探索过程中，整个市场还未形成稳定的格局，整个产业的大营商环境（如市场培育、吸引消费者、产品细化分类方法、商品贮存、物流运输、人才队伍培养）仍然需要每一家从业企业共同努力提升[119][120]。同时网络生鲜平台企业要耐心等待消费者的逐步成熟和稳定，以及市场从量变到质变的时机。在一些企业内部可以把握的环节上，例如产品生产、包装、库存和运输等，多数企业都会对这些环节严格控制成本[121]。网络生鲜平台企业要对我国网络生鲜平台市场发展有信心，产业发展仍然十分迅速，近几年每年都可以实现80%的增长率，但是目前为止生鲜产品销售额占农产品零售总额的比例只有3.4%，仍然拥有巨大的发展空间，随着消费者网络购物习惯的逐步养成，未来几年必将迎来一个高速发展的时期。

4.1.3 冷链物流行业发展现状

冷链物流是指新鲜以及冷冻食品从生产到投入市场的过程中，食品贮藏环境持续处于低温状态并且为此配置特殊设备的物流网络。制冷技术的不断进步和物流行业的不断发展，使冷链物流得以兴起，冷冻工艺学是冷链物流发展的基础，制冷技术是冷链物流运用的主要手段[122]。冷链物流具有运送时效性强、多温层、高要求、建设成本较高等特征，网络生鲜平台企业的发展离不开冷链技术保障[123]。我国虽然冷链物流行业起步时间比较迟，但生鲜产品市场容量大，对于冷链物流的需求也很庞大，会倒逼冷链行业的快速发展[124]。一些网络生鲜平台企业选择自主构建物流体系，实现企业对于物流体系的控制，但是中小规模企业很难实现物流体系的自建，会选择委托第三方物流公司[125][126]。

冷链仓储是冷链物流的一种形式，网络生鲜平台企业冷链仓储模式有两种：集中式仓储和分布式仓储[127]。集中式仓储是在关键的环节建立大型仓储中心，对生鲜产品进行集中分拣、贮存和物流运输，优点是能够统一操作，但需要提高面向终端宅配的物流效率及服务水平，完善仓储标准，完备品质控制体系；分布式仓储则指的是在半径5千米之内，以大仓库为中心建设一些小仓库，在消费需求旺盛的区域分布一些仓库，使商品可以距离消费人群更近，优点是配送速度更快，但这对备调货系统也有很高的要求[128]。分布式仓储其实是一种居中形态，从长远来看分布式仓储可以使供应商与实体店的合作更具优势，具体体现在可以及时送达商品，使企业控制好成本、时效和服务质量等[129][130]。冷链物流行业从长期发展来看，必须冲破寻找消费需求点、把控好整个供应链、完善配套设施、建设人才队伍等方面的阻碍[131]。

4.2 网络生鲜平台企业商业模式创新外部影响因素假设

通过前文对商业模式创新的研究、网络生鲜平台行业发展环境和现状以及冷链物流发展现状的分析，提出关于网络生鲜平台企业商业模式创新外部影响因素的假设：企业创新文化、市场环境、技术环境和政策是网络生鲜平台企业商业模式创新的外部影响因素。

4.2.1 企业创新文化外部影响因素假设

企业创新文化是企业开展创新活动的动力源泉。水常青（2005）认为企业技术创新首先起源于企业文化，特别是企业文化中的创新文化，这种文化可以促使企业内创新思想萌芽并且带来一些实质性的创新举措[132]；Frohman（2002）认为创新文化是一种促进企业提升创新能力的文化，可以使一个组织实现高水平的阶段性目标[133]；朱宗乾（2016）认为，在组织发展过程中，无论是对企业自身还是对企业的外部环境来说，一个组织的创新文化都是极为重要的[134]。创新文化使得企业能够综合考虑所处环境，全面分析自身竞争力，有计划地促进自身商业模式的改革重组，及时合理地对外部环境做出应对措施，不断增强自身的核心竞争力，达到可持续发展的高水平组织目标[134]；而胡塞全等（2014）认为创新文化会使企业有更强的创新意愿和更开放的创新态度，并愿意承担更多风险[135]。网络生鲜平台企业作为商业模式创新最为活跃的企业形态，其创新文化的发展更快，在现有研究的基础上结合网络生鲜平台的特点，我们认为企业创新文化是网络生鲜平台企业商业模式创新的外部影响因素之一。在郭毅夫（2012）[136]研究基础上，提出以下假设：

H1：企业的创新文化与网络生鲜平台企业的商业模式创新存在正相关的关系。

进一步将企业的创新文化分成三个维度：管理者富有创新精神、管理者保持开放心态、管理者鼓励员工知识共享。

4.2.2 市场环境外部影响因素

企业所处的市场环境处于动态变化之中，市场环境的变化往往会对企业产生引导、鼓励、约束、强化作用，使其能够更好地满足市场需求。企业通过商业模式创新能够在发生变化的市场环境中进一步优化资源配置，以更加高效的方式适应市场变化，更加精准地满足市场需求。Chesbrough（2010）强调市场需要是一个企业创新改革其商业模式的动力来源[64]。林岚涛（1997）认为，供求规律可以自主地根据需要进行市场调节活动，该环境才是市场经济条件下需要的环境，这种条件下市场能够迅速准确地传达给经营者有关供求双方的信息，并且引导经营者采取相应措施，从而促使企业开展商业模式创新[137]。牛冲槐等（2009）认为，良好的市场环境有利于人才的聚集，有利于人才聚集效应的产生和提升，进而帮助企业进行模式创新[138]。龚艳平等（2015）通过对团购模式的研究，认为市场环境对企业的商业模式创新也有一定的影响[139]。目前网络生鲜平台企业所面向的市场环境正处于大幅度的变化之中，生鲜产品的供应者和消费者的特征均处于快速变化之中。在现有研究的基础上，考虑到网络生鲜平台企业的特征，认为市场环境是影响网络生鲜平台企业商业模式创新的重要外部因素，并提出以下假设：

H2：市场环境与网络生鲜平台企业的商业模式创新存在着正相关的关系。

进一步将市场环境分成三个维度：人口因素、经济因素、竞争因素。

4.2.3 技术环境和政策外部影响因素

商业模式创新是技术创新通过市场化运营产生效益的途径，技术创新是实现商业模式创新的技术支持。朱宗乾等（2016）认为，对“互联网＋”时代下的商业模式创新来说，良好的技术环境是重要的影响因素，技术让生活更加便利、技术改变商业在“互联网＋”时代成为发展的主旋律，物流技术、通信技术大大改变了网络的时空界限，使互联网的连接效率更高、范围更广、成本更低[134]；胡保亮（2013）提出，技术对于创造细分产业来说必不可少，很多创造了新的细分产业的企业，其核心技术都具有高度的创新性，可以极大地提高竞争力，给企业带来巨大价值，技术创新有利于企业采纳产业模式创新[140]；Chesbrough（2010）认为企业所实行的商业模式必须是与其掌握的核心技术相适应的[64]；王雪冬和董大海（2013）根据对商业模式创新的研究述评，认为企业的商业模式创新需要与技术环境进行有效的结合，才能更好地实现其商业化[141]。技术创新是商业模式创新的基础，而商业模式创新则是实现新技术价值创造的手段[142]。对"互联网+"时代下发展的企业而言，在其发展过程中如何应对政府的政策已经成为急需重视的一个方面，尤其是在与传统产业的角逐中政府的政策监管不可避免，如何应对与传统产业的竞争、合作以及博弈，如何应对政府的政策并且做出相应措施，如何为企业发展争取良好的外部环境——尤其是新产业发展的政策环境，已经成为决定这些互联网平台企业能否健康持续发展的关键因素[143]。网络生鲜平台的发展需要配套技术和政策的支持，而包括冷链物流、现代农业等配套技术的发展以及政府对相关基础设施的建立、适应网络生鲜平台发展的相关政策的出台也对网络生鲜平台企业的商业模式创新有着重要的影响。在现有文献的基础上，考虑到网络生鲜平台企业商业模式创新的特点，认为技术环境和政策是网络生鲜平台企业商业模式创新的重要外部影响因素，并提出如下假设：

H3：技术环境和政策与网络生鲜平台企业商业模式创新存在着正相关的关系。

进一步将技术环境和政策分成三个维度：技术进步、冷链产业的发展、公共政策的支持。

4.2.4　商业模式创新

根据前文对商业模式创新的文献综述，Johnson 和 Christensen（2009）在哈佛商业评论中的研究，这里将商业模式划分为四个维度：客户价值主张创新、企业盈利模式创新、企业关键资源创新、企业关键流程创新[144]。

考虑到外部影响因素之间可能会存在影响关系，提出以下两点假设：

H4：市场环境与企业创新文化存在着正相关的关系；

H5：技术环境和政策与企业创新文化存在着正相关的关系。

4.3　研究模型构建

在4.2部分给出的企业创新文化、市场环境、技术环境和政策的三个外部因素的分析及提出的研究假设基础上，构建出本章研究的模型：以商业模式创新（由客户价值主张创新、企业盈利模式创新、企业关键资源创新、企业关键流程创新四个维度构成）为因变量，以企业创新文化（由管理者富有创新精神、管理者保持开放心态、管理者鼓励员工知识共享三个维度构成）、市场环境（由人口因素、经济因素、竞争因素三个维度构成）、技术环境和政策因素（由技术进步、冷链产业的发展、公共政策的支持三个维度构成）为自变量。网络生鲜平台商业模式创新外部影响因素研究如图 4.1 所示。

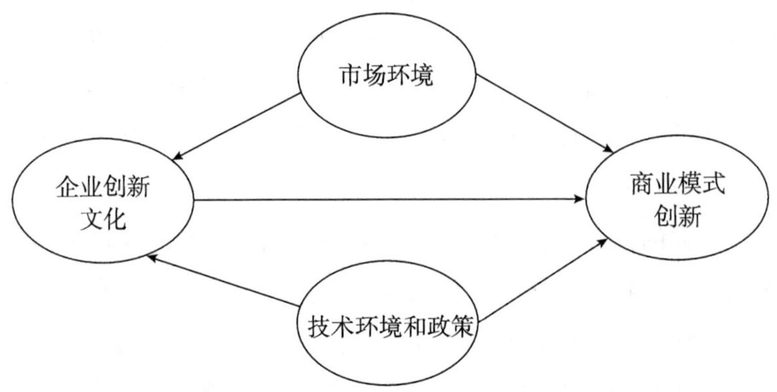

图 4.1　网络生鲜平台商业模式创新外部影响因素研究

4.4　网络生鲜平台企业商业模式创新外部影响因素的实证研究

4.4.1　问卷设计

问卷采用 Likert 五级量表：1 代表非常不同意，2 代表不同意，3 代表不确定，4 代表同意，5 代表非常同意。问卷尽量做得简洁明了，方便被调查者能够及时做出回答。调查问卷的一阶变量为研究模型中的自变量（市场环境、技术环境和政策、企业创新文化）和因变量（商业模式创新）；二阶变量则为每一个自变量或因变量对应的维度划分，市场环境（人口因素、经济因素、竞争因素），技术环境和政策（技术进步、冷链产业的发展、公共政策的支持），企业创新文化（管理者富有创新精神，管理者保持开放心态、管理者鼓励员工知识共享），商业模式创新（客户价值主张创新、企业盈利模式创新、企业关键资源创新、企业关键流程创新）。问卷中每一个二阶变量所对应的题项借鉴了郭毅夫（2012）[136]、郭勤贵（2016）[145]、陈志（2012）[146]、Hooff and Huysman（2009）[147]、Johnson and Christensen（2009）[144]等的研究成果，并考虑到网络生鲜平台商业模式创新的独特性做了进一步的改进和完善，形成了本章研究的测量量表。自变量测量题项及参考文献来源如表 4.1 所示，因变量测量题项及参考文献来源如表 4.2 所示。

表 4.1　　　　自变量测量题项及参考文献来源

自变量	二阶变量	测量题项	参考文献来源
市场环境	人口因素	网购生鲜消费者的组成	郭毅夫（2012）[136]
		用户群体消费习惯的变化	
		不同客户需求差异较大	
	经济因素	生活水平提高	
		生鲜产品消费支出	
		生鲜产品性价比	
	竞争因素	网络生鲜平台企业同行竞争	
		网络生鲜平台差异化发展	
技术环境和政策	技术进步	生鲜产品培育技术发展	郭勤贵（2016）[145]
		生鲜产品保鲜技术进步	
		互联网终端发展成熟	
	冷链产业的发展	淘宝等电商平台的飞速发展推动物流产业的进步	
		物流产业的成熟	
		冷链仓储技术的发展	
	公共政策的支持	生鲜平台电商产业基础设施（包括仓储、冷链物流等基础设施）完善	陈志（2012）[146]
		生鲜平台电商产业发展要素市场完善	
		网络生鲜平台市场商业和产业“生态圈”完善度	

续 表

自变量	二阶变量	测量题项	参考文献来源
企业创新文化	管理者富有创新精神	企业青睐使用冷链等方面的新技术	Hooff and Huysman（2009）[147]
		乐于接受来自市场和内部的挑战	
		善于接受未来网络生鲜平台产业发展的不确定性	
	管理者保持开放心态	不怕受到同行和部分专家的质疑	
		包容公司不同员工不同的处事方式	
		建立有效的转移机制（在突发情况下的有效避险和建立保障措施）	
	管理者鼓励员工知识共享	让一个部门的员工了解互相之间在做的事情	
		当某一员工学到新东西，确保其他员工也能有效学习	
		员工之间做到信息透明	
		鼓励员工相互求教	

表 4.2　因变量测量题项及参考文献来源

因变量	二阶变量	测量题项	参考文献来源
商业模式创新	客户价值主张创新	重新定义目标客户	Johnson and Christensen（2008）[144]
		为客户提供具有创新性的生鲜产品或服务	
	企业盈利模式创新	生鲜平台企业收入上升	
		生鲜平台企业成本下降	
		利润构成改善	
		资源利用率得到改善	
	企业关键资源创新	企业所使用的技术和设施得到更新或改善	
		企业员工素质得到提升	
		企业合作伙伴或联盟有所改善	
		企业获得信息的质量和方式有所改善	
	企业关键流程创新	企业运营流程得到简化或创新	
		对企业规则和指标有过修改	
		重新制定了网络生鲜平台行业标准	

4.4.2　问卷发放及收集

本研究拟采用 SPSS20.0 和 AMOS21.0 作为主要的分析工具，在使用线性结构方程模型过程中，在问卷样本数量的选取上，Bagozzi 和 Yi（1988）认为样本数最少需要 50 个；Hari（1998）认为样本数在 100～400 个比较合适；Gething 和 Anderson（1988）认为在结构方程模型构建过程中，应至少满足 150 个样本数；Gorsuch（1983）则提出样本量的大小应保持在参照测量问项（items）的 5 倍以上，最好达到 10 倍的比例。根据以上学者的研究，本问卷共有 37 个问项，所以研究样本必须在 185 个以上。

本研究中将研究群体确定为生鲜行业相关人群，为保证问卷的回收率，主要针对生鲜相关行业的企业管理人员、政府相关人员和研究商业模式创新或者生鲜平台的研究人员，采取线上发放（网页链接、QQ、电子邮件等）和线下纸质发放两种方式。

在研究过程中，共发放电子问卷300 份、纸质问卷100 份，共400 份，回收问卷 305 份，回收率为 76.25%，其中有效问卷为 219 份，有效回收率 54.75%，总体有效样本 219 > 185，符合结构方程模型的样本数量要求。

4.4.3　主要数据分析方法

本研究主要采用的数据分析方法是描述性统计分析、信度效度检验和结构方程模型。其中，采用 SPSS20.0 软件进行信度分析和探索性因子分析（EFA），运用 AMOS17.0 软件进行结构方程分析（SEM），构建互联网生鲜平台商业模式创新影响因素模型。

4.4.3.1　信度检验

信度（reliability）代表量表的一致性或稳定性，信度系数在项目分析中，也可以作为同质性检验指标之一。在社会学领域中关于李克特量表的信度估计，学者多采用克隆巴赫 α 系数（Cronbach's αlpha），又称内部一致性 α 系数。DeVems（1991）认为，在 0.60～0.65 信度较差，在 0.65～0.70 为可接受值，在 0.70～0.80 信度相当好，在 0.8～0.9 信度非常好。也有学者认为 Cronbach's α 值在 0.7 以上就属于高信度，在 0.35～0.7 信度尚可，低于 0.35

则为低信度。在结构方程模型中，内部一致性是 AMOS 软件一项重要计算指标，通常采用 Cronbach's α 值最小为 0.7 的标准。

4.4.3.2 效度检验

效度（validity）指所测量到的结果反映所想要考察内容的程度，效度越高，说明测量结果与考察内容越吻合，反之，则越不吻合。效度一般包括内容效度、效标效度、结构效度三种类型。其中，结构效度是最重要的效度评价指标，最常使用的方法就是因子分析（factor Analysis），主要包括探索性因子分析（EFA）和验证性因子分析（CFA）。本研究通过 SPSS20.0 进行探索性因子分析（EFA），考察各变量问项是否符合研究标准，然后利用 AMOS21.0 对样本数据做验证性因子分析（CFA），得出各变量标准化路径系数，验证概念模型。

在探索性因子分析（EFA）过程中，首先考量 KMO 检验值和 Bartlett's 球形检验值，根据数值来说明是否可以进行因子分析。根据 Kaiser（1974）的观点，执行因子分析程序时，KMO 指标判断标准如表 4.3 所示，进行因子分析的普通（mediocre）准则至少在 0.6 以上。

表 4.3　KMO 指标判断标准

KMO 统计量值	判别说明	因素分析适切性
0.90 以上	极适合进行因素分析（marvelous）	极佳的（Perfect）
0.80 以上	适合进行因素分析（meritorious）	良好的（Meritorious）
0.70 以上	尚可进行因素分析（middling）	适中的（Middling）
0.60 以上	勉强可进行因素分析（mediocre）	普通的（Mediocre）
0.50 以上	不适合进行因素分析（miserable）	欠佳的（Miserable）
0.50 以下	非常不适合进行因素分析（unacceptable）	无法接受的（Unacceptable）

资料来源：转引自吴明隆（2000）[148]。

一般认为，KMO 值大于 0.7，同时 Bartlett's 球形检验值在 0.05 以内的显著水平，适合做因子分析。

4.4.3.3 结构方程模型（SEM）

结构方程模型方法结合回归分析、验证性因子分析等方法，通过变量的协方差矩阵来了解变量之间的结构，近年来广泛应用于地理学、教育学、管理学以及行为科学等领域的研究中。不同于传统的探索性因子分析，SEM 中，研究者可以提出特定因子结构，并检验因子结构与数据是否符合。SEM 分为测量模型和结构模型两种，测量模型侧重描述观察变量和潜在变量的关系，其本质是验证性因子分析（Confirmatory Factor Analysis，CFA），结构模型则说明了潜在变量之间的因果关系。

SEM 的分析过程一般有模型构建、模型识别、模型拟合与评价、模型修正四个步骤。Marsh 等（2005）学者将拟合指数分为绝对指数、相对指数和简约指数三类。绝对指数（absolute index）主要衡量假设模型与样本数据的拟合程度，只是基于假设模型本身，并不与其他模型做比较，较为常用的指标有卡方自由度比值χ^2/df、DK、Mc、PDF、SRMR、RMSEA、GFI、AGFI 等。相对指数（relativeindex）是将假设模型与所需模型进行比较，观察拟合程度，常用的指标有 NFI、NNFI、TLI、CFI 等。简约指数（parsimony index）则是绝对指数和相对指数的派生指数，主要参考指标有 PNFI、PGFI、PCFI 等。

本研究中，主要采用绝对指数（χ^2/df、SRMR、RMSEA、GFI、AGFI）、相对指数（TLI、CFI）和简约指数（PNFI、PCFI、PGFI），研究中采用的模型拟合指数及取值范围如表 4.4 所示。

表 4.4 研究中采用的模型拟合指数及取值范围

拟合指数		取值范围	拟合指数		取值范围
绝对指数	χ^2/df	<3.00	相对指数	TLI	>0.90
	SRMR	<0.08		CFI	>0.90
	RMSEA	>0.10	简约指数	PNFI	>0.50
	GFI	>0.90		PCFI	>0.50
	AGFI	>0.90		PGFI	>0.50

4.4.4 变量信度和效度检验

对于网络生鲜平台企业商业模式创新的影响因素调查以及基于数据的模型验证是本研究的重点部分，在正式进行模型验证前，经数据初步处理，首先对各测量变量进行信度和效度检验。

在具体的参考指标选取上，在信度检验中，本研究采取 Cronbach's α > 0.7 的标准；在探索性因子分析中，采取 KMO > 0.7，同时 Bartlett's 球形检验值应在 0.05 以内的显著性水平的标准。

在因子分析中，本研究主要采用主成分分析法来抽取因子负荷量。因子负荷量类似于回归分析中回归系数的权数，反映了问项变量与各共同因素的关联强度，若以 SEM 中潜在变量与观察变量的观点来看，因子负荷量就是各共同因子对各问项变量的变异量解释程度。至于因子负荷量的标准值，学者 Hari 等（1998）认为要同时考虑到因子分析时的样本大小。样本大小和因子负荷量选取标准如表 4.5 所示。

表 4.5　　样本大小和因子负荷量选取标准

样本大小	因子负荷量选取标准值
50	0.750
60	0.700
70	0.650
85	0.600
100	0.550
120	0.500
150	0.450
200	0.400
250	0.350
350	0.300

因研究最终收集的有效问卷是 219 份，介于 200 ~ 250 份，因此本研究的因子负荷量标准值取 0.400，也就说，因子负荷量值若小于 0.400，问项予以删除。下面对解释变量与被解释变量的信度与探索性因子分析结果进行具体说明。

4.4.4.1　解释变量检验

对已获得的 9 项解释变量、24 个问项的信度检验中，解释变量信度检验

α 值如表 4. 6 所示，标准化 Cronbach's α 系数达到 0. 868 >0. 7，说明问卷具有较高信度。

表 4. 6　　解释变量信度检验 α 值

Cronbach's Alpha	基于标准化项的 Cronbach's Alpha	项数
0. 867	0. 868	24

对解释变量的每一个变量进行信度检验，依次得到以下结果，如表 4. 7—表 4. 15 所示。所有变量的标准化 Cronbach's α 系数均大于 0. 7，说明每个变量都具有较高信度。

表 4. 7　　人口因素变量的信度检验 α 值

Cronbach's Alpha	基于标准化项的 Cronbach's Alpha	项数
0. 850	0. 854	3

表 4. 8　　经济因素变量的信度检验 α 值

Cronbach's Alpha	基于标准化项的 Cronbach's Alpha	项数
0. 871	0. 873	3

表 4. 9　　竞争因素变量的信度检验 α 值

Cronbach's Alpha	基于标准化项的 Cronbach's Alpha	项数
0. 750	0. 759	2

表 4. 10　　技术进步变量的信度检验 α 值

Cronbach's Alpha	基于标准化项的 Cronbach's Alpha	项数
0. 862	0. 863	3

表 4. 11　　冷链产业的发展变量的信度检验 α 值

Cronbach's Alpha	基于标准化项的 Cronbach's Alpha	项数
0. 840	0. 840	3

表 4. 12　　公共政策的支持变量的信度检验 α 值

Cronbach's Alpha	基于标准化项的 Cronbach's Alpha	项数
0. 748	0. 761	2

表 4.13　　管理者富有创新精神变量的信度检验 α 值

Cronbach's Alpha	基于标准化项的 Cronbach's Alpha	项数
0.849	0.851	3

表 4.14　　管理者保持开放心态变量的信度检验 α 值

Cronbach's Alpha	基于标准化项的 Cronbach's Alpha	项数
0.839	0.844	3

表 4.15　　鼓励员工知识共享变量的信度检验 α 值

Cronbach's Alpha	基于标准化项的 Cronbach's Alpha	项数
0.785	0.785	2

接下来运用主成分分析法，对解释变量进行因子分析，经过 KMO 和 Bartlett's 球形检验后，KMO = 0.774 > 0.7，Bartlett's 球形检验在 0.05 的显著水平内（$p = 0.000$），说明适合进行因子分析，如表 4.16 所示，经过正交转轴后得到旋转后的解，如表 4.17 所示，得到的变量因子分别在抽取的 9 个因子中被识别出来，且因子负荷系数均大于 0.5，满足本研究因子负荷量标准。

表 4.16　　解释变量的 KMO 和 Bartlett's 球形检验

取样足够度的 Kaiser – Meyer – Olkin 度量		0.774
Bartlett's 球形检验	近似卡方	2651.931
	df	276
	Sig.	0.000

表 4.17　　解释变量的因子负荷系数

测量变量	测量问项	因子负荷系数								
		1	2	3	4	5	6	7	8	9
人口因素	Q1	0.283	0.093	0.023	0.042	0.822	0.010	0.100	0.109	–0.028
	Q2	0.079	0.038	0.106	0.085	0.852	0.106	0.013	0.017	0.144
	Q3	0.090	0.167	0.087	0.067	0.849	0.073	0.120	0.151	0.043

续　表

测量变量	测量问项	因子负荷系数								
		1	2	3	4	5	6	7	8	9
经济因素	Q4	0.891	-0.069	0.132	0.046	0.099	0.047	0.020	0.012	0.026
	Q5	0.833	0.064	0.125	0.049	0.196	0.098	0.174	-0.003	-0.012
	Q6	0.873	0.078	0.034	0.049	0.116	0.006	0.080	0.061	0.053
竞争因素	Q7	-0.096	0.115	0.103	0.009	0.150	0.057	0.046	0.886	0.116
	Q8	0.212	0.206	0.009	0.131	0.110	0.164	0.201	0.801	0.042
技术进步	Q9	0.057	0.061	0.904	0.045	0.022	0.055	0.084	0.024	0.104
	Q10	0.109	0.068	0.827	0.030	0.071	0.115	0.005	0.063	0.083
	Q11	0.114	0.145	0.848	0.103	0.121	0.122	0.102	0.032	0.006
冷链产业的发展	Q12	-0.058	-0.007	0.101	-0.075	-0.051	0.886	0.082	0.050	0.074
	Q13	0.133	0.047	0.119	0.082	0.141	0.796	0.208	0.043	0.040
	Q14	0.082	0.071	0.080	0.157	0.114	0.847	0.089	0.110	0.029
公共政策的支持	Q15	0.125	-0.008	0.118	0.018	0.163	0.142	0.823	0.100	0.177
	Q16	0.135	0.089	0.066	0.088	0.050	0.232	0.843	0.117	0.090
管理者富有创新精神	Q17	-0.024	0.826	0.091	0.072	0.118	0.081	-0.015	0.026	0.193
	Q18	0.053	0.806	0.128	0.190	0.146	-0.004	0.063	0.140	0.144
	Q19	0.047	0.874	0.066	0.079	0.030	0.026	0.045	0.146	0.115
管理者保持开放心态	Q20	0.022	0.014	0.028	0.867	0.037	0.019	-0.003	0.087	0.150
	Q21	0.149	0.167	0.075	0.827	0.065	0.035	0.098	-0.057	-0.036
	Q22	-0.023	0.137	0.069	0.869	0.081	0.093	0.017	0.087	0.036
鼓励员工知识共享	Q23	-0.035	0.271	0.128	-0.016	0.137	0.044	0.154	0.020	0.844
	Q24	0.112	0.223	0.083	0.195	0.026	0.108	0.129	0.159	0.818
	提取方法：主成分。 旋转法：具有 Kaiser 标准化的正交旋转法。									
	α 旋转在 6 次迭代后收敛。									

4.4.4.2　被解释变量检验

对被解释变量“商业模式创新”，进行信度检验，如表 4.18 所示，被解释变量基于标准化项的克隆巴赫 α（Cronbach's α）系数为 0.868 >0.7，说明整体信度良好。

表 4.18　　被解释变量信度检验 α 值

Cronbach's Alpha	基于标准化项的 Cronbach's Alpha	项数
0. 860	0. 862	13

再对被解释变量的每一个变量进行信度检验，依次得到以下结果，如表 4. 19—表 4. 22 所示。所有变量的标准化的克隆巴赫 α（Cronbach's α）系数均大于 0. 7，说明每个变量都具有较高信度。

表 4.19　　客户价值主张创新变量的信度检验 α 值

Cronbach's Alpha	基于标准化项的 Cronbach's Alpha	项数
0. 746	0. 759	2

表 4.20　　企业盈利模式创新变量的信度检验 α 值

Cronbach's Alpha	基于标准化项的 Cronbach's Alpha	项数
0. 880	0. 886	4

表 4.21　　企业关键资源创新变量的信度检验 α 值

Cronbach's Alpha	基于标准化项的 Cronbach's Alpha	项数
0. 868	0. 871	4

表 4.22　　企业关键流程创新变量的信度检验 α 值

Cronbach's Alpha	基于标准化项的 Cronbach's Alpha	项数
0. 831	0. 833	3

因子分析过程中，KMO 值为 0. 838 > 0. 7，Bartlett's 球形检验在 0. 05 的显著水平内（$p = 0.000$），如表 4. 23 所示，说明适合进行因子分析，并经过正交转轴后得到旋转后的解，如表 4. 24 所示，得到的变量因子分别在抽取的 4 个因子中被识别出来，且因子负荷系数均大于 0. 5，满足本研究因子负荷量标准。

表 4.23　　被解释变量的 KMO 和 Bartlrtt's 球形检验

取样足够度的 Kaiser - Meyer - Olkin 度量		0.838
Bartlett's 球形度检验	近似卡方	1414.657
	Df	78
	Sig.	0.000

表 4.24　　被解释变量的因子负荷系数

测量变量	测量问项	因子负荷系数			
		1	2	3	4
客户价值主张创新	Q25	0.102	0.145	0.069	0.882
	Q26	0.019	0.190	0.182	0.856
企业盈利模式创新	Q27	0.865	0.158	0.140	0.040
	Q28	0.847	0.104	0.088	0.023
	Q29	0.820	0.190	0.130	0.092
	Q30	0.811	0.132	0.221	0.035
企业关键资源创新	Q31	0.161	0.836	0.118	0.110
	Q32	0.082	0.829	0.150	0.060
	Q33	0.315	0.766	0.111	0.079
	Q34	0.082	0.839	0.055	0.232
企业关键流程创新	Q35	0.141	0.095	0.858	0.042
	Q36	0.122	0.222	0.824	0.176
	Q37	0.229	0.065	0.818	0.089
	提取方法：主成分。 旋转法：具有 Kaiser 标准化的正交旋转法。				
	α 旋转在 5 次迭代后收敛。				

4.4.5　结构方程模型

在对变量进行信度和探索性因子检验后，本研究继续采用结构方程模型分析方法对概念模型进行验证性因子检验，并采用极大似然值（ML）的协方差结构分析方法，该方法在国内社会科学研究论文中应用较多，也被称为“硬模型”，以线性结构关系（Linear Structural Relationships，LISREL）方法为代表。本节中将通过模型构建、模型拟合与评价、模型修正三个过程来阐述。

4.4.5.1 模型构建

根据前文提出的假设，在使用 AMOS21.0 中，为简化模型构造，经过数据处理后，将市场环境、技术环境和政策作为外生变量，企业创新文化和商业模式创新作为内生变量，将模型转化为可检验的初始结构方程模型，如图 4.2 所示。

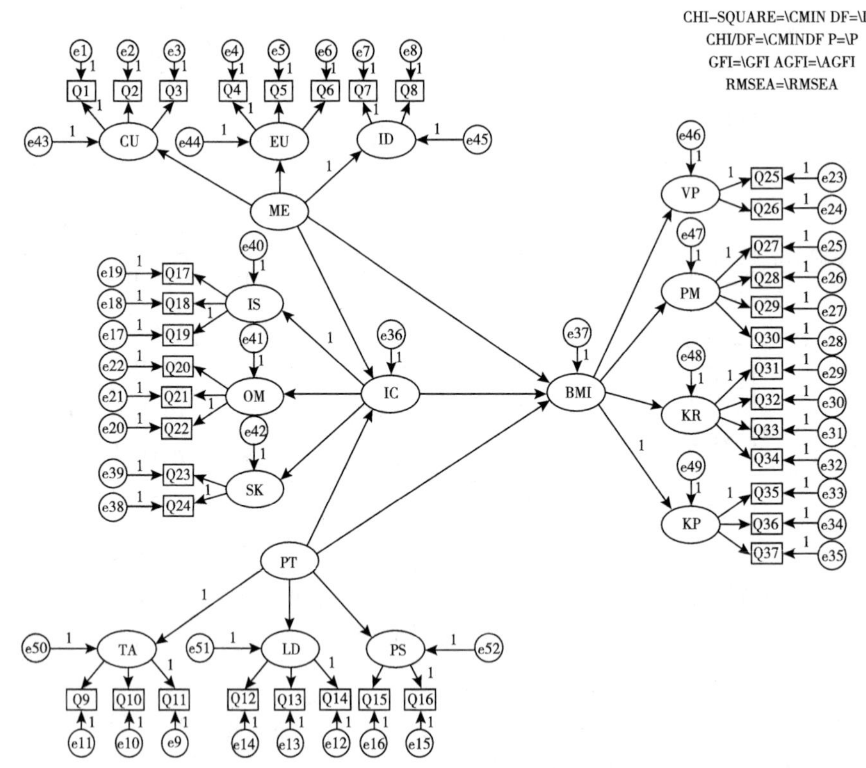

图 4.2 网络生鲜平台企业商业模式创新外部影响因素初始结构方程模型

注：IC：企业创新文化，IS：管理者富有创新精神，OM：管理者保持开放心态，SK：管理者鼓励员工知识共享；ME：市场环境，CU：人口因素，EU：经济因素，ID：竞争因素；PT：技术环境和政策，TA：技术进步，LD：冷链产业的发展，PS：公共政策的支持；BMI：商业模式创新，VP：客户价值主张创新，PM：企业盈利模式创新，KR：企业关键资源创新，KP：企业关键流程创新。

4.4.5.2 模型拟合

将经过信度和效度检验修正后的数据导入 AMOS21.0，经过运算，得到模型整体的拟合结果，如表 4.25 所示。从模型初步拟合结果来看，卡方自由度比值为 1.534 <3，RMSEA = 0.049 <0.1，CFI = 0.920 >0.90，TLI = 0.912 > 0.90，PGFI = 0.714 >0.50，PNFI = 0.736 >0.50，PCFI = 0.844 >0.50，均符合指标判断标准，但 SRMR、GFI、AGFI 却未达标，且在表 4.26 的 C. R.（临界比率）的结果显示中有一条路径未通过检验，即“BMI < - - - ME” C. R. = 1.658 <1.96，$p = 0.097 > 0.05$；$\chi^2/df = 1.534$，SRMR = 0.0922，RMSEA = 0.049，GFI = 0.822，AGFI = 0.795，CFI = 0.920，TLI = 0.912，PGFI = 0.714，PNFI = 0.736，PCFI = 0.844。

表 4.25　　初始结构方程模型拟合结果

路径			标准化路径系数	非标准化路径系数	S. E.	C. R.	p
IC	< - - -	ME	0.553	0.936	0.281	3.328	***
IC	< - - -	PT	0.386	0.496	0.164	3.028	0.002
BMI	< - - -	IC	0.477	0.279	0.109	2.556	0.011
BMI	< - - -	PT	0.476	0.358	0.12	2.974	0.003
BMI	< - - -	ME	0.266	0.263	0.158	1.658	0.097
CU	< - - -	ME	0.649	1.046	0.284	3.677	***
EU	< - - -	ME	0.429	0.805	0.243	3.308	***
ID	< - - -	ME	0.635	1			
TA	< - - -	PT	0.534	1			
LD	< - - -	PT	0.599	1.083	0.25	4.332	***
PS	< - - -	PT	0.659	1.213	0.277	4.38	***
IS	< - - -	IC	0.748	1			
OM	< - - -	IC	0.426	0.583	0.135	4.325	***
SK	< - - -	IC	0.685	0.921	0.156	5.912	***
VP	< - - -	BMI	0.531	0.782	0.204	3.823	***
PM	< - - -	BMI	0.479	0.878	0.193	4.544	***
KR	< - - -	BMI	0.7	1.292	0.241	5.365	***
KP	< - - -	BMI	0.553	1			

拟合指标：$\chi^2/df = 1.534$　SRMR = 0.0922　RMSEA = 0.049　GFI = 0.822　AGFI = 0.795
CFI = 0.920　TLI = 0.912　PGFI = 0.714　PNFI = 0.736　PCFI = 0.844

注：*** 代表显著性水平 $p < 0.001$。

4.4.5.3 模型修正

鉴于初步结构方程模型拟合结果并不是很理想，将在结构方程原则基础上，对模型进行修正，进而得到最佳模型。

吴明隆（2000）[148]指出，在模型整体适配度检验时，卡方值越小，其余适配度指标值越会达到模型适配标准，因而修正的假设模型越容易得到支持。结构方程模型的修正方法一般有修正残差的协方差、添加或剔除路径等。同时，AMOS21.0 分析软件中，会根据模型运算后的拟合效果给出修正指标（Modification Indices），供研究者参考。但在修正过程中，需要注意的是，增列的两种修正指标位是没有意义的：（1）界定观察变量误差项与潜在变量残差项之间有共变关系，违反 SEM 的假定；（2）界定测量模型的观察变量对另一观察变量的路径是没有实质意义的。并且在增删路径时，每次只能调整一条，每一条路径的增删及改变都会对其他路径系数产生影响，在以上修正原则基础上，根据实际需要，对路径逐步进行修正。

根据 AMOS 给出的修正指标（Modification Indices），因为 ME（市场环境）造成的方差值最大，并且之前没有通过路径检验，因此首先删除市场环境这一影响因素；其次根据之后不断修正模型之后的修正指标（Modification Indices）给出的提示，分别删除了 Q9、Q12、Q21、Q27、Q28、Q32、Q34、Q35，重新调整模型并进行拟合，修正后结构方程模型拟合结果如表 4.26 所示。

表 4.26　　修正后结构方程模型拟合结果

路径			标准化路径系数	非标准化路径系数	S. E.	C. R.	p
IC	<---	PT	0.633	0.689	0.18	3.92	***
BMI	<---	IC	0.486	0.447	0.16	2.87	0.0040
BMI	<---	PT	0.474	0.476	0.17	2.77	0.0060
TA	<---	PT	0.566	1			
LD	<---	PT	0.668	1.047	0.22	4.68	***
PS	<---	PT	0.703	1.154	0.23	4.92	***
IS	<---	IC	0.697	1			
OM	<---	IC	0.448	0.723	0.18	3.98	***
SK	<---	IC	0.724	1.116	0.2	5.51	***

续　表

路径			标准化路径系数	非标准化路径系数	S. E.	C. R.	p
VP	< - - -	BMI	0. 529	0. 569	0. 14	4. 12	***
PM	< - - -	BMI	0. 623	0. 821	0. 16	5. 19	***
KR	< - - -	BMI	0. 78	0. 909	0. 17	5. 47	***
KP	< - - -	BMI	0. 628	1			
Q11	< - - -	TA	0. 856	1			
Q10	< - - -	TA	0. 717	0. 834	0. 14	5. 95	***
Q14	< - - -	LD	0. 773	1			
Q13	< - - -	LD	0. 82	1. 141	0. 16	7. 33	***
Q16	< - - -	PS	0. 813	1			
Q15	< - - -	PS	0. 756	0. 732	0. 10	7. 33	***
Q19	< - - -	IS	0. 782	1			
Q17	< - - -	IS	0. 842	0. 917	0. 11	8. 05	***
Q22	< - - -	OM	0. 816	1			
Q25	< - - -	VP	0. 68	1			
Q26	< - - -	VP	0. 898	1. 668	0. 29	5. 71	***
Q29	< - - -	PM	0. 792	1			
Q30	< - - -	PM	0. 793	1. 129	0. 16	7. 27	***
Q31	< - - -	KR	0. 708	1			
Q33	< - - -	KR	0. 866	1. 408	0. 17	8. 35	***
Q36	< - - -	KP	0. 832	1			
Q37	< - - -	KP	0. 739	0. 836	0. 12	7. 06	***
Q24	< - - -	SK	0. 881	1			
Q23	< - - -	SK	0. 734	0. 786	0. 10	7. 89	***
Q20	< - - -	OM	0. 741	0. 734	0. 15	4. 78	***

注：*** 代表显著性水平 $p < 0.001$。

表4. 26 显示的是删除市场环境这个因素后，企业创新文化、技术环境和政策及商业模式创新三个潜在变量的因果关系及相关关系。从各项指标来看，基本都达到了拟合标准，其中，卡方自由度比值 $\chi^2/df = 1.160 < 2$，$SRMR = 0.0505 < 0.08$，$RMSEA = 0.027 < 0.08$，$GFI = 0.927 > 0.90$，$AGFI = 0.902 > 0.90$，$CFI = 0.982 > 0.90$，$TLI = 0.979 > 0.90$，$PGFI = 0.693 > 0.50$，PNFI =

0.734 >0.50，PCFI =0.812 >0.50，各项考量指标均达标，说明概念模型与样本数据拟合度佳，所以修正后的模型整体适配性较好。

模型修正后，整体拟合度良好，修正后的模型如图 4.3 所示，路径系数如表 4.27 所示。

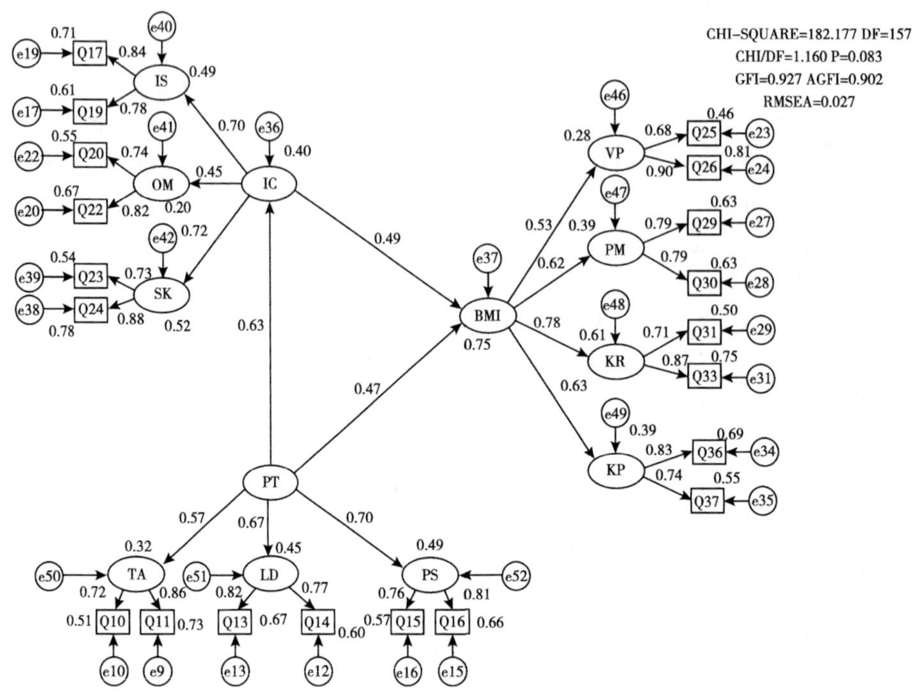

图 4.3　修正后网络生鲜平台企业商业模式创新外部影响因素结构方程模型

注：IC：企业创新文化，IS：管理者富有创新精神，OM：管理者保持开放心态，SK：管理者鼓励员工知识共享；PT：技术环境和政策，TA：技术进步，LD：冷链产业的发展，PS：公共政策的支持；BMI：商业模式创新，VP：客户价值主张创新，PM：企业盈利模式创新，KR：企业关键资源创新，KP：企业关键流程创新。

表 4.27　修正后生鲜平台商业模式创新影响因素模型的路径系数

路径			STD	*p*
IC	< - - -	PT	0.63	***
BMI	< - - -	IC	0.49	**
BMI	< - - -	PT	0.47	**
TA	< - - -	PT	0.57	
LD	< - - -	PT	0.67	***

续　表

路径			STD	*p*
PS	< - - -	PT	0. 70	***
IS	< - - -	IC	0. 70	
OM	< - - -	IC	0. 45	***
SK	< - - -	IC	0. 72	***
VP	< - - -	BMI	0. 53	***
PM	< - - -	BMI	0. 62	***
KR	< - - -	BMI	0. 78	***
KP	< - - -	BMI	0. 63	
Q11	< - - -	TA	0. 86	
Q10	< - - -	TA	0. 72	***
Q14	< - - -	LD	0. 77	
Q13	< - - -	LD	0. 82	***
Q16	< - - -	PS	0. 81	
Q15	< - - -	PS	0. 76	***
Q19	< - - -	IS	0. 78	
Q17	< - - -	IS	0. 84	***
Q22	< - - -	OM	0. 82	
Q25	< - - -	VP	0. 68	
Q26	< - - -	VP	0. 90	***
Q29	< - - -	PM	0. 79	
Q30	< - - -	PM	0. 79	***
Q31	< - - -	KR	0. 71	
Q33	< - - -	KR	0. 87	***
Q36	< - - -	KP	0. 83	
Q37	< - - -	KP	0. 74	***
Q24	< - - -	SK	0. 88	
Q23	< - - -	SK	0. 73	***
Q20	< - - -	OM	0. 74	***

注：*** 代表显著性水平 $p<0.001$，** 代表显著性水平 $p<0.01$。

从表4.27的路径系数可以看出，修正后的模型路径均通过了显著性检验，同时说明对应的假设得到了数据的支持，下面对于研究中提出的假设逐一进行检验。

H1：企业创新文化与网络生鲜平台企业的商业模式创新存在正相关的关系。

路径系数显示，企业创新文化对网络生鲜平台企业商业模式创新的影响的路径系数为0.49 **，$p<0.01$，假设H1成立。管理者富有创新精神这一因素对企业创新文化的影响的路径系数为0.7 ***，$p<0.001$；管理者保持开放心态这一因素对企业创新文化的影响的路径系数为0.45 ***，$p<0.001$；管理者鼓励员工知识共享这一因素对企业创新文化的影响的路径系数为0.72 ***，$p<0.001$。因此，企业管理者的创新精神、开放的心态以及鼓励员工知识共享这些因素都会影响互联网平台企业的创新文化，且为正向影响。企业管理者富有创新精神、保持开放心态、鼓励员工知识共享，通常会更容易给网络生鲜平台企业带来商业模式上的创新。

H2：市场环境与网络生鲜平台企业的商业模式创新存在着正相关的关系。

由于在进行模型修正拟合过程中，发现市场环境这一因素对网络生鲜平台企业的商业模式创新的影响并不显著，因此该假设不成立。

H3：技术环境和政策与网络生鲜平台企业商业模式创新存在着正相关的关系。

路径系数显示，技术环境和政策对网络生鲜平台企业商业模式创新的影响的路径系数为0.47 **，$p<0.01$，假设H3成立。技术进步这一因素对技术环境和政策的影响为路径系数为0.57 ***，$p<0.001$；冷链产业的发展这一因素对技术环境和政策的影响路径系数为0.67 ***，$p<0.001$；公共政策的支持这一因素对技术环境和政策的影响的路径系数为0.7 ***，$p<0.001$。说明技术的进步、冷链产业的发展以及公共政策的支持都会影响技术环境和政策支持，且为正向影响。技术进步、冷链产业的发展和公共政策对互联网产业的支持都会积极推动网络生鲜平台企业的商业模式创新。

H4：市场环境与企业创新文化存在着正相关的关系。

通过模型修正拟合，去除市场环境这一因素，因此该假设不成立。

H5：技术环境和政策与企业创新文化存在着正相关的关系。

路径系数显示，技术环境和政策对企业创新文化的影响路径系数为0.63 ***，$p<0.001$，假设H5成立，说明技术环境和政策支持对企业的创新文化有正向影响。

研究假设验证摘要如表4.28所示。

表4.28　　研究假设验证摘要

研究假设	检验结果
H1：企业创新文化与网络生鲜平台企业的商业模式创新存在正相关的关系	成立
H2：市场环境与网络生鲜平台企业的商业模式创新存在着正相关的关系	不成立
H3：技术环境和政策与网络生鲜平台企业商业模式创新存在着正相关的关系	成立
H4：市场环境与企业创新文化存在着正相关的关系	不成立
H5：技术环境和政策与企业创新文化存在着正相关的关系	成立

4.4.5.4　模型解释

（1）企业创新文化与网络生鲜平台企业的商业模式创新存在正相关的关系

企业创新文化与网络生鲜平台企业的商业模式存在正相关的关系，无论现有文献中所研究的传统企业，还是本章研究的网络生鲜平台企业，开展商业模式创新都需要企业文化的熏陶和引领，都需要企业自身具备创新意识。培养创新文化，需要企业管理从业人员具备创新精神。网络生鲜平台企业商业模式创新更加离不开企业创新文化的引领，去克服现有运营模式中存在的难点问题，这些难点问题的解决往往需要跨越新领域、应用新技术、开拓新思维。

（2）技术环境和政策与网络生鲜平台企业商业模式创新存在正相关的关系

技术环境与网络生鲜平台企业的商业模式创新存在正相关的关系，由于网络生鲜平台企业自身的特殊性，技术与其商业模式息息相关，包括农产品培育和冷链技术等，生鲜互联网产业链的每一项技术都可能会改变网络生鲜平台企业的商业模式，技术的创新随时都有可能给网络生鲜平台企业的商业模式造成影响，给生鲜互联网平台的发展带来量变甚至质变；政策与互联网平台企业商业模式创新存在着正相关的关系，因为政策的变化时时刻刻对企业的发展产生影响，相较于传统行业，互联网行业企业更容易受到政策的影响，网络生鲜平台企业作为新兴的平台企业，要在大多数同行都极少盈利的情况下创造利润、实现盈利，就更需要时刻关注政府政策，随时针对自身情况，结合最新政策进行商业模式创新。

（3）市场环境与网络生鲜平台企业不存在正相关的关系

市场环境与网络生鲜平台企业不存在正相关的关系。在前文，市场环境影响因素假设提出部分，通过文献综述知道市场环境对于传统企业的商业模式创新具有显著影响，但是目前购买生鲜的消费者仍然以55岁左右的人群为主，主要的购买渠道仍然是传统的实体店（如菜市场、超市等），他们更加习惯于传统渠道的直观、可体验、可接触等特性，同时网络生鲜平台同行之间的竞争仍然处于原始的价格竞争阶段，差异化竞争的格局尚未形成，因而现阶段市场环境外部影响因素并不能成为网络生鲜平台商业模式创新的重要影响因素，在模型中市场环境与网络生鲜平台企业不存在正相关的关系。

4.4.5.5 最终模型

根据模型拟合及假设检验修正本研究的网络生鲜平台企业商业模式创新影响因素的结构方程模型，如图4.4所示，企业创新文化、技术环境和政策对网络生鲜平台企业商业模式创新有显著影响，技术环境和政策对企业创新文化有显著影响。

4.5 网络生鲜平台企业商业模式创新外部影响因素的对策建议

对策建议一：网络生鲜平台企业需要培养企业创新文化，从企业文化高度把商业模式创新的思想根植于每一位企业员工的内心，促进企业商业模式创新。在前文的研究中发现企业创新文化对网络生鲜平台企业的商业模式创新有着显著影响，网络生鲜平台企业需要聘用和培养富有创新精神的员工，凝练并形成企业创新文化，并通过企业创新文化鼓励企业员工积极创新，鼓励员工对物联网、移动互联网、大数据、冷链等领域的新技术进行探索和使

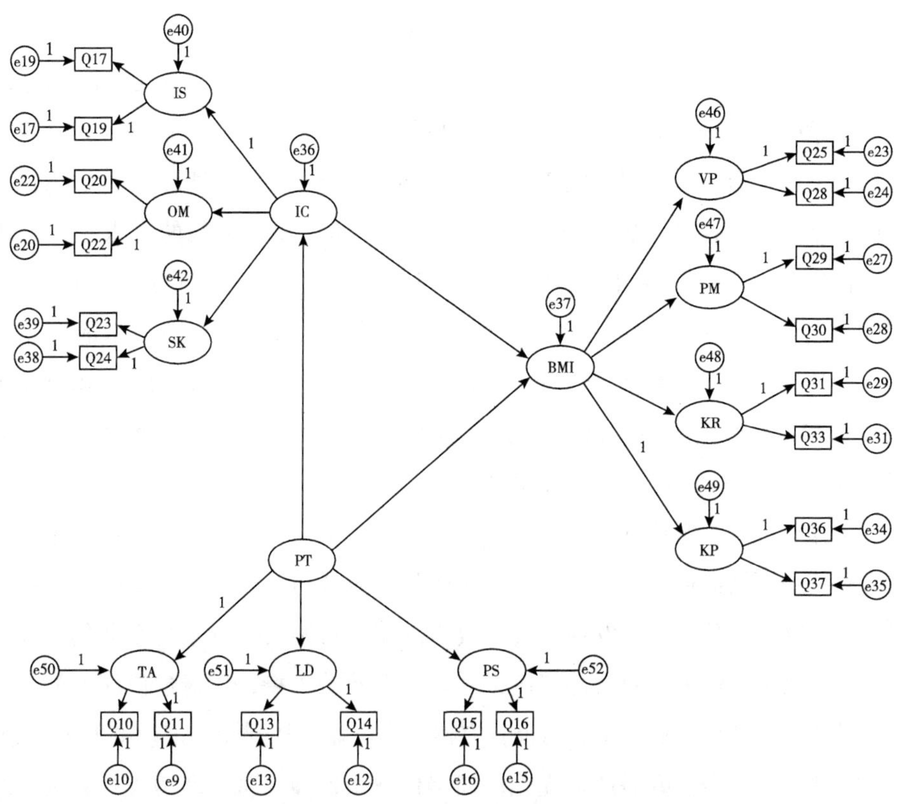

图 4.4　网络生鲜平台企业商业模式创新影响因素最终模型

注：IC：企业创新文化，IS：管理者富有创新精神，OM：管理者保持开放心态，SK：管理者鼓励员工知识共享；PT：技术环境和政策，TA：技术进步，LD：冷链产业的发展，PS：公共政策的支持；BMI：商业模式创新，VP：客户价值主张创新，PM：企业盈利模式创新，KR：企业关键资源创新，KP：企业关键流程创新。

用，鼓励员工应用新技术开展商业模式创新的探索，引导员工接受来自市场和企业内部因为创新所带来的挑战，引导员工积极应对来自网络生鲜平台产业的新挑战，围绕挑战，通过商业模式创新解决存在的问题，发掘新的商机；管理者要保持开放的心态，包容企业内部员工处事方式的不同，积极推行改革创新，鼓励网络生鲜平台与农业、物流、工业等领域的跨界融合，主动吸收来自网络生鲜同行和其他行业专家提出的好建议；网络生鲜平台企业管理者要鼓励员工进行知识共享，鼓励跨部门之间的相互学习、共同进步，保证员工间信息的透明性，鼓励员工学习新知识，并在员工之间建立新知识的共享及传递渠道，为开展商业模式创新提供知识保障。

对策建议二：网络生鲜平台企业需要充分重视技术创新和新技术的应用，要善于围绕新技术开展商业模式创新，充分发挥商业模式创新的放大效应，使新技术带来的效益最大化。在前文的研究中发现，技术进步和冷链产业的发展对网络生鲜平台企业的创新文化和商业模式创新有着显著性的影响，网络生鲜平台企业需要根据自身产业链的发展和商业模式创新的需求，进一步加大面向网络生鲜平台渠道的农产品保育技术、生鲜产品保鲜技术等方面的研发力度，提高保鲜效果、降低保鲜成本，通过技术创新和新技术的应用不断提高用户终端软件的使用体验；网络生鲜平台企业在物流技术发展上要积极探索完善网络生鲜平台物流体系的办法，积极探索符合网络生鲜平台企业发展需要的中心仓储、分布式仓储等物流仓储形式。

对策建议三：政府部门需要进一步完善公共政策，引导和支持网络生鲜平台企业积极开展商业模式创新，为生鲜产品供应者与终端消费者提供与开拓新的渠道。在前文的研究中发现，公共政策的支持对网络生鲜平台企业的商业模式创新有着显著影响，政府部门应进一步出台政策支持，积极建设能够配套网络生鲜平台企业的基础设施，帮助其完善整个产业链从开端到末端的发展要素，为网络生鲜平台企业开展商业模式创新提供政策保障与基础环境支持，为网络生鲜平台行业的持续优化与健康发展构建良好的政策生态环境。

对策建议四：网络生鲜平台企业仍需要积极关注市场环境的变化，主动抓住市场环境及消费者变化中带来的机遇。虽然在研究中发现，市场环境对网络生鲜平台企业商业模式创新并不存在显著的影响，但是网络生鲜平台企业也应该清醒地看到目前市场环境仍然在快速变化，市场从量变到质变的时间节点越来越近，网络生鲜的潜在消费者（第一代网购人群）在未来的5～10年正在逐步成为生鲜购买的主要决策者，消费者的网购习惯正在进一步养成，网络生鲜平台企业针对不同消费者的差异化竞争仍然是发展趋势，需要提前关注，构建适合的商业模式迎接市场环境从量变到质变节点的来临。

4.6 本章小结

商业模式创新是学术界研究的热点问题，但对互联网平台企业商业模式创新外部影响因素的研究仍然较少，以互联网平台企业的细分行业为研究领域，对商业模式创新外部影响因素进行的研究就更加缺乏。本章主要对企业创新文化、市场环境、技术环境和政策三个外部因素对网络生鲜平台企业商业模式创新的影响进行了实证分析，在现有文献的基础上考虑到网络生鲜平台的特点，构建了网络生鲜平台商业模式创新外部影响因素的结构方程模型，运用实证调研数据对模型的假设进行了分析和验证。

研究发现：（1）企业创新文化与网络生鲜平台企业的商业模式创新存在正相关的关系；（2）技术环境和政策与网络生鲜平台企业的商业模式创新存在正相关的关系；（3）市场环境与网络生鲜平台企业商业模式创新不存在正相关关系。对统计分析结果进行了解释和分析，特别是从用户习惯养成的角度分析了市场环境与网络生鲜平台企业商业模式创新不存在正相关关系的主要原因。

给出建议：（1）网络生鲜平台企业需要培养企业创新文化，从企业文化高度把商业模式创新的思想根植于每一位企业员工内心，促进企业商业模式创新；（2）网络生鲜平台企业需要充分重视技术创新和新技术的应用，善于围绕新技术开展商业模式创新，把新技术带来的效益最大化；（3）政府部门需要进一步完善公共政策，引导和支持网络生鲜平台企业积极开展商业模式创新，为生鲜产品供应者与终端消费者提供与开拓新的渠道；（4）网络生鲜平台企业仍需要积极关注市场环境的变化，主动抓住市场环境及消费者变化所带来的机遇。

本章研究仍存在以下不足之处：

（1）研究问卷的采集对象分布并不是很均匀。本次研究的问卷采访对象分别是生鲜类相关从业人员、商业模式或者生鲜类研究方面的学者和政府机构的相关人员，但在问卷采集的时候发现，受地域等条件的制约，所能采集到的政府相关人员和相关学者的问卷仍然偏少，这就可能导致问卷调查结果存在偏差。

（2）现有文献中，极少有人对网络生鲜平台企业商业模式创新进行研究，因此本章研究中量表的构建需要从传统的非网络生鲜平台企业的研究结果中寻求理论支撑，再结合网络生鲜平台的特点修正和完善，随着学术界对网络生鲜平台企业的进一步研究，可以在后续的研究中完善和改进测量量表。

第五章　基于用户体验的网络生鲜平台企业商业模式创新绩效（消费者购买意愿维度）影响实证研究

在价值创造体系中用户是至关重要的一环，产品（或服务）的价值主要是通过满足用户需求得以实现，在 Osterwalder 等（2005）[59] 给出的商业模式九大组成部分中，目标客户、顾客关系两大组成部分均与用户高度相关，在前文第三章的案例研究中发现，用户体验及其黏着度是影响互联网平台企业商业模式创新最为重要的内部因素，用户体验是如何对互联网平台企业商业模式创新产生影响这一问题值得进一步研究和探索。在第四章关于网络生鲜平台发展基本情况梳理的过程中，发现中粮我买网、天天果园、本来生活等一大批网络生鲜平台正在快速发展起来，2017 年中国网络生鲜平台市场交易规模达 1391.3 亿元；但是生鲜产品的易腐易坏、标准化难度大、物流配送要求高等特性，使网络生鲜平台经营难度很大。当前网络生鲜平台企业发展困境的背后到底隐含着什么规律？如何从用户体验角度探索影响网络生鲜平台发展的因素？这些已经成为学术界关注、企业界关心的焦点问题。

提升农产品流通效率是解决我国“三农问题”的一个重点。生鲜产品是农产品的重要组成部分，消费者在日常生活中需要高频次、大范围购买生鲜产品。近年来，致力于提高生鲜产品流通效率的网络生鲜平台已经成为政府“三农”工作的重要抓手，2017 年中央 1 号文件《关于深入推进农业供给侧结构性改革加快培育农业农村发展新动能的若干意见》中指出：“推进农村电商发展”，“支持农产品电商平台和乡村电商服务站点建设”，“推进‘互联网 +’现代农业行动”。一大批网络生鲜平台企业正在快速发展，但是与此同时，网络生鲜平台经营难度大、困难多、盈利难、渗透率低的问题仍然普遍存在，以消费者为主的用户是互联网平台企业发展成长的中心，消费者体验差、认可度不高、消费习惯尚未形成已经成为网络生鲜平台企业发展困难的重要原因[123]。随着“互联网+”的不断深入发展，我国网络消费群体正在快速成长和成熟，网络消费者的用户体验正在影响着网络生鲜平台企业商业模式创新绩效，因此本章的研究将在第三章、第四章的基础上继续选择网络生鲜平台企业为细分领域的研究对象，探究用户体验对网络生鲜平台企业商业模式创新绩效的影响。在研究中将以网络生鲜平台产品消费者为研究对象，以消费者的购买意愿作为网络生鲜平台企业商业模式创新绩效的主要维度，分析生鲜产品网络消费者消费体验的细分影响因素，探索这些影响因素是如何对网络生鲜平台企业商业模式创新绩效（消费者购买意愿维度）产生影响的，并从用户体验的角度对网络生鲜平台企业商业模式创新及产业发展提出对策和建议。

5.1　文献基础和理论依据

本章主要研究用户体验方面的因素对网络生鲜平台企业商业模式创新绩效（消费者购买意愿维度）的影响。而消费者购买意愿一直是市场营销学的研究热点。20 世纪 60 年代，西方学者对其进行了系统、全面的研究，提出了“R－O－S”架构[149]、KEB 模型[150]、EBM 模型[151]和 Nicosia 模型[152]等一系列经典理论。20 世纪 90 年代，互联网的推广应用、虚拟市场的迅速发展、新的市场环境对消费者购买意愿产生了巨大影响，主要表现在购买方式和购买决策过程中思维方式的变化[153][154]。在新的购物环境下，消费者购买决策的研究成为国内研究的热点。

国内目前已有的研究主要从四个视角探讨用户消费体验对于商业模式创新绩效（购买意愿）的影响：第一，感知价值视角。王崇等（2007）研究表明，感知价值与购买意愿行为显著相关[155]，苏凇等（2013）研究表明，感知价值差异是文化价值观差异的部分体现，而感知价值的差异也深入影响消费者购买时的价格意识、品牌意识和质量意识[156]。第二，感知风险视角。叶乃沂等（2014）研究表明，对于消费者购买决策行为研究，感知风险是一个重要的变量，它主要对消费者信息处理和购买决策行为产生重要影响[157]，张应语等（2015）研究表明，感知风险对消费者购买意愿有负面影响[123]。第三，产品伤害危机视角。王晓玉等（2006）研究表明，产品伤害危机事件以及它的处理过程对危机产品能否进入考虑集具显著影响[158]，井淼等（2013）分析了负面事件对消费者购买食品决策行为的影响[159]。第四，价格视角。马旭军等（2007）经过一系列逻辑推理过程，提出了基于价格信息的消费者购买决策模型[160]，郭艳艳（2013）的研究表明，消费者的主观知识以及对政府机构的信任度等变量均会对消费者的购买意愿产生重要影响[161]。在现有文献中，消费者购买意愿研究领域已经形成了较为完整的理论体系，进行了丰富的实证研究。本章研究以消费者购买意愿作为衡量网络生鲜平台企业商业模式创新绩效的重要指标，以网络生鲜平台消费者为主要研究对象，运用实证研究的方法，探索网络生鲜平台用户体验的细分因素对于网络生鲜平台企业商业模式创新绩效（消费者购买意愿维度）的影响。

5.2 消费者体验细分因素及研究假设

在现有文献中，消费者的用户体验具有多维性。本章研究根据消费者行为学的理论和网络生鲜平台用户特点，提取出九大细分因素，并对每一个细分因素提出对应的研究假设。

5.2.1 产品价格体验因素及研究假设

在互联网背景下，很多商家采取直销的方式，商品直接从生产商到消费者，不用多次流转，有些商家也不具有实体店，这使得商家可以采取成本领先的战略，让消费者更愿意在网上购物。胡定寰等（2003）通过研究发现，生鲜购买时影响消费者购物体验的两个因素是生鲜农产品新鲜度和价格[162]。常亚平等（2008）的研究表明消费者的购买行为受到价格的显著影响[163]。韩杨等（2014）研究发现，价格对消费者购物体验有着显著性影响，且在水果、蔬菜及水产品等生鲜产品上的显著性高于粮、油、蛋[164]。因此提出如下假设：

H1：产品价格体验因素对网络生鲜平台企业商业模式创新绩效（消费者

购买意愿维度）有显著正向影响。

5.2.2　产品质量体验因素及研究假设

产品质量体验是指消费者通过综合各种正式或非正式的与产品相关的信息，对产品质量所做出的抽象的、主观的评价。传统的购物决策，消费者可以通过肉眼、鼻子、舌头等来了解生鲜产品的质量，但在互联网环境下，消费者只能通过商家提供的图片来判断生鲜产品的质量好坏，并且现在的图像处理技术强大，很多图片失真，这加大了消费者购买决策的难度。如今，随着“健康”“绿色”“无公害”的消费理念深入人心，消费者对食物的品质和安全都提出了新的要求，也更加崇尚绿色生活、健康饮食，如果网络生鲜平台能让消费者感知到产品具有较高的质量，必然就能获取消费者的青睐。张应语等（2015）研究表明，网购生鲜农产品的质量体验对消费者购买决策行为有正面影响[123]。因此提出如下假设：

H2：生鲜产品质量体验对网络生鲜平台企业商业模式创新绩效（消费者购买意愿维度）有显著正向影响。

5.2.3　物流服务体验因素及研究假设

生鲜产品对物流服务提出较高的要求，生鲜产品由于本身具有易破损性和保鲜时间短等特点，对配送速度、运送过程中的冷藏保鲜等方面提出了很高的要求，使得网络生鲜平台在销售生鲜产品时，物流成本会比其他类型的电子商务高。李楠、李佳洁（2016）认为，目前国内网购生鲜农产品主要存在着高物流成本限制的问题[165]。因此提出如下假设：

H3：物流服务体验因素对网络生鲜平台企业商业模式创新绩效（消费者购买意愿维度）有显著正向影响。

5.2.4　网络口碑体验因素及研究假设

口碑是最有影响力的宣传方式之一，也是消费者获取产品信息的重要途径。口碑按照传播途径可以分为传统口碑和网络口碑，传统口碑主要指亲朋好友之间分享购物经历；网络口碑主要指通过现代网络工具进行产品（或服务）信息的沟通及经验分享。蔡淑琴（2013）认为口碑传播与企业的声誉、经营绩效息息相关，也与消费者的购买决策密不可分[166]。冯娇、姚忠（2016）从消费者社会学习角度，分析了社会学习对购买决策的影响过程，表明社会学习在线评论信息，是影响消费者购买决策的重要因素[167]。因此提出如下假设：

H4：网络口碑体验因素对网络生鲜平台企业商业模式创新绩效（消费者购买意愿维度）有显著正向影响。

5.2.5 风险感知体验因素及研究假设

风险感知是指消费者在购买活动中主观感受到的期望损失，由于其具有不确定的特性，因此消费者无法预估购买结果。消费者所产生的不确定性心理是影响消费者决策的重要因素之一。叶乃沂、周蝶（2014）认为，风险感知在消费者行为研究中是一个重要的变量，它对消费者信息处理及购物决策产生重要影响[157]。张应语等（2015）发现消费者的风险感知对购买意愿有负面影响，即对消费者购买决策具有很大阻力[123]。因此提出如下假设：

H5：风险感知体验因素对网络生鲜平台企业商业模式创新绩效（消费者购买意愿维度）有显著负向影响。

5.2.6 安全保障体验因素及研究假设

随着大数据的崛起，消费者可以获得因人而异的服务，但这也会导致个人信息泄露。消费者在登录购物网站购物时，可能会遭受黑客攻击，从而导致个人信息、账户密码等隐私泄露。近些年来，网购渗透率呈现逐年上升的趋势，朱安平（2010）调查发现，仍有部分网民对网购支付方式的安全性提出质疑，因而不敢接受这样的购物方式[168]。《2014—2015 年中国互联网安全研究报告》显示，移动支付类病毒占病毒样本总量的 60%，移动支付成为病毒的重灾区。因此提出如下假设：

H6：安全保障体验因素对网络生鲜平台企业商业模式创新绩效（消费者购买意愿维度）有显著正向影响。

5.2.7　客户服务体验因素及研究假设

客服人员服务质量对消费者决策具有一锤定音的作用，消费者会因客服人员较差的服务态度打消购买的欲望。有数据统计表明：有94%的客户因商家没有提供好的客户服务而选择离开，有89%的客户因商家不能妥善及时解决问题而选择弃之，有67%的不满意客户会选择投诉，有75%的客户会因商家对其投诉进行正确的处理而选择继续购买。在这网络发达的时代，客户对产品的疑惑和不解，只能通过客服来解答。因此提出如下假设：

H7：客户服务体验因素对网络生鲜平台企业商业模式创新绩效（消费者购买意愿维度）有显著正向影响。

5.2.8　网站设计体验因素及研究假设

Parasuraman（1988）提出了经典的SERVQUAL法，从五个方面构建服务质量模型，其中，有形性是指外观感受、产品以及设施设备感受。本章中网站设计变量是结合SERVQUAL中的有形性与电子商务自身的特点，同时，参考了王洪鑫、刘玉慧（2015）量表中的网站设计变量[169]。网站设计质量的高低是消费者通过主观心理感受来认知的，消费者购买决策也会受到这种心理感受的影响。韩伟伟等（2017）表明高质量的网站设计对消费者的购买行为产生重大的影响，成功的网站设计更容易吸引到消费者，即审美体验也正向影响消费者决策[170]。因此提出如下假设：

H8：网站设计对网络生鲜平台企业商业模式创新绩效（消费者购买意愿维度）有显著正向影响。

5.2.9　品牌形象体验因素及研究假设

品牌形象是指社会公众对企业或者品牌的一种总体认知。消费者对生鲜品牌形象的认知主要来源于浏览网页中的他人评价或自我感受。蒋廉雄等（2006）认为消费者对品牌形象的认知程度与消费者购买决策行为之间呈显著正相关[171]。廖成林（2011）认为品牌形象正向影响购买决策行为。因此提出如下假设：

H9：品牌形象体验因素对网络生鲜平台企业商业模式创新绩效（消费者购买意愿维度）有显著正向影响。

5.3 量表设计与数据分析

本章问卷通过问卷星、打印纸质问卷、电子邮箱、微信等多种渠道发布，主要调研对象为有着丰富网络生鲜购物经验的消费者。

5.3.1 量表设计及基本统计分析

问卷为结构式问卷，主要通过阅读消费者决策相关的文献，同时参考一些学者的量表，结合自身研究设计而成。研究变量包括产品价格体验因素（X_1）、产品质量体验因素（X_2）、物流服务体验因素（X_3）、网络口碑体验因素（X_4）、风险感知体验因素（X_5）、安全保障体验因素（X_6）、客户服务体验因素（X_7）、网站设计体验因素（X_8）、品牌形象体验因素（X_9）和网络生鲜平台企业商业模式创新绩效（消费者购买意愿维度）（Y）。问卷由基本信息和量表两部分构成：基本信息包括人口统计信息和是否在网络上购买生鲜产品；量表采用 5 级记分的 Likert 量表，如表 5.1 所示。本次问卷投放 600 份，收回 529 份，19 份问卷因第二部分全部打同一分值而被视为无效问卷，由于第二部分第 30 题与第 33 题具有矛盾性，12 份问卷因同时选择同意或者不同意也被视为无效问卷，还有 120 份问卷因填写没有在网上购买过生鲜产品也被视为无效问卷，在剔除无效问卷后，有效问卷总计 378 份，问卷有效率达 63%。在 378 份问卷中，网购生鲜产品的消费者中男生占 50%，女生占 50%，网购生鲜产品的消费者的年龄主要集中在 15～40 岁。

表 5.1　　量表设计题目及来源

研究变量	变量的测试项目/代号	来源
X_1	电子商务商家的定价相对低于实体店的定价（A1）	龚振[172]
	电子商务商家优惠活动或折扣幅度大（A2）	

续　表

研究变量	变量的测试项目/代号	来源
X_2	生鲜产品质量可靠，食用安全（B1）	自编
	生鲜产品新鲜，果肉饱满（B2）	
	生鲜产品包装材料安全（B3）	
X_3	物流配送人员服务态度好（C1）	Mentzer 等[173]
	生鲜产品在运输过程很少发现损坏（C2）	
	生鲜产品从下单到收到货的时间短（C3）	
	生鲜产品的运送过程中保鲜效果好（C4）	
X_4	熟悉的人评价生鲜网店性价比很高（D1）	自编
	熟悉的人在朋友圈等社交网络上分享了生鲜产品好的网络购买经历（D2）	
	生鲜产品在购物网站上综合排名靠前（D3）	
	生鲜产品在购物网站上好评比例高（D4）	
	生鲜产品在购物网站上显示成交量大（D5）	
	网络名人推荐，在网上论坛、微博评价好（D6）	
X_5	该网站能够保障个人隐私安全（E1）	Hauser 等[174]
	该网站消费过程中能够保证资金安全（E2）	
	生鲜产品有相关质检机构开具的质检报告（E3）	
X_6	网上只有图片没有实物，没有办法像在实体店那样判断产品的优劣（F1）	Jarvenpaa 等[175]
	网上生鲜产品难以监管，食品安全得不到保障（F2）	
	如果对生鲜产品不满意，退换商品麻烦（F3）	
	运输过程中可能导致产品破损、变质和串味（F4）	
	个人信息可能泄露，银行卡可能被盗（F5）	
X_7	客服人员准确及时回答购前咨询的问题，态度热情（G1）	Parasuraman 等[176]
	付款后，客服人员依然及时耐心回复（G2）	
	对产品不满意，客服人员耐心及时帮助退换货物（G3）	
X_8	网站界面新颖，分类清晰，产品配图完整，信息详细（H1）	Parasuraman 等[176]
	网站操作方便（H2）	

续　表

研究变量	变量的测试项目/代号	来源
X_9	该生鲜网店在业内有很高的知名度（I1）	Chaudhuri 等[177]
Y	从来不会考虑网上购买生鲜产品（J1）	Dodds 等[178]
	优先考虑线下购买生鲜产品，线下没有合适的才会选择网上购买（J2）	
	只要网上有想要买的生鲜产品，就会在网上购买（J3）	
	优先考虑上网购买所需的生鲜产品（J4）	

（1）信度、效度分析结果

信度代表量表的一致性和稳定性，学者 Nunnally（1978）认为 α 系数值等于 0.70 是一个较低但可以接受的量表边界值。因此，在深入处理数据之前，应对每一个变量的因子进行信度、效度分析。由表 5.2 可知，信度值均满足要求，效度值均大于等于 0.5。

表 5.2　　　　量表设计题目代号及统计分析

变量	测试项目	信度 Alpha	均值	因子负荷	KMO 值	累加%
X_1	A1	0.896	3.612	0.952	0.5	90.707
	A2		3.466	0.952		
X_2	B1	0.917	4.084	0.945	0.744	85.959
	B2		4.079	0.906		
	B3		4.051	0.93		
X_3	C1	0.863	4.011	0.777	0.817	71.162
	C2		4.096	0.857		
	C3		4.124	0.864		
	C4		4.163	0.872		
X_4	D1	0.927	4.129	0.822	0.884	68.445
	D2		4.191	0.846		
	D3		4.107	0.889		
	D4		4.129	0.916		
	D5		4.152	0.887		
	D6		3.904	0.775		

续　表

变量	测试项目	信度 Alpha	均值	因子负荷	KMO 值	累加%
X_5	E1	0. 85	3. 961	0. 91	0. 712	77. 419
	E2		4. 051	0. 882		
	E3		3. 972	0. 846		
X_6	F1	0. 863	2. 787	0. 83	0. 827	64. 578
	F2		2. 888	0. 8		
	F3		2. 646	0. 82		
	F4		2. 775	0. 829		
	F5		2. 663	0. 735		
X_7	G1	0. 86	4. 067	0. 906	0. 722	78. 183
	G2		4. 129	0. 853		
	G3		4. 062	0. 893		
X_8	H1	0. 741	4. 045	0. 892	0. 5	79. 521
	H2		4. 022	0. 897		
X_9	I1		3. 815			
Y	J1	0. 725	4. 051	0. 85	0. 572	66. 616
	J2		3. 865	0. 78		
	J3		3. 865	0. 77		
	J4		4. 028	0. 86		

（2）样本均值描述统计分析

从表 5. 2 中可以看出，本次调研的样本均值在 3 ~ 5，其中，产品质量体验因素、物流服务体验因素、网络口碑体验因素、安全保障体验因素、客户服务体验因素、网站设计体验因素的平均分均较高，可以看出购买生鲜产品的消费者大部分比较认同这些因素对消费者决策是有影响的；风险感知体验因素和品牌形象体验因素的均值相对较低，说明两者对消费者购买决策行为影响较小，产品价格体验因素对消费者决策行为影响介于两者之间。

5. 3. 2　相关分析与回归分析

（1）相关分析

采用相关分析与回归分析来验证假设，应用的软件是 SPSS22. 0 版。在相关分析与回归分析之前，先对可能影响消费者决策的九大因素提取公因子，但在因子提取之前，需要对效度进行检测，检测结果在上文也已经给出并且均符合要求，最高的达到0.884，适合做因子分析和相关分析；接着提取公因子，由于每个维度的因子具有相同的性质，设定每个维度提取一个主成分，对九大因素和消费者决策分别提取。由表5.3可知，提取的是每个维度下特征值大于1的公因子，且各问题项对公因子的载荷均比较大，同时“提取载荷平方和累积（%）”都超过了64%，公因子能够很好地解释自变量。

表5.3　　相关系数

变量		X_1	X_2	X_3	X_4	X_5	X_6	X_7	X_8	X_9
Y	Pearson 系数	0.105	0.643	0.651	0.680	0.604	-0.122	0.612	0.411	0.532
	显著性	0.022	0.000	0.000	0.000	0.000	0.008	0.000	0.000	0.000
	N	478	478	478	478	478	478	478	478	478

（2）回归分析

在线性回归分析前，通过相关分析来初步验证假设，将网络生鲜平台企业商业模式创新绩效（消费者购买意愿维度）（Y）、产品价格体验因素（X_1）、产品质量体验因素（X_2）、物流服务体验因素（X_3）、网络口碑体验因素（X_4）、安全保障体验因素（X_5）、风险感知体验因素（X_6）、客户服务体验因素（X_7）、网站设计体验因素（X_8）、品牌形象体验因素（X_9）进行了双变量相关分析，结果如表5.4所示。从表5.4中可以看出，Y与上述因素均呈现出相关性，其中，Y与X_2、X_3、X_4、X_5、X_7、X_8和X_9呈现正相关，与X_1和X_6呈现负相关。

表5.4　　变异系数分析

模型	平方和	自由度	均方	F	显著性
1 回归	305.525	9	33.947	74.701	0.000
残差	212.677	469	0.454		
总计	518.202	478			

注：1. 因变量：消费者购买决策行为Y；

2. 预测变量：（常量）产品价格体验因素X_1，产品质量体验因素X_2，物流服务体验因素X_3，网络口碑体验因素X_4，安全保障体验因素X_5，风险感知体验因素X_6，客户服务体验因素X_7，网站设计体验因素X_8，品牌形象体验因素X_9。

根据表5.5可知，网络生鲜平台企业商业模式创新绩效（消费者购买意愿维度）与产品价格体验因素和风险感知体验因素成反比，与产品质量体验因素、安全保障体验因素、物流服务体验因素、网络口碑体验因素和网站设计体验因素正相关。客户服务体验因素和品牌形象体验因素与消费者购买决策行为的显著性未通过检验。结合本章前面的分析，可以得出H2、H3、H4、H5、H6和H8在统计意义上是成立的，H1与统计意义上的结论相悖，H7和H9未通过检验。在上述的因素中，客户服务体验因素的标准系数最低，为0.001，表明两者无关，也说明了如果消费者购买意愿强烈，不会因为客服没有及时回复而不购买产品，可能会选择其他类似的商家进行购买，消费者每天都离不开生鲜产品，对其了解甚多，不用过多的咨询。

表5.5　　各因素对消费者决策回归系数

模型	非标准化系数		标准系数	T	显著性
	B	标准错误	贝塔		
1（常量）	-0.039	0.157		-0.249	0.804
产品价格体验因素 X_1	-0.145	0.035	-0.140	-4.153	0.000
产品质量体验因素 X_2	0.188	0.053	0.181	3.567	0.000
物流服务体验因素 X_3	0.200	0.054	0.194	3.738	0.000
网络口碑体验因素 X_4	0.230	0.058	0.221	3.953	0.000
安全保障体验因素 X_5	0.209	0.049	0.205	4.227	0.000
风险感知体验因素 X_6	-0.157	0.030	-0.159	-5.280	0.000
客户服务体验因素 X_7	0.001	0.054	0.001	0.021	0.983
网站设计体验因素 X_8	0.121	0.044	0.118	2.712	0.007
品牌形象体验因素 X_9	0.010	0.040	0.010	0.258	0.796

5.3.3　统计结果与原因剖析

（1）产品价格体验因素和产品质量体验因素分析

统计结果显示，产品价格体验因素负向影响网络生鲜平台企业商业模式创新绩效（消费者购买意愿维度），产品质量体验因素正向影响网络生鲜平台企业商业模式创新绩效（消费者购买意愿维度）。随着消费升级的迭代与演进，数以亿计的新中产阶级正在形成，并逐步成为支撑网络生鲜消费升级的主要人群，他们具有良好的教育背景、稳定的收入，正在逐步摆脱电子商务1.0时代对于低廉价格的追求，他们对价格的敏感性正在降低，因此产品质量体验对于网络生鲜平台企业商业模式创新绩效（消费者购买意愿维度）的影响越来越大。

（2）网络口碑体验因素和品牌形象体验因素分析

统计结果显示，网络口碑体验因素正向影响网络生鲜平台企业商业模式创新绩效（消费者购买意愿维度），品牌形象体验因素对网络生鲜平台企业商业模式创新绩效（消费者购买意愿维度）的影响并不显著。随着移动互联网的快速发展，网络口碑的形成和传播速度更快、影响更大，爆发式和瞬间化已经成为网络口碑的主要发展趋势。在网络生鲜购买决策过程中，从网络社群、朋友圈获取优质网络生鲜产品口碑信息，查看已购买者的购物分享与评价，邀请已购买者回答购买中的问题等已经十分普遍，网络口碑在消费者购买决策中的作用也会越来越大。本章的研究成果表明，产品的品牌形象对网络生鲜平台企业商业模式创新绩效（消费者购买意愿维度）的影响不显著，在电子商务领域传统的品牌理论正在遭遇挑战，特别是在网络生鲜购买领域，普通生鲜产品品牌形象的影响力本身就较为有限，同时网络购买中以次充好的行为更加降低了品牌的影响力，品牌效应的影响正在被用户购买评论、朋友圈晒图推荐等网络口碑影响所替代。

（3）物流服务体验因素和风险感知体验因素分析

统计结果显示，物流服务体验因素对网络生鲜平台企业商业模式创新绩效（消费者购买意愿维度）有显著正向影响，风险感知体验因素对网络生鲜平台企业商业模式创新绩效（消费者购买意愿维度）有显著负向影响。生鲜产品具有易腐易坏的特性，存储、运输、配送等过程中极易导致产品损耗，消费者最终接收并食用的生鲜产品是经过存储、运输、配送等环节的，物流环节的服务质量会直接影响生鲜产品的质量，进而直接影响着网络生鲜平台企业商业模式创新绩效（消费者购买意愿维度）。风险感知体验因素对网络生鲜平台企业商业模式创新绩效（消费者购买意愿维度）呈现显著负向影响，在网络生鲜平台上，商品的图片与实物不符的现象仍然普遍存在，发布生鲜产品相关虚假信息的情况也时有发生，直接影响了消费者对于网络生鲜平台的信任度，从而对网络生鲜平台企业商业模式创新绩效（消费者购买意愿维度）呈现显著负向影响。

（4）安全保障体验因素和网站设计体验因素分析

统计结果显示，安全保障体验因素和网站设计体验因素对网络生鲜平台企业商业模式创新绩效（消费者购买意愿维度）有显著正向影响。随着网上购物人群规模的不断增长，网购环境与支付环境在不断升级，但是，网购骗局仍然屡有发生，并且手法新、花样多，使得习惯于线下购买生鲜产品的中老年消费者对于网购仍然心存疑虑，能否提升网络生鲜购买各环节安全、防范网络欺诈，已经成为能否吸引中老年消费者从线下到线上购物的重要影响因素。网站设计质量与消费者决策也息息相关，消费者的行为随着电子商务的发展不断发生着变化，网站的设计也必须随着消费者的需求做出相应的改进，网站设计会对消费者购买行为产生影响，购物网站设计应从便捷性、互动性和视觉效果等角度出发，满足消费者个性化的消费需求。

5.4　对策与建议

综合本章理论分析与研究结果，为了便于网络生鲜平台企业进一步提升商业模式创新绩效（消费者购买意愿维度），提出如下建议：

对策建议一：网络生鲜平台企业应该严格控制生鲜产品的质量，增强消费者的产品质量体验。网络生鲜平台企业应该充分利用信息技术、发挥平台优势，通过商业模式创新和多方资源高效整合，实现生鲜产品质量的有效把控，如建立原产地产品信息可靠性的保障体系、构建高端产品的全生命周期可追溯系统、探索形成消费者能够快速识别并认可的生鲜产品的品级分类标准。大量生鲜产品网络消费者已从网络购物 1.0 时代中成长起来，正在从追求同类产品的最低价格向追求高品质方向发展，只有从源头上保障生鲜产品质量的可靠性，才能增强消费者的产品感知、提升消费者的消费体验，坚定消费者通过网络渠道购买生鲜产品的信心，从而更好地提升网络生鲜平台企业商业模式创新绩效（消费者购买意愿维度）。

对策建议二：网络生鲜平台企业需要进一步构建优质物流服务体系，提高物流服务质量。网络生鲜平台企业需要进一步发挥网络平台资源整合的优势，整合社会上现有的物流资源，通过规模效应快速把提高物流服务质量的需求向物流提供方传递，倒逼物流企业开发满足生鲜产品需求的优质物流服务，同时呼吁政府部门在相关产业规划和顶层设计过程中，更加重视生鲜产品物流基础设施的建设，引导和鼓励社会资本进入生鲜产品物流基础设施建设中，从而构建满足生鲜产品存储、运输、配送的优质物流服务体系，减少生鲜产品从商家到消费者过程中对于产品品质的损害，提升消费者对于生鲜产品物流服务的体验，从而更好地提升网络生鲜平台企业商业模式创新绩效（消费者购买意愿维度）。

对策建议三：网络生鲜平台企业需要进一步提高网络口碑的可信度，实现网络口碑与购买行为的良性互动。生鲜平台企业需要进一步重视网络口碑效应，创新消费者使用后对于产品（或服务）进行评价的模式，杜绝网络推手等刷虚假好评的方式，确保购买后的评价真正源自消费者，避免通过打折或返利等方式“购买”好评，提高消费者购买后的评价可信度，让购买后的评价是消费者消费体验的真实反映，从而进一步增强网络口碑对于网络生鲜购物的影响，提升网络生鲜平台企业商业模式创新绩效（消费者购买意愿维度）。

对策建议四：网络生鲜平台企业需要进一步营造网络安全环境，提升网站设计质量。生鲜产品网络购物的安全性跟普通网络购物安全性一样，对于建立消费者（特别是仍然没有习惯于网购的中老年消费者）通过网络渠道购买产品的信心十分重要，网络安全环境的营造能够有效降低潜在消费者的购买疑虑，帮助潜在消费者实现从线下购物到线上购物的过渡，从而提升网络生鲜平台企业商业模式创新绩效（消费者购买意愿维度）。网站设计质量直接影响着消费者在购买决策过程的体验，易于浏览、拥有便捷的导航、便于检索、高度可视化等网站特性都会提升消费者购买决策过程的体验，增强消费者的黏着度，提高复购率，从而提升网络生鲜平台企业商业模式创新绩效（消费者购买意愿维度）。

5.5　本章小结

网络生鲜平台已经成为电商领域的风口，然而对于网络生鲜平台企业运营困难、普遍亏损的问题，消费者认可度不高是其中最重要的原因之一。本章充分考虑了生鲜产品的易腐易损特性，其对物流的配送速度和冷链技术均有较高的要求，通过分析和归纳文献资料，提出了网络生鲜平台企业商业模式创新绩效（消费者购买意愿维度）的九大影响因素，在此基础上开发了生鲜产品网络消费者购买决策的研究模型，面向每日优鲜、我买网、京东等生鲜平台消费者，对 378 份有效问卷进行了实证调研。研究结果显示，产品价格体验因素已经不再是影响网络生鲜平台企业商业模式创新绩效（消费者购买意愿维度）的最主要因素，生鲜领域的网络消费者正在从追求同类最低价向追求优质产品（或服务）过渡，网络生鲜平台企业需要面向细分用户群体精准提供优质的产品（或服务）；网络口碑体验因素正在成为影响网络生鲜平台企业商业模式创新绩效（消费者购买意愿维度）的重要因素，网络生鲜平台企业需要严控产品质量、增强消费者产品质量体验，发挥网络平台的优势，形成正向网络口碑，并实现网络口碑的快速传播；物流服务体验因素成为影响网络生鲜平台企业商业模式创新绩效（消费者购买意愿维度）的关键，网络生鲜平台企业需要进一步整合相关物流资源，优化冷链物流体系，提高物流服务质量，提升消费者对于物流服务的体验。

本章研究仍然存在局限和不足之处，主要体现在以下两个方面：（1）本章研究主要关注的是网络生鲜平台企业商业模式创新绩效中消费者购买意愿维度，而忽略了商业模式创新绩效的其他方面，后续研究者可以继续探索商业模式创新绩效的其他维度；（2）本章研究选取的有效样本数量为 378 份，与庞大的消费群体相比样本数量仍然偏少，存在统计分析结果与消费者的实际情况出现偏差的可能性。

第六章 基于用户感知质量中介作用的品牌形象对网络生鲜平台企业商业模式创新绩效（消费者购买意愿维度）影响实证研究

在第三章的案例分析中发现，用户体验及其黏着度是互联网平台企业商业模式创新的重要影响因素；在第五章中进一步发现，用户体验的多个细分因素对网络生鲜平台企业商业模式创新绩效（消费者购买意愿维度）有显著正向影响，而用户体验不是凭空产生的，与用户在使用互联网平台完成产品（或服务）使用的整体过程中的感知质量（或感知效应）相关。以感知质量（或感知效应）为主的用户体验存在于产品（或服务）使用的整个过程中，对互联网平台企业商业模式创新的影响起到中介作用，其中最为重要的感知来源为互联网平台企业的品牌形象［主要包括企业形象、产品（或服务）形象、使用者形象］。因此本章研究将在前文研究的基础上，继续以网络生鲜平台企业为细分研究领域，围绕用户感知质量的中介作用，研究品牌形象对网络生鲜平台企业商业模式创新绩效（消费者购买意愿维度）的影响。

党的十九大报告中首次提出乡村振兴战略，加快发展农产品流通业是拓宽农民增收渠道、提高农业现代化水平和农村现代化水平、实施乡村振兴战略的重要举措。而解决生鲜农产品流通问题是农产品流通领域的重中之重，涉及亿万农户的生产和生存、事关广大民众的生活品质，成为关乎国计民生的社会热点问题。党的十九大报告同时指出，“推动互联网、大数据、人工智能和实体经济深度融合”，网络生鲜平台是互联网与传统生鲜类农产品产业深度融合的载体，被誉为电商细分领域的最后一片“蓝海”。2018 年，每日优鲜、天天果园、食得鲜等网络生鲜平台整体融资额已超 30 亿美元，阿里、京东、腾讯等互联网巨头也纷纷涌入网络生鲜平台领域，使得该领域在双边商业模式创新、用户资源原始积累、用户体验等方面得到了长足发展。然而现阶段，在繁荣的背后，网络生鲜平台盈利仍然十分艰难，线上生鲜产品良莠不齐、流通腐损率极高、配送时效性很难得到保障、中老年用户普遍存在信任危机等难题仍然没有得到有效解决，这些已经成为制约网络生鲜平台企业发展的难题，网络生鲜平台企业品牌形象建设的滞后是其中的重要原因之一。与此同时，近年来小米科技、韩都衣舍、三只松鼠等网络品牌几乎是一夜之间脱颖而出，颠覆了传统品牌形象形成的规律。一些网络生鲜平台企业、研究人员也在思考和探索如何通过品牌形象来突破困境，如每日优鲜正在紧抓消费升级红利，拓展高端用户群体，打造黄金品牌；天天果园正在探索“国内农产品品牌化”；食得鲜正在尝试打造“智能互联网+生鲜”品牌形象；壹号土猪创始人陈生认为目前互联网生鲜企业的“短板”是缺乏高品质和有安全保障的品牌生鲜产品；浙江大学电子服务研究中心主任陈德人认为，知名品牌入驻知名电子商务平台，能够形成品牌叠加效应，有利于形成供需双方的信任关系。如何通过提升网络生鲜平台品牌形象破解发展的困局，已经成为企业界、学术界高度重视的焦点问题[123]。本章将以消费者为调研对象、以问卷为调研工具，探索网络生鲜平台品牌形象对网络生鲜平台企业商业模式创新绩效（消费者购买意愿维度）的影响机理。

6.1　文献基础与理论依据

本章中，将网络生鲜平台企业品牌形象作为用户体验感知的来源。品牌已经成为企业的灵魂，是企业的无形资产，品牌形象已经成为推动企业发展的一种关键驱动因素[179]。品牌形象这一概念，在20世纪50年代由美国著名广告专家David Ogilvy提出，随着全球经济的快速发展，到20世纪80年代随着品牌资产概念的提出，品牌形象也引起学术界的充分重视。品牌形象是消费者对品牌的总体感知和看法，品牌形象会进一步影响消费者的购买意愿[180]。围绕企业品牌形象，国内外学者进行了一系列研究。

从建立研究模型视角，对品牌形象进行维度划分，建立了品牌形象研究模型。Biel（1993）将品牌形象划分成企业形象、产品（或服务）形象和使用者形象三个维度（贝尔模型）[181]。Davis（2002）进一步以产品为中心，从产品物理属性、功能利益、情感利益和自我表达四个方面测量品牌形象[182]。关辉、董大海（2008）在贝尔模型的基础上，进一步将品牌形象划分为品牌表现、品牌个性和公司形象三个维度[183]。

从行业实证视角，对不同行业进行品牌形象相关实证研究。Duangthida 等（2013）借助赫茨伯格的双因素理论提升线上酒店的品牌形象，结果表明：在线品牌属性，如易用性被视为影响顾客感知的保健因素，而网站外观和网络口碑是酒店经理需要解决的激励因素[184]。Jiang（2014）通过定量和定性研究方法，研究 Bally 和 Tod's 两个时尚品牌，揭示了门店的位置和气氛会通过非语言形式影响奢侈品品牌形象[185]。Justin 等（2014）探讨南非啤酒市场互动性和媒体丰富性对品牌态度和品牌形象的影响[186]。

从消费者体验视角，对品牌形象如何影响消费者进行研究。Ramanathan 和 Velayodhan（2015）以品牌延伸为出发点进行分析，研究了消费者对品牌延伸的态度以及品牌延伸对产品品牌形象的影响，认为消费者的品牌意识直接影响母品牌形象，间接影响消费者对母品牌的态度，同时延伸到产品对消费者购买意愿也产生影响[187]。Lukman 和 Stevanus（2013）研究发现，品牌形象能够提高广告质量和消费者的感知质量，品牌形象还会影响消费者对品牌的态度和购买意向[188]。Lahap 等（2016）研究了某一领域内品牌形象对消费者满意度的影响[189]。韩慧林等（2017）研究指出，公司品牌形象正向影响消费者购买意向，同时，还可以通过提升自我一致性与品牌赞赏感来增强消费者购买意向[190]。

从互联网购物环境视角，对互联网环境下品牌形象的影响机理进行研究。Sandes 和 Urdan（2013）研究发现，消费者通过网络发布的正面和负面评论都会影响品牌形象[191]。Gensler 和 Fischbach（2016）以人类联想记忆模型为理论框架，采用文本挖掘与网络分析相结合的方法，将在线产品评论转化为有意义的品牌形象信息[192]。Barreda 等（2016）研究发现，网站交互性的维度，即双向沟通和用户控制，正向影响品牌知识的维度，即品牌意识和品牌形象[193]。乔均（2016）构建了互联网金融品牌形象指标体系，指标涉及服务、响应、安全、信誉及网站形象五个方面[194]。

现有研究围绕品牌形象，构建了成熟的理论体系，产生了丰富的研究成果，对于品牌形象的理论机理和实践应用进行了深入探索。但是在以下两个方面仍然存在不足：（1）随着互联网环境的快速发展与不断优化，互联网消费者数量越来越多、消费规模越来越庞大，消费者的网络购买习惯也正在快速养成并逐步成熟，在网络环境下如何通过品牌形象提升互联网平台企业商业模式创新绩效（消费者购买意愿维度）？与传统购买环境相比较这种影响有何不同？这些问题尚未解决，品牌形象理论体系需要进一步丰富和完善，企业界运营实践急需进一步的理论指导，相关研究仍然较少；（2）网络生鲜平台被誉为中国电商领域的下一个“蓝海”，阿里、京东、腾讯等互联网巨头相继进入，但是网络生鲜产品公信力缺失、产品良莠不齐和消费者体验差等问题的背后反映出网络生鲜平台企业品牌形象的长期缺失，用于指导网络生鲜平台企业品牌形象构建并对网络生鲜平台企业商业模式创新绩效（消费者购买意愿维度）产生影响的研究仍然很少。

本研究将在贝尔模型（Biel Model）基础上，结合网络生鲜平台的实际情况，构建网络生鲜平台品牌形象的测量模型，将感知质量作为中介变量，通过实证研究方法，探讨品牌形象对网络生鲜平台企业商业模式创新绩效（消费者购买意愿维度）的影响机理，讨论感知质量这一中介变量的作用，旨在进一步丰富网络生鲜平台企业商业模式创新理论体系，进一步深化指导网络生鲜平台企业推进品牌形象建设、提高商业模式创新绩效。

6.2　理论模型与研究假设

6.2.1　研究模型的建立

贝尔模型是品牌形象测量研究的一个主流框架，把品牌形象划分为企业形象、产品（或服务）形象和使用者形象三个维度，并且进一步把每一个维度划分为硬性属性和软性属性。贝尔模型认为，消费者对品牌的主观印象实质上是记忆中对于特定品牌的相关联想和属性的结合，是记忆中所有关于品牌联想的总和，品牌形象的三个维度对不同的品牌和在不同的购买场景下消费者的购买意愿有着重要影响。而网络购买行为是以消费者网络购买体验为主的感知质量权衡的结果，而感知质量的权衡始于品牌形象。本研究在贝尔模型的基础上，考虑到网络生鲜平台的消费者主观感受对网络生鲜平台企业商业模式创新绩效（消费者购买意愿维度）的影响，加入感知质量这一中介变量，构建了基于感知质量中介作用的品牌形象对网络生鲜平台企业商业模式创新绩效（消费者购买意愿维度）影响的研究模型，其中网络生鲜平台企业商业模式创新绩效（消费者购买意愿维度）为因变量，企业形象、产品（或服务）形象、使用者形象为3个自变量，感知质量为中介变量。基于感知质量中介作用的品牌形象对网络生鲜平台企业商业模式创新绩效（消费者购买意愿维度）影响的研究模型如图6.1所示。

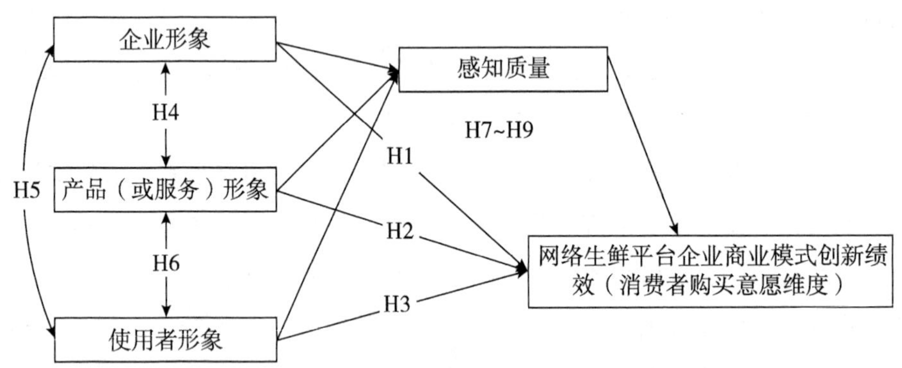

图6.1　基于感知质量中介作用的研究模型

6.2.2　研究方案的设计

研究方案分两个步骤：步骤一，对于传统的不含中介变量的模型进行分析，分析传统模型（不含中介变量）中三个维度［企业形象、产品（或服务）形象、使用者形象］对网络生鲜平台企业商业模式创新绩效（消费者购买意愿维度）的影响，及三个维度相互之间的影响关系；步骤二，在步骤一的基础上对含有中介变量（感知质量）的模型进行研究，分析在含有中介变量的模型中三个维度［企业形象、产品（或服务）形象、使用者形象］对网络生鲜平台企业商业模式创新绩效（消费者购买意愿维度）的影响，分析中介变量（感知质量）的中介作用。

6.2.3　研究假设的提出

（1）企业形象、产品（或服务）形象、使用者形象的研究假设

企业形象是企业文化建设的核心，也是企业精神文化的外显表现。Ward和Lee（2000）研究发现，在进行在线购买时，消费者往往将品牌名称作为产品信息的替代，并且大部分依赖公司品牌，而不是产品的品牌[195]。良好的企业形象能对其产品起到背书作用，可以向消费者发射高品质、低风险的产品信号。而网络生鲜平台企业与传统企业相比，生鲜产品信息很难通过网络得到消费者的检验与认可，再加上运输过程中的易损易腐等特性，致使与消费者的信任关系很难建立，网络生鲜平台通过树立良好的企业形象能够打消市场疑虑，增强消费者的购买信心，促成消费者与网络生鲜平台企业之间信任关系的建立。因此在进行实证研究之前，本研究预判：网络生鲜平台企业形象在消费者品牌形象认知中起着重要作用，消费者在通过网络生鲜平台购买产品的过程中，首先会考虑到企业形象，继而根据企业形象做出是否购买的决策。因此，提出如下假设：

H1：企业形象会对网络生鲜平台企业商业模式创新绩效（消费者购买意愿维度）产生显著正向影响。

产品（或服务）质量对品牌形象的形成和信誉的累积起着至关重要的作用。李桂华等（2017）研究认为，产品（或服务）质量是决定品牌价值大小的重要因素[196]；卢宏亮等（2016）研究认为，B2B 产品（或服务）的差异化水平对 B2B 品牌形象与 B2B 财务绩效的关系具有调节作用[197]。在网络生鲜产品购买过程中，消费者往往会碰到生鲜产品图片是让人垂涎三尺的“白富美”，而购买到的生鲜产品却是与图片有着天壤之别的“黑穷丑”的情况，生鲜产品配送不及时、运输过程中出现损伤等服务问题，也是消费者体验差的主要原因。因此，提出如下假设：

H2：产品（或服务）形象会对网络生鲜平台企业商业模式创新绩效（消费者购买意愿维度）产生显著正向影响。

使用者形象是驱动品牌形象塑造的重要因素。根据贝尔模型，使用者形

象包括硬性指标和软性指标：其中，硬性指标包括使用者性别、年龄、收入和受教育程度等；软性指标包括价值观、个性和社会地位等。孙瑾等（2016）研究了性别对消费者决策过程的影响，发现男性在对比决策时，更加关注可以直接比较的属性信息，女性更加关注差异化的属性信息[198]。苏胜强等（2007）认为随着消费者价值观的复杂化，影响消费者决策的关键因素已经成为其深层次的价值观等[199]。在互联网购物环境下，使用者的形象对品牌的影响有着新的变化，张应语等（2015）认为风险感知和收益感知直接影响品牌形象，对购买意愿产生间接影响，同时，购买意愿又直接影响购买行为[123]。2017 年《中国线上生鲜食品消费研究报告》显示，个人收入在 8000 元以上的人群线上购买生鲜食品的 TGI（目标群体指数）较高，是网络生鲜平台主要消费人群。网络生鲜平台只有褪去降价竞争的烙印，向品质消费、服务消费转变，才能符合新时代消费者的消费需求和价值观。因此本研究预判：网络生鲜平台使用者的形象，是潜在消费者评价产品使用者形象、判断是否购买的重要依据之一。因此，提出如下假设：

H3：使用者形象会对网络生鲜平台企业商业模式创新绩效（消费者购买意愿维度）产生显著正向影响。

（2）企业形象、产品（或服务）形象、使用者形象相互影响关系研究假设

在研究模型中，企业形象、产品（或服务）形象、使用者形象三个维度之间也可能存在相互影响。在现有文献中，Keller（2003）研究表明，消费者很容易将企业与产品联系在一起，把企业形象推广到产品特性上[200]。杨一翁等（2013）通过文献回顾发现，大部分研究都认同企业形象对产品（或服务）形象存在显著性影响[201]；江明华等（2003）研究表明，良好的产品形象是企业形象的浓缩和标志，是企业形象的物质载体[179]；张应语等（2015）认为网络生鲜生死存亡的关键是生鲜产品质量[123]。在消费者进行购买时，其联想到的参照群体往往具有模糊性和非指向性，企业如果主动组建参照群体，那么对打造企业形象、树立产品（或服务）形象能够起到积极有效的引导作用。目前，中国生鲜网购人群大部分为中青年、中高端人群，一些网络生鲜平台也开始瞄准中高端消费群体，通过使用者形象的引导来树立企业形象和

产品（或服务）形象。根据消费者行为学，产品既存在使用价值，也存在精神价值，消费者购买产品主要是为了满足这两种价值的需要，产品是社会语言的一种表现形式，社会大众通过使用产品来展示他的个人品位、社会地位等。在中国电子商务出现的早期阶段，网上平台销售的商品主要以高性价比特别是低价格为主要卖点，网购人群也主要是对于价格敏感度较大的熟悉网络、收入不高的年轻人群，他们主要购买低价商品。近年来，随着中国互联网的井喷式发展，网络购物用户规模越来越大，一定数量规模的中高端人群开始逐步习惯网络购物，越来越多的网络平台正努力扭转购买群体的使用者形象，实现中高端需求供需双方的资源匹配，并通过打造良好的消费者使用形象，引导建立购买信任关系，提升消费者购物精神价值的获得感。网络生鲜平台作为一种特殊的网络购物平台，对于包装、运输、存储环节有特殊要求，不少网络生鲜平台企业也正在瞄准高端用户，提升自身平台的使用者形象。

综上所述，提出如下假设：

H4：网络生鲜平台的企业形象和网络生鲜平台的产品（或服务）形象显著正相关。

H5：网络生鲜平台的企业形象和网络生鲜平台的使用者形象显著正相关。

H6：网络生鲜平台的产品（或服务）形象和网络生鲜平台的使用者形象显著正相关。

（3）感知质量中介作用的研究假设

感知质量是消费者对产品整体的主观判断，区别于客观的实际质量，是对产品属性的整体性评价，是一种抽象的概念[202]。在现有研究中，王海中等（2006）、Kim 和 Hyun（2011）认为公司形象显著正向影响感知质量，间接影响消费者购买意愿[203][204]；关辉等（2008）认为公司形象是通过感知质量影响顾客满意度的，证明了感知质量是影响顾客满意度的关键因素[183]。Adrian 和 Hartin（2003）研究认为，消费者在做出下一次购买决定的时候，服务质量的感知可以更好地解释重复购买行为[205]。Bao 等（2010）、高建丽等（2015）研究发现，感知质量在店面形象、产品特征和质量变化这三种外在线索在对购买意愿的影响中起着部分中介作用[206][207]。张应语等（2015）研究认为，使用者形象中的知识或者说受教育程度，直接影响风险感知，进而间接影响购买意愿[123]。近年来，一些网络生鲜平台企业已经开始认识到需要通过提升企业形象、打造高端产品与服务、瞄准高端优质用户来提升感知质量，从而影响消费者的购买意愿。因此，提出如下假设：

H7：感知质量在网络生鲜平台的企业形象与商业模式创新绩效（消费者购买意愿维度）之间起中介作用。

H8：感知质量在网络生鲜平台的产品（或服务）形象与商业模式创新绩效（消费者购买意愿维度）之间起中介作用。

H9：感知质量在网络生鲜平台的使用者形象与商业模式创新绩效（消费者购买意愿维度）之间起中介作用。

6.2.4 研究量表的开发与研究数据的收集

（1）量表开发与问卷设计

问卷设计主要包括两部分：第一部分是被调查者的基本情况，包括性别、年龄、出生地和每月可用于购买生鲜产品的支出；第二部分是网络生鲜平台的品牌形象对消费者购买意愿的影响的调查。网络生鲜平台的品牌形象对消费者购买意愿影响的调查模型中共 5 个一级变量：3 个自变量——企业形象、产品（或服务）形象、使用者形象；1 个中介变量——感知质量；1 个因变量——商业模式创新绩效（消费者购买意愿维度）。对 5 个一级变量分别进行指标分解，共得到 35 个测量指标，每个测量指标对应形成调查问卷中的一个问题项。评分尺度采用 Likert 五级量表尺度形式，1 ~ 5 分别表示完全不同意、不同意、不确定、同意、完全同意。本研究的量表参考了贝尔品牌形象测量模型、汪伟（2011）感知质量和 Marry Jo Bitner（1986）消费者购买意愿指标，为了避免引起 3 个自变量的多重共线性误差，对 3 个自变量又进一步分别划分为硬性和软性两个属性。商业模式创新绩效（消费者购买意愿维度）变量的分解在第五章研究该变量指标分解的基础上考虑到品牌形象影响的特殊性进行了适当调整。研究的量表变量及测试项如表 6.1 所示。

表 6.1　　　　量表变量及测试项

变量	属性	测量指标	测量项目	指标来源
企业形象	硬性属性	规模	A1：这个品牌的生鲜平台所属的公司组织规模较大	贝尔模型（1993）
		历史	A2：这个品牌的生鲜平台所属的公司成立时间相对较久	
		市场份额	A3：这个品牌的生鲜平台在市场上占有相对较大的份额	
		科研能力	A4：这个品牌的生鲜平台具有很强的研发和创新能力（主要指冷链技术）	
	软性属性	顾客导向	A5：这个品牌的生鲜平台服务意识强	
		员工形象	A6：这个品牌的生鲜平台员工形象良好（主要指客服、物流）	
		社会公益	A7：这个品牌的生鲜平台所属的公司热心公益事业，有较强的社会责任感	
		环保	A8：这个品牌的生鲜平台所属的公司有较强的环保意识	
产品（或服务）形象	硬性属性	价格	B1：这个品牌的生鲜平台的生鲜产品的价格是昂贵的	
			B2：这个品牌的生鲜平台的生鲜产品的价格是稳定的	
		品种	B3：这个品牌的生鲜平台的生鲜产品品种齐全	
		原产地	B4：这个品牌的生鲜平台的生鲜产品原产地形象较好	
		服务	B5：这个品牌的生鲜平台所提供的物流服务是全程冷链	
			B6：这个品牌的生鲜平台所提供的产品到货速度快	
			B7：这个品牌的生鲜平台客户服务专业	
			B8：这个品牌的生鲜平台提供特色服务（如美食制作教程、试吃等）	
		品质	B9：这个品牌的生鲜平台所提供的生鲜产品安全有保证	
			B10：这个品牌的生鲜平台的产品到货腐坏率低	
	软性属性	设计	B11：这个品牌的生鲜平台界面设计新颖	
		图片	B12：这个品牌的生鲜平台呈现的图片清晰度高	
		产品介绍	B13：这个品牌的生鲜平台的产品说明内容丰富	

续　表

变量	属性	测量指标	测量项目	指标来源
使用者形象	硬性属性	年龄	C1：购买该平台生鲜产品的消费者相对比较年轻	贝尔模型（1993）
		性别	C2：购买该平台生鲜产品的消费者主要以女性为主	
		收入	C3：购买该平台生鲜产品的消费者具有较高的可支配收入	
		教育程度	C4：购买该平台生鲜产品的消费者大多数受过良好的教育	
	软性属性	档次感	C5：购买该平台生鲜产品的消费者看起来很有档次	
		价值观	C6：购买该平台生鲜产品的消费者追求品质生活	
感知质量	—	—	D1：这个品牌的生鲜平台所提供的产品味道可口	汪伟（2013）
			D2：这个品牌的生鲜平台的生鲜产品是物有所值的	
			D3：这个品牌的生鲜平台的生鲜产品具有很高的品质	
			D4：这个品牌的生鲜平台的生鲜产品好评度高，值得信赖	
商业模式创新绩效（消费者购买意愿维度）	—	—	E1：我喜欢购买该平台的生鲜产品	Marry Jo Bitner（1986）
			E2：换品牌和投诉的可能性较小	
			E3：如果重新做决定还是会做出相同消费决策	
			E4：会主动向他人称赞以及推荐该品牌的网络生鲜平台	

（2）数据收集

本研究主要采取实地发放问卷的调查方式，尽量确保数据来源的真实性，同时，也采用网上填写问卷的方式辅助调查。在选择调查地点时，考虑到了地理位置不同和阶层不同两个方面：地理位置主要是不同地方的消费者对不同的网络生鲜平台的黏着度存在差异，阶层主要是不同阶层消费者的消费行为存在差异。调研的范围不局限在某区域，具体包括江苏省南京市、常州市、南通市、扬州市和无锡市等地级市和新疆维吾尔自治区乌鲁木齐市、内蒙古自治区包头市、湖北省武汉市、上海市等地。在选择调查对象时，被调查者必须是在网络上购买过生鲜产品并对网络生鲜平台有一定了解的消费者，以保证调查数据的客观与真实。此次调查共发放 400 份调查问卷，回收 307 份，其中有效问卷280份，有效率70%。

6.3 数据分析和模型验证

6.3.1 样本概况

此次调研采用统计软件SPSS 22.0和AMOS 23.0进行数据分析。现有文献认为，采用结构方程模型进行实证研究时，样本量应该满足两点：（1）样本总数至少100份；（2）模型中所涉及的变量与样本量的比例应该达到1∶5[123]。本研究包括35个观测变量，共回收280份有效问卷，符合结构方程模型对样本的要求。

6.3.2 信度和效度检验

（1）信度检验

信度代表量表的一致性和稳定性，而Cronbach α是使用最多的信度检验方法。学者Churchill（1979）认为，指标的相关度低于0.5，则必须删除该指标，而本章的指标相关度均大于0.5，符合要求。学者Bryman等（1997）认为，信度α系数值在0.8以上，表示量表有较高的信度，而本章的α系数均大于0.8，是一份信度较高的量表。信度检验结果如表6.2所示。

表6.2　Cronbach α系数

变量	测试项	相关度 CITC	信度 Alpha
企业形象	A1	0.604	0.916
	A2	0.695	
	A3	0.701	
	A4	0.669	
	A5	0.702	
	A6	0.699	
	A7	0.725	
	A8	0.690	

续 表

变量	测试项	相关度 CITC	信度 Alpha
产品（或服务）形象	B1	0.526	0.939
	B2	0.634	
	B3	0.708	
	B4	0.741	
	B5	0.722	
	B6	0.770	
	B7	0.771	
	B8	0.737	
	B9	0.636	
	B10	0.740	
	B11	0.741	
	B12	0.786	
	B13	0.679	
使用者形象	C1	0.569	0.864
	C2	0.530	
	C3	0.572	
	C4	0.640	
	C5	0.586	
	C6	0.597	
感知质量	D1	0.707	0.863
	D2	0.820	
	D3	0.800	
	D4	0.817	
商业模式创新绩效（消费者购买意愿维度）	E1	0.711	0.863
	E2	0.712	
	E3	0.747	
	E4	0.694	

（2）效度检验

在探索性因素分析中，需要对样本进行 KMO 检验和 Bartlett's 球形检验，目的是检验是否能进行因子分析。经检验，本研究所开发的量表中的企业形象、产品（或服务）形象和使用者形象的 KMO 值分别是 0.921、0.939 和 0.807，并且 Bartlett's 球形检验结果显著性水平为 0.000，小于 0.001。因此，量表效度良好，可以进行因子分析。企业形象析出二因子结构，即企业形象硬性属性和企业形象软性属性，两个因子的信度分别为 0.844 和 0.863。产品（或服务）形象析出二因子结构，即产品（或服务）形象硬性属性和产品（或服务）形象软性属性，两个因子的信度分别为 0.921 和 0.805。使用者形象析出二因子结构，即使用者形象硬性属性和使用者形象软性属性，两个因子的信度分别为 0.835 和 0.847。三个变量析出因子的建构效度均大于 0.8 的良好标准，表明各潜变量的测量表现出了良好的内部一致性，信度良好。

（3）构建效度检验

本研究采用结构方程软件 AMOS 23.0 验证量表中变量的区别效度，验证性因子分析结果如表 6.3 所示。

表 6.3　企业形象、产品（或服务）形象和使用者形象变量拟合指数比较

拟合指数	卡方自由度比	RMSEA	GFI	CFI	IFI	NFI
企业形象	1.113**	0.020	0.989	0.999	0.999	0.987
产品（或服务）形象	1.327**	0.034	0.973	0.994	0.994	0.976
使用者形象	2.282**	0.068	0.992	0.995	0.995	0.992

注：** 表示 $p<0.01$。

从表 6.3 中可以发现，企业形象、产品（或服务）形象和使用者形象的卡方自由度比值均在 0.01 水平上显著，RMSEA 均小于 0.08，GFI、CFI、IFI 和 NFI 的值均大于 0.9，说明了量表的建构效度较好，适合进一步分析。

（4）聚合效度及区分效度检验

聚合效度，本章采取的检验标准是潜变量负荷大于 0.5。经检验，本章的潜变量负荷均大于 0.5。

区分效度，本研究的检验方法是将潜变量 AVE 值均方根与变量间相关系数相比较。经检验，企业形象、产品（或服务）形象和使用者形象的区分效度如表6.4、表6.5、表6.6所示。表中加括号数字表示该维度的AVE平方根值，加括号的数值也均比相关系数值大，说明三个变量的各潜变量之间的区分效度较好。

表6.4　　企业形象各维度的区分效度检验

	均值	标准差	企业形象硬性属性	企业形象软性属性
企业形象硬性属性	3.683	0.651	(0.769)	
企业形象软性属性	3.786	0.687	0.761**	(0.858)

注：** 表示 $p<0.01$。

表6.5　　产品（或服务）形象各维度的区分效度检验

	均值	标准差	产品（或服务）形象硬性属性	产品（或服务）形象软性属性
产品（或服务）形象硬性属性	3.680	0.603	(0.543)	
产品（或服务）形象软性属性	3.762	0.672	0.384**	(0.565)

注：** 表示 $p<0.01$。

表6.6　　使用者形象各维度的区分效度检验

	均值	标准差	使用者形象硬性属性	使用者形象软性属性
使用者形象硬性属性	3.555	0.662	(0.514)	
使用者形象软性属性	3.529	0.752	0.505**	(0.663)

注：** 表示 $p<0.01$。

6.3.3　结构方程模型分析

（1）品牌形象对商业模式创新绩效（消费者购买意愿维度）的作用关系检验

检验中介变量（感知质量）是否有效的前提条件是，模型不含中介变量时自变量［企业形象、产品（或服务）形象和使用者形象］对因变量（消费者购买意愿）有显著影响。因此，在结构模型分析中首先进行研究方案中的步骤一，对传统的不含中介变量的模型进行分析，分析企业形象、产品（或服务）形象、使用者形象对消费者购买意愿的影响，及企业形象、产品（或服务）形象、使用者形象三个变量相互之间的影响关系。利用 AMOS 23.0 软件将数据带入模型中分析发现，除了“企业形象→消费者购买意愿”以外均显著。即假设 H2、H3、H4、H5、H6 成立，而假设 H1 不成立。检验中介效应的前提条件是自变量对因变量有显著影响，由于 H1 不成立，H7 直接拒绝原假设，在后续的中介效应的研究中也将剔除企业形象这一变量做中介效应检验。品牌形象对网络生鲜平台企业商业模式创新绩效（消费者购买意愿维度）的路径分析结果如图 6.2 所示。结构方程模型拟合度如表 6.7 所示。模型的假设检验显著性水平如表 6.8 所示。

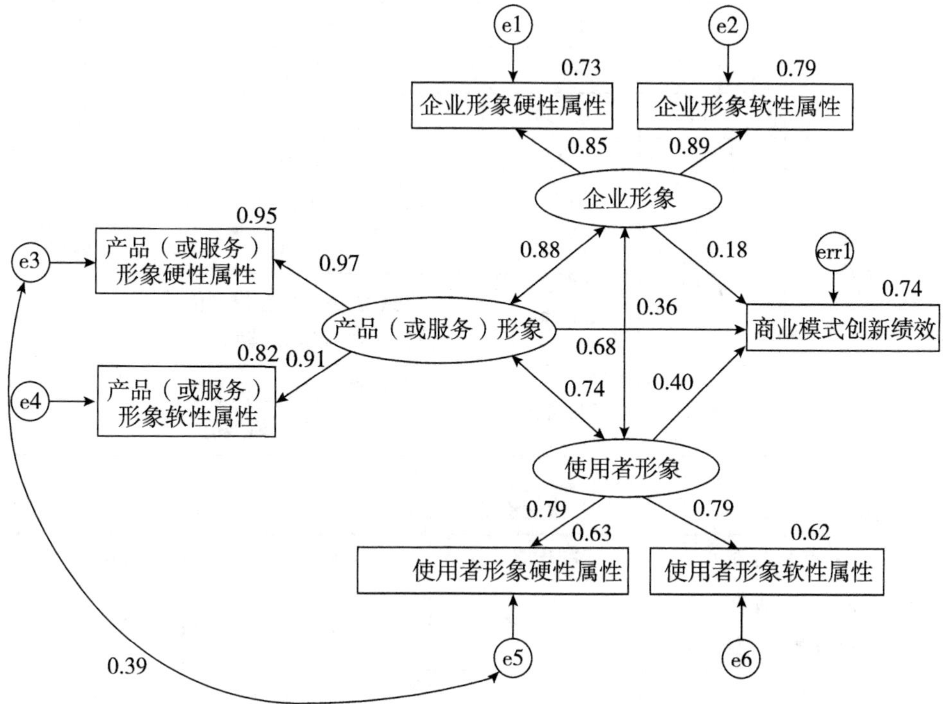

图 6.2　品牌形象对网络生鲜平台企业商业模式创新绩效的路径分析结果

表 6.7　　结构方程模型拟合概要（1）

指标		指标值	拟合情况	模型适配判断
绝对适度指数	卡方	9.488（$p=0.303$）	$p>0.05$	是
	RMR	0.006	$p<0.05$	是
	RMSEA	0.026	$p<0.05$（适配良好） $p<0.08$（适配合理）	是
	GFI	0.991	$p>0.9$	是
	AGFI	0.967	$p>0.9$	是
增值适配度指数	NFI	0.994	$p>0.9$	是
	RFI	0.984	$p>0.9$	是
	IFI	0.999	$p>0.9$	是
	TLI	0.998	$p>0.9$	是
	CFI	0.999	$p>0.9$	是
简约适配度指数	PGFI	0.283	$p>0.50$	否
	PNFI	0.379	$p>0.50$	否
	PCFI	0.381	$p>0.50$	否
	CN	457	$p>200$	是
	卡方自由度比	1.186	$p<2.00$	是
	AIC	49.488	理论模型值小于独立模型值，且同时小于饱和模型值	是
	CAIC	142.184	理论模型值小于独立模型值，且同时小于饱和模型值	是

表 6.8　　假设检验结果（1）

路径关系	标准化路径系数	p 值	假设检验结果
企业形象→商业模式创新绩效（消费者购买意愿维度）	0.18	0.075	H1：拒绝原假设
产品（或服务）形象→商业模式创新绩效（消费者购买意愿维度）	0.36	***	H2：接受原假设

续　表

路径关系	标准化路径系数	p 值	假设检验结果
使用者形象→商业模式创新绩效（消费者购买意愿维度）	0.40	***	H3：接受原假设
企业形象←→产品（或服务）形象	0.88	***	H4：接受原假设
企业形象←→使用者形象	0.68	***	H5：接受原假设
产品（或服务）形象←→使用者形象	0.74	***	H6：接受原假设

注：*** 代表显著性水平 $p<0.001$。

（2）感知质量在品牌形象对网络生鲜平台企业商业模式创新绩效（消费者购买意愿维度）影响模型的中介效应检验

本研究利用 AMOS23.0 软件对基于感知质量中介作用的网络生鲜平台品牌形象与消费者购买意愿之间的中介效应进行检验，路径分析结果如图 6.3 所示。结构方程模型拟合度如表6.9 所示。模型的假设检验显著性水平如表6.10 所示。

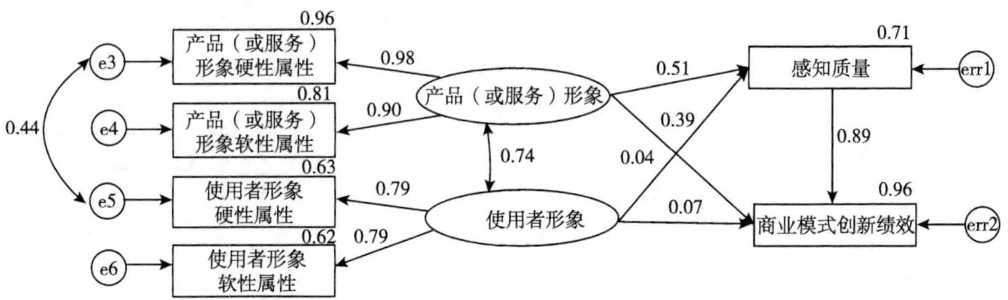

图 6.3　基于感知质量中介作用的品牌形象对商业模式创新绩效的路径分析结果

表 6.9　结构方程模型拟合概要（2）

指标		指标值	拟合情况	模型适配判断
绝对适度指数	卡方	2.958（$p=0.565$）	$p>0.05$	是
	RMR	0.004	$p<0.05$	是
	RMSEA	0.000	$p<0.05$（适配良好） $p<0.08$（适配合理）	是
	GFI	0.996	$p>0.9$	是
	AGFI	0.982	$p>0.9$	是

续 表

指标		指标值	拟合情况	模型适配判断
增值适配度指数	NFI	0.998	$p>0.9$	是
	RFI	0.994	$p>0.9$	是
	IFI	1.001	$p>0.9$	是
	TLI	1.002	$p>0.9$	是
	CFI	1.000	$p>0.9$	是
简约适配度指数	PGFI	0.190	$p>0.5$	否
	PNFI	0.266	$p>0.5$	否
	PCFI	0.267	$p>0.5$	否
	CN	895	$p>200$	是
	卡方自由度比	0.740	$p<2.00$	是
	AIC	36.958	理论模型值小于独立模型值，且同时小于饱和模型值	是
	CAIC	115.750	理论模型值小于独立模型值，且同时小于饱和模型值	是

表 6.10　　　　假设检验结果（2）

路径关系	标准化路径系数	p 值	假设检验结果
产品（或服务）形象→消费者购买意愿	0.042	0.070	H2：拒绝原假设
使用者形象→消费者购买意愿	0.071	0.011	H3：拒绝原假设
感知质量→消费者购买意愿	0.889	***	H8：接受原假设 H9：接受原假设
产品（或服务）形象→感知质量	0.511	***	
使用者形象→感知质量	0.390	***	

注：*** 代表显著性水平 $p<0.001$。

由表 6.10 可知，在包含了中介变量（感知质量）的模型中，产品（或服务）形象和使用者形象对商业模式创新绩效（消费者购买意愿维度）的影响作用有变化，产品（或服务）形象和使用者形象对商业模式创新绩效（消费者购买意愿维度）的路径系数不显著（在中介变量模型中假设 H2 和 H3 不成立），但是感知质量对商业模式创新绩效（消费者购买意愿维度）有显著影响。因而可以得出，感知质量在产品（或服务）形象和使用者形象对商业模式创新绩效（消费者购买意愿维度）的作用路径中发挥着完全中介的作用，即假设 H8、假设 H9 成立。

6.3.4　研究结果分析

研究结果分析 1：通过对不含中介变量模型的分析，可知在不含中介变量（感知质量）时 H1 不成立，H2、H3 成立，H4、H5、H6 成立，即品牌形象中产品（或服务）形象、使用者形象两个维度对网络生鲜平台企业商业模式创新绩效（消费者购买意愿维度）有显著正向影响，企业形象对网络生鲜平台企业商业模式创新绩效（消费者购买意愿维度）没有显著影响，三个维度相互之间均有显著正向影响。具体分析如下：（1）从 H2 成立可以看出，与现有基于贝尔模型的研究结论相比较，网络生鲜平台的产品（或服务）形象对企业商业模式创新绩效（消费者购买意愿维度）的影响与传统企业品牌形象理论保持一致。在网络生鲜购物中，产品（或服务）形象在很大程度上决定着消费者的购买体验，正在成为网络生鲜平台吸引消费者并留住消费者的最为重要的影响因素。（2）从 H3 成立可以看出，与现有基于贝尔模型的研究结论相比较，网络生鲜平台的使用者形象对企业商业模式创新绩效（消费者购买意愿维度）的影响与传统企业品牌形象理论保持一致，中高端人群正在成为网络生鲜平台的主要消费群体，在传统的购买生鲜产品环节中寻找购买渠道、判断产品质量、进行价格比对等都需要耗费时间成本、精力成本，这些成本对于中高端人群来说相对昂贵，而网络生鲜平台由于便于查找、方便比对、口碑效应等方面的优势，正在吸引越来越多的中高端人群成为其用户，良好的用户形象也正在转变消费者对网络生鲜产品的固有观念。（3）从 H1 不成立可以看出，网络生鲜平台的企业形象对企业商业模式创新绩效（消费者购买意愿维度）的影响与传统企业品牌形象理论相违背。与传统的企业相比较，网络生鲜平台企业更多的是在扮演资源集聚者的角色，多数网络生鲜平台企业并不直接供应生鲜产品，而是由不同的商家（或买手团队）提供生鲜产品，网络生鲜平台企业形象往往能够把消费者吸引到平台，但是很难直接影响消费者的购买意愿，并实现企业商业模式创新绩效（消费者购买意愿维度）的提升。（4）从 H4、H5、H6 成立可以看出，企业形象、产品（或服务）形象、使用者形象三者相互之间存在显著正向影响，结合 H1 不成立，可以看出虽然企业形象不对企业商业模式创新绩效（消费者购买意愿维度）产生直接显著正向影响，但是仍然通过产品（或服务）形象、使用者形象产生间接影响。

研究结果分析 2：通过对含有中介变量（感知质量）模型的分析，得知在含有中介变量（感知质量）的模型中 H8、H9 成立，可以看出感知质量在产品（或服务）形象、使用者形象对企业商业模式创新绩效（消费者购买意愿维度）的影响中起着中介作用。具体分析如下：（1）从表 6.10 所示的研究结果可以发现，感知质量对企业商业模式创新绩效（消费者购买意愿维度）的路径系数为 0.889（$p<0.001$），可以看出感知质量对企业商业模式创新绩效（消费者购买意愿维度）有显著正向影响，这一结论与张应语等（2015）提出消费者的感知质量越高，购买意愿就越强的结论一致[123]；（2）从表 6.10 所示的研究结果可以发现，产品（或服务）形象对消费者感知质量的路径系数为 0.511（$p<0.001$），表明网络生鲜平台的产品（或服务）形象对感知质量有显著正向影响，这一结论与关辉等（2008）所提出来的品牌表现对品牌感知质量存在正向影响相一致[183]；（3）从表 6.10 所示的研究结果可以发现，使用者形象对消费者感知质量的路径系数为 0.390（$p<0.001$），表明使用者形象对消费者感知质量有显著正向影响，这一结论与当前网络生鲜平台消费者追求新鲜与健康等价值观的逐步形成相符合，因此中高端消费者的价值观对消费者品牌感知质量起到显著正向影响；（4）从表 6.10 所示的研究结果可以发现，在加入中介变量（感知质量）后，产品（或服务）形象、使用者形象对于企业商业模式创新绩效（消费者购买意愿维度）的影响作用发生了变化，产品（或服务）形象对企业商业模式创新绩效（消费者购买意愿维度）的影响路径系数为 0.042（$p=0.070$），使用者形象对企业商业模式创新绩效（消费者购买意愿维度）的影响路径系数为 0.071（$p=0.011$），表明产品（或服务）形象和使用者形象对企业商业模式创新绩效（消费者购买意

愿维度）的影响不显著，但是感知质量对企业商业模式创新绩效（消费者购买意愿维度）有显著正向影响，因此，感知质量在产品（或服务）形象、使用者形象对企业商业模式创新绩效（消费者购买意愿维度）的作用路径中发挥着完全中介的作用，产品（或服务）形象、使用者形象很大程度上通过感知质量这一中介变量传输对企业商业模式创新绩效的影响。

6.4　对策与建议

对策建议一：打造优质的产品（或服务）形象是推进网络生鲜平台品牌形象建设，提升商业模式创新绩效的一条关键路径。研究表明，产品（或服务）形象通过感知质量的中介作用，对网络生鲜平台企业商业模式创新绩效（消费者购买意愿维度）具有显著正向影响，相对于线下购买时的精挑细选，消费者无法从线上购买的过程中获得充分的感知，优质的品牌形象能够使网络生鲜消费者产生安全、放心等直接联想与感知。随着网络消费者的逐步成熟，网络营销噱头、超低价格宣传等对于网购生鲜消费者的影响越来越小，产品（或服务）形象的关键影响力正在回归到网络生鲜产品购物决策中，网络生鲜平台企业需要把好产品质量关，精准满足消费者需求，通过技术创新、模式创新提升服务质量，增加消费者网络购买生鲜过程中的获得感，完善自身产品（或服务）形象，从而实现企业商业模式创新绩效的提升。

对策建议二：网络生鲜平台企业需要以消费者为中心，精准把握网络生鲜消费者的变化趋势。随着中国第一代互联网用户（20 世纪 70 年代中后期出生）群体逐步成为家庭生鲜购买的主要执行者，网络生鲜平台消费者在数量规模上预计将会进入一个高增长期，他们适应网络购物方式，便于实现普通网络购买向生鲜网络购买的过渡；同时这部分消费者中相当数量的人群已经摆脱了以高性价比或低价格为主的网络购物目标，已经逐步有了中高端消费者的购物习惯，在网络生鲜购买中更加注重健康、新鲜、便捷等方面的消费体验。以消费者为中心，引导形成以中高端消费者为主的良好的使用者形象，有利于发挥中高端消费者参照群体对消费者的观念、态度的引导等作用，促成潜在消费者与网络生鲜平台企业之间建立消费信任，中高端消费者的口碑效应也能更加有力地带动线上或线下相关消费者的购买需求。网络生鲜平台企业需要真正以消费者为中心，精准聚焦网络生鲜消费者的需求，解决中高端用户在菜市场或水果店等线下购买过程中存在的痛点问题（如购买不到高品质生鲜产品、购物环境较差、购物时间成本较高等），引导形成良好的使用者形象，把握以70后、80后为主的网络生鲜消费者数量高增长阶段带来的机会；企业形象虽然不能直接对消费者的购买意愿产生显著正向影响，但是仍然可以通过对产品（或服务）形象、使用者形象的影响产生作用，把消费者（或潜在的消费者）吸引到网络生鲜平台。

对策建议三：提升感知质量，提高网络生鲜平台用户黏着度，建立用户信任关系，提升用户忠诚度。在网络生鲜购物领域，感知质量主要由消费者体验带来，网络消费者的体验需求也正在从追求高性价比，逐步向购买产品的获得感、使用产品的价值感、购物过程的愉悦度等更高层次的体验需求过渡。网络生鲜平台企业需要提供精准满足消费者需求的生鲜产品，做好售前、售中、包装、仓储、运送、保鲜、售后等环节的服务，引导和优化使用者形象，从而提升感知质量，增加消费者对网络生鲜平台的信任度，并通过网络平台实现感知质量到网络口碑的转化，通过网络口碑在全网范围内的传播挖掘新用户并留住老用户，实现用户使用平台购买生鲜产品的频率提高和用户黏着度增强。

6.5 本章小结

本研究在贝尔模型的基础上构建了基于感知质量中介作用的品牌形象对网络生鲜平台企业商业模式创新绩效（消费者购买意愿维度）影响的研究模型，采用结构方程检验了贝尔品牌形象三个维度［企业形象、产品（或服务）形象、使用者形象］对网络生鲜平台企业商业模式创新绩效的作用路径与机理。研究表明，感知质量在品牌形象的两个维度［产品（或服务）形象、使用者形象］对网络生鲜平台企业商业模式创新绩效的影响中起着中介作用；网络生鲜平台品牌形象的三个维度［企业形象、产品（或服务）形象、使用者形象］相互之间存在显著正向影响，企业形象虽然不能直接对商业模式创新绩效产生显著正向影响，但是仍然可以通过对产品（或服务）形象、使用者形象的影响产生作用。在实证研究的基础上对研究结果进行分析和比较，并给出对策和建议。

本章研究的学术价值主要体现在：（1）在贝尔模型基础上引入感知质量，构建了基于感知质量中介作用的品牌形象对网络生鲜平台企业商业模式创新绩效（消费者购买意愿维度）影响的研究模型；（2）探索了企业形象、产品（或服务）形象、使用者形象通过感知质量影响网络生鲜平台企业商业模式创新绩效（消费者购买意愿维度）的机理。

本研究的实践意义主要体现在：（1）针对当前网络生鲜平台面临的困境，给出了打造产品（或服务）形象以推进品牌形象建设，提升感知质量以增强网络生鲜平台用户黏着度，以消费者为中心精准把握网络生鲜消费者需求等对策建议，供生鲜平台企业借鉴；（2）研究的部分结论能够为相关政府部门对网络生鲜平台进行扶持、引导、管理提供参考。

本章研究的不足之处主要体现在：（1）研究中主要关注的是网络生鲜平台企业商业模式创新绩效中消费者购买意愿的维度，而忽略了商业模式创新绩效的其他方面，后续研究者可以继续探索商业模式创新绩效的其他维度；（2）在本研究中，对感知质量和消费者购买意愿的测量，主要采用将多个变量数据平均成一个变量数据的方法，这使得网络生鲜平台品牌形象的结构与感知质量和商业模式创新绩效的关系研究未能进一步细化，在后续的研究中可以进一步细化。

第三篇 创新路径分析篇

第三篇内容共分为五章，是在第二篇影响因素分析的基础上，进一步对互联网平台企业商业模式创新路径进行的研究。互联网平台企业商业模式的竞争优势主要在于以互联网为信息共享工具，充分发挥跨越时空、资源整合、去除中间环节等特性所构建的以双边市场为主的价值创造体系的作用。互联网平台企业商业模式创新路径正是互联网平台企业构建以双边市场为主的价值创造体系的过程，这种新的价值创造体系正是互联网平台企业规模快速扩大、形成赢者通吃的竞争模式、打造以流量转化和变现为主的价值链延展模式等竞争优势的源动力。在第三篇的研究中，以近年来发展势头最为迅猛、发展动态最为活跃，同时也普遍存在着问题的网约车平台（如滴滴出行）、共享单车平台（如 ofo、永安行）、网络购物平台（如淘宝、美团）、新型制造业网络化平台（如小米科技）为目标案例，主要采用经验总结与理论归纳、基于扎根理论的单案例分析、基于扎根理论的双案例比较、基于扎根理论的多案例类比等方法来展开。

第七章将会通过经验总结与理论归纳对“互联网 +”环境下商业模式创新路径进行研究，提出“互联网 +”环境下商业模式创新的五条路径：延展价值链路径、提升用户体验路径、内容引流路径、去除中间环节路径、打造社群品牌路径；第八章将对滴滴出行进行基于扎根理论的单案例剖析，给出产品（或服务）模式创新路径、营销策略模式创新路径、信息对称模式创新路径、价值链模式创新路径；第九章将对永安行和 ofo 进行双案例比较，分析有桩单车和无桩单车在客户价值主张、产品与服务、运营体系、技术创新、政府政策举措、盈利模式方面的商业模式创新路径的异同，并围绕两种共享单车商业模式的创新路径，给出倡导行业客户价值主张、探索有桩模式和无桩模式的融合创新、实现大数据支撑下的共享单车精益治理、探索价值网络延展路径等对策与建议；第十章将从时空制约突破视角对互联网平台企业商业模式创新路径进行研究，在把互联网平台企业划分为网络购物类平台、服务撮合类平台、一站式企业商务运营平台、网络社交平台四种类型的基础上，将会以八家企业为案例开展基于扎根理论的多案例类比分析，对每一类互联网平台由时空制约突破带来的商业模式创新进行分析，给出每一类互联网平台通过时空制约突破形成商业模式创新路径的建议；第十一章将围绕互联网平台企业商业模式创新与技术创新协同发展路径开展研究，将以小米科技为案例进行扎根理论案例分析，研究给出小米科技商业模式创新与技术创新协同发展路径：小米在识别市场机会过程中发现“互联网+”这一创新契机，提出了全新的基于互联网的产品研发模式的价值主张，使小米科技能够对引进的技术进行创造性模仿创新；技术创造性模仿创新作为商业模式创新的基础，促进了“营销—盈利—运作”三位一体商业模式持续创新战略的生成，电商直销、生态营销、粉丝经济、社群经济、网络口碑等模式创新不断发挥作用；而商业模式创新战略能够大力推动自主创新或合作创新能力的升级，自主或合作创新又会反过来从根本上带动商业模式的持续创新，小米的渐进性自主或合作创新，大大提高了自身可持续创新能力，产生了新的技术突破与市场需求，从根本上推动了商业模式的持续变革。

研究思路如图所示。

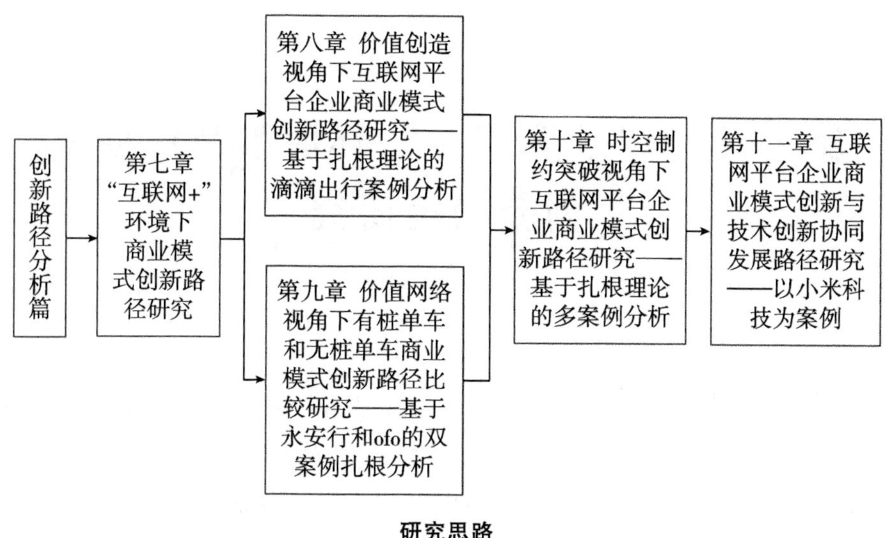
创新路径分析篇
第七章 "互联网+"环境下商业模式创新路径研究
第八章 价值创造视角下互联网平台企业商业模式创新路径研究——基于扎根理论的滴滴出行案例分析
第九章 价值网络视角下有桩单车和无桩单车商业模式创新路径比较研究——基于永安行和ofo的双案例扎根分析
第十章 时空制约突破视角下互联网平台企业商业模式创新路径研究——基于扎根理论的多案例分析
第十一章 互联网平台企业商业模式创新与技术创新协同发展路径研究——以小米科技为案例

研究思路

第七章　“互联网＋”环境下商业模式创新路径研究

7.1　研究背景

“互联网＋”是互联网发展的新业态，是互联网形态演进催生的经济社会发展新形态。随着《国务院关于积极推进“互联网＋”行动的指导意见》的推出，“互联网＋”已经成为推动我国经济提质增效升级，培育经济新增长点的战略举措。在“互联网＋”环境下，BAT（B指百度，A指阿里巴巴，T指腾讯）等巨头已经发展成为新时代的商业帝国，蚂蚁金服、滴滴出行、小米科技等互联网新贵已经迅速发展成为独角兽式的企业，摩拜单车等新兴互联网企业项目经历了前所未有的野蛮式扩张。“互联网＋”环境下的商业模式正在不断创新，互联网正在颠覆和融合着诸多传统行业，移动出行、在线教育、互联网金融、在线医疗等新业态、新产业不断涌现。对“互联网＋”环境下的商业模式创新路径进行研究，能够剖析“互联网＋”环境下新技术、新模式、新业态、新产业迅猛发展的内部规律，更好地为“互联网＋”环境下企业商业模式创新提供经验，能够为政府进一步引导和推进“互联网＋”战略提供对策建议。

从第二章中的相关文献综述可以看出，商业模式创新研究领域已经形成了较为完善的理论体系，完成了较为丰富的实践探索，给出了系列对策和建议，但仍存在不足，即“互联网＋”背景环境下商业模式创新受到了互联网特性（如跨越时空信息传递、客户中心化、资源高效匹配等）的影响，这些特性使得“互联网＋”背景下商业模式创新路径具有独特性，这些独特性是企业完成商业模式创新、实现颠覆式发展的主要驱动力，但是现有研究对

"互联网+"背景下企业商业模式创新路径的研究探索偏少。本章在第二篇对于商业模式创新影响因素研究的基础上，通过对大量企业的跟踪分析和数据归纳，从价值链、用户体验、内容运营、粉丝营销、供应链五个方面对"互联网+"环境下商业模式创新路径进行研究。

7.2　"互联网+"环境下商业模式创新路径分析

在"互联网+"环境下，选择合适的商业模式创新路径能够吸引到更多的流量和用户，获得更高的利润，提高商业模式的可持续性[208]。通过对"互联网+"环境下大量企业的长期跟踪和研究，从价值链、用户体验、内容运营、粉丝营销、供应链五个方面分析提出了五条"互联网+"环境下商业模式创新路径。

7.2.1　延展价值链路径分析

延展互联网的增值效应延展价值链，打造"免费"环节。随着互联网时代的到来，通过价值链的延展能够让"免费"成为可能，通过"免费"来积累用户、吸引流量，在让用户得到实惠的同时，通过价值链延展挖掘盈利点，为企业带来巨大的利润空间。如何更加巧妙地运用免费模式，是互联网时代企业商业模式创新值得借鉴的一个思路。

本章在克里斯·安德森研究的基础上，结合"互联网+"环境下商业模式创新的特点，将免费模式分为两类：不完全免费模式、广告商收费模式[209]。不完全免费模式包括直接交叉补贴模式和免费加收费模式。直接交叉补贴模式中，商家向消费者提供一些免费的商品去吸引他们购买其他的收费商品，通过消费者购买收费商品获取的利润来补贴免费商品。如腾讯在创业早期阶段，通过免费的QQ基本服务（即时通信）积累了大量基础用户，随着基础用户的增加，腾讯从中发掘有高端服务需求的细分用户（如腾讯会员用户、腾讯高端游戏用户），通过为细分用户提供高端增值服务来发掘盈利点，从而实现价值创造和价值链的延展。在免费加收费模式中，商家在产品结构中，把较为低级和基础的功能（如QQ的即时通信功能、百度的搜索功能）同高级和细分增值版本功能（如 QQ 的会员功能、百度文库高端资料下载功能）搭配起来，通过免费的基础功能积累大量用户，通过收费的高级功能来完成价值链延展实现盈利。

广告商收费模式包括三方市场模式和非货币市场模式。三方市场在生活中很常见，一般交易是在三方之间周转：商家免费提供服务给顾客，然后从第三方广告商那里赚取广告费，如乐视、爱奇艺等视频网站，它们提供免费的视频资源给用户观看，用户需要在视频开头看一段广告（贴片广告），这样顾客能看到免费的内容产品，视频网站也能够从广告商那里获得收入，广告提供方的产品也能够得到大众的关注，销量得以上升，从而实现价值链的延展，最终实现三方共赢，如果用户想直接跳过贴片广告则需要购买会员资格，由三方市场模式转化为两方市场。非货币市场这一概念，实质上是三方市场模式的升级，非货币市场模式通过直接免费服务客户，来获取客户有价值的行为信息，往往客户在享受其免费服务的同时会自动产生信息反馈，在有价值的信息反馈的基础上，服务提供方能够开展其盈利的业务环节，从而实现价值的增值。例如，百度、谷歌等搜索引擎，用户在免费使用其搜索功能的同时，搜索引擎公司能够获取大量免费搜索用户的搜索信息，这样搜索引擎公司便能够使用搜索信息优化系统预算法则，进行精准的广告定位，免费搜索使用的人越多，搜索引擎所提供的广告投放则越精准，搜索引擎企业能够获取的广告收入也越多。

这两类免费模式有一共同的特点，即都是在价值链的某一个环节让用户享受免费的服务或产品，通过价值链的延展在其他环节向不同的用户收取费用，并找到盈利点。“互联网 +”价值链的延展正在成为商业模式创新的重要路径，通过免费环节与收费环节相结合，实现多方共赢。商家依托免费环节（甚至消费补贴）所提供的基础服务能够快速吸引大量的基础用户，后续通过价值链延展提供增值服务完成收费环节，从而实现商业模式创新。

7.2.2 提升用户体验路径分析

线上线下优势互补，提升用户体验。互联网时代，随着网络消费者群体规模快速扩大和网络消费习惯的逐步成熟，线上购物给实体零售业带来巨大的冲击，究其原因是线上消费为用户带来了有别于传统线下消费的全新用户体验。

线下实体店受到互联网的冲击频频关门，本质上是“互联网 +”环境下用户体验做得不到位，仅仅做到以前的基本服务已经远远无法满足用户需求并在竞争中取得优势。线下实体零售企业在“互联网 +”环境下，要想实现转型升级，走出当前所面临困境，最为关键的是发挥线下实体店的优势，提供线上购物所没有的直接、切身、面对面的用户体验，如何通过增强用户体验来吸引并留住用户，与线上环节形成优势互补，是“互联网 +”环境下实体店商业模式创新的重要突破口[211]。线上和线下在用户体验方面，有着各自的优势，线上有着方便、快捷、跨地域等优势，线下有着使用场景、切身体验、面对面交流等优势。如何充分发挥大数据、人工智能、物联网、AR/VR（增强现实/虚拟现实）、区块链等新兴技术优势，通过线上和线下的优势互补进一步提升用户体验，已经成为未来“互联网 +”环境下商业模式创新值得关注的方向。例如，阿里近期所提出的“新零售”，依托线上电子商务优势，通过整合线下零售实体店，来实现线上和线下的优势互补。2015 年 8 月阿里以 283 亿元人民币战略投资苏宁云商，2016 年 11 月以 21.5 亿元人民币投资三江购物，2017 年 1 月斥资 177 亿元人民币私有化银泰百货，阿里着眼于线上线下优势互补的“新零售”战略早已开始布局。

7.2.3　内容引流路径分析

发挥互联网粉丝效应，通过头部内容引流。近五年来，电商、游戏、O2O 是发展最快的领域，它们的商业模式本质上是购买流量、积累用户、补贴用户并刺激用户进行交易，培养用户消费习惯，最终靠资本胜出，垄断市场份额，再进行市场定价，谋取利益。在这种商业模式下，大量的资本用于购买流量和用户补贴。随着互联网用户的日趋成熟，越来越多的企业将目光放在了优质内容（优质 IP）建设上面，靠优质内容聚集用户实现盈利，是“互联网 +”环境下面向未来的一种重要的商业模式创新方向[209]。

华兴资本最新的研究报告中，将能牢牢聚集百万级粉丝的 IP 定义为头部内容[210]。在此基础上，本章定义这些被头部内容牢牢吸引的粉丝为头部用户。头部用户高度认可头部内容所代表的价值观，能够爆发出足够充分的商业价值。如今，人们已经不是在使用互联网而是活在互联网环境中。活在互联网环境中的人们并不是互相孤立的，而是在不停地进行交互活动，头部内容提供者依靠生产具有高度且持续吸引力的优质内容和粉丝进行交互，并且因为头部用户高度认可头部内容，这样就能够不断给予头部内容优质的信息反馈，使得头部内容能够越做越好，吸引到更多的头部用户。随着大平台对用户覆盖得越来越全面，头部内容便不需要费尽心思到处去寻找自己的粉丝，只需要在类似于微博、微信、视频网站等大平台上，努力做好自己的内容，尽力凸显自身的价值观，这样粉丝自然而然就会向这些头部内容集聚。一旦粉丝被头部内容聚集起来，便不再受到平台的制约，会跟随着头部内容流动，这样，工具类产品的流量便被带动起来了。例如，著名艺人高晓松开通的一档文化类脱口秀节目《晓松奇谈》之前是在优酷的平台播出，之后转移到了爱奇艺的平台上，由于头部用户对高晓松这种头部内容提供者的极度肯定，再加上互联网的便利性将用户转移成本几乎降到了零，所以无论是对高晓松还是对用户都没有什么影响，节目的浏览量、订阅量都持续不断地上升。从用户评论里可以看出，他们根本不关心是在哪个视频平台播出，他们追随的是高晓松这个移动 IP，只要依旧是高晓松的节目就可以。从中可以看出，视频网站平台或者是其他大平台留住用户的能力远远没有头部内容留住用户的能力强，这也是为什么这几年淘宝、蘑菇街、马蜂窝等大平台开始逐渐注重内容模块的构建，它们希望通过内容来吸引更多的头部用户，获得更多的流量，同时也留住现存的用户。通过内容引流已经成为“互联网 +”环境下商业模式创新的一个重要方向。

7.2.4 去中间环节路径分析

运用互联网去除中间环节，降成本、提效率。自从人类社会有了商业以来，第一个商业模式就是零售，从一开始的集贸市场到大商场、连锁店再到现在的“互联网 + 零售”，每一种新的业态能够取代上一种业态，本质上都是去除不必要的中间环节，降低成本、提高效率。

在“互联网 +”环境下，去除中间环节的优势显著。“互联网 + 零售”领域，就是利用互联网的特性，尽量减少传统模式中冗余的中间环节，最大限度降低企业运营成本，提高企业运行效率。网络卖场（如淘宝天猫、京东商城、苏宁易购等）去除或优化了传统零售业运营中的实体店面、仓储、销售人员的面对面销售、顾客到场购买、现场支付、现场提货等一系列中间环节，降低了成本、提高了效益，因此网络卖场的商业模式对全国绝大部分实体零售店造成了前所未有的冲击。传统模式下的白酒行业渠道层级复杂，渠道管理复杂，价格秩序混乱，窜货现象严重，经销商和批发商之间、渠道商和厂商之间利益博弈复杂，联想集团旗下的丰联酒业通过互联网去除中间环节，最终用户通过微信平台直接下单，销售终端适时读取微信平台订单信息后，直接与厂商联系进货，从而实现了白酒业运营商业模式的创新。互联网企业小米科技通过互联网实现了从生产企业到最终消费者的渠道建立，从产品设计、新品发布、营销、售前服务、销售、支付、售后服务等全产业链入手，去除和优化了中间环节，从而降低成本、提高效益，短短几年时间就成长为中国智能硬件领域的“独角兽”。

7.2.5　打造社群品牌路径分析

依托互联网互动优势，面向消费者建立社群品牌。“互联网+”环境下，来自企业外部的用户正在成为价值链中的关键节点，互联网提供了企业和用户最直接的联系渠道。抓住机会，强化与用户的交流和沟通，已经成为企业精准获取用户需求信息、敏捷掌握市场动态、持续提升用户忠诚度、快速打造企业品牌的关键举措。在“互联网+”环境下，企业和用户之间的关系不再是传统意义上的企业和顾客的关系，用户与企业之间、同类产品的不同用户之间将会通过网络发生高频社交行为，在此基础上将会形成以社群形态融合在一起的企业用户。将所有用户汇集起来，共同出谋划策、提供想法和建议的最好办法就是建立社群，形成社群品牌，打造社群经济模式。

做好社群，关键要抓住粉丝人群，需要做到以下两点：（1）为用户成员画像，即定义社群成员，抓住关键特征，通过设定门槛，筛选掉无关人群；（2）提供优质的内容，但这里提供优质的内容跟普通大平台提供内容要有所区别，因为社群框出来的是一部分特定人群，只有做出有针对性的内容，做到足够小众，同时用门槛筛选掉无关人群，留下核心成员，才能更有效地发挥社群的价值，保持社群的活跃度和凝聚力，否则很容易造成蒸发冷却效应。经过以上两层筛选留下来的品牌社群所需要的核心用户，也必定是优质用户。最后需要做的就是在品牌社群里打造一个循环的生态系统，用户可以自主生产优质内容，其他用户由于被内容所吸引，相互之间会围绕内容进行交流，增强彼此之间的信任感和熟悉度。用户产生满足感后继续生产新的内容，引发互动和交流，这样就可以形成一个良性的循环。作为企业，需要做好用户运营，这样就能够让用户去主动生产，发掘更多、更能吸引志同道合人群的优质内容，让用户因为内容走到一起，互相驱动。如小米科技，通过让用户深度参与新产品的研发和设计，形成了早期的“100 个梦想的赞助商”；如《罗辑思维》通过“霸王餐”等活动加强了社群成员之间的互动，从而更加有利于形成良性循环的社群生态系统。“互联网 +”背景下商业模式创新路径如图 7.1 所示。

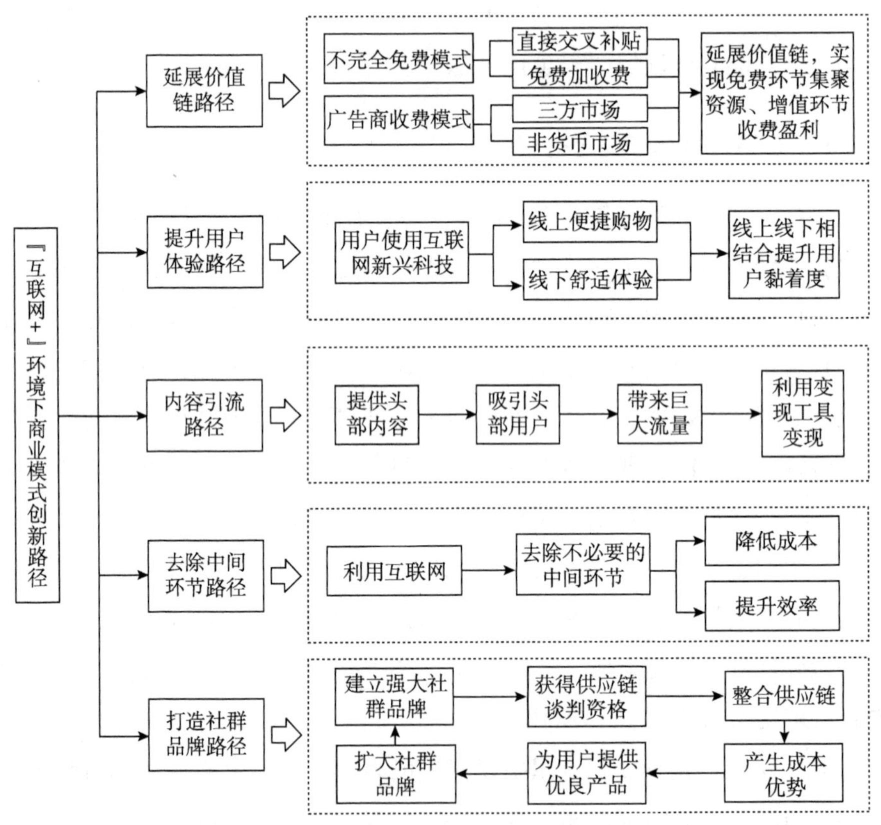

图 7.1　“互联网 +”背景下商业模式创新路径

7.3 “互联网+”环境下商业模式创新对策与建议

针对“互联网+”环境下商业模式创新的五条路径，企业在商业模式的设计与完善中，可以从以下五个方面来考虑和借鉴。

对策建议一：充分发挥“互联网+”环境下价值链延展的便利性，通过免费环节集聚用户、吸引流量，通过增值细分高端服务，挖掘盈利点实现收费。“互联网+”环境下，流量和用户是企业运营中的关键资源，通过互联网，企业能够便捷地实现流量精准分享和用户深度挖掘，从而能够使免费的基础服务带来的流量和用户资源，在其他环节产生价值的增值，从而实现价值链的延展。企业在挖掘盈利点的时候，尽量避开简单粗暴地对免费的基础服务收费，这样很容易导致用户的流失和流量的下降，如腾讯在早期一个较短的时段中，针对注册QQ号收取费用导致用户的注册率大大降低，最终不得不放弃这个盈利点，再如2002年263邮箱全面收费后个人用户流失极其严重。盈利点的挖掘尽量要围绕现有的流量和用户，通过“互联网+”环境下便利的增值环节设计、引入第三方流量和用户共享、对现有流量和用户资源的深度加工来实现商业模式创新。“互联网+”环境下会员高端服务、广告等已经成为常用的价值链延展的方法；流量分享、用户分享等正在成为很多互联网企业通过价值链延展实现变现的途径；腾讯、阿里、百度等互联网巨头围绕流量和用户正在构建的生态体系，是运用价值链延展实现商业模式创新值得预期的方向。

对策建议二：充分发挥线上便捷和线下直接的互补优势，提升用户体验。“互联网+”环境下，用户越来越成为经营活动的中心，用户体验反映了产品（或服务）从售前、售中、使用及售后过程中被认可的程度。提升用户体验是提升用户忠诚度、提高用户黏着度的最根本因素，线上购买、线下服务已经成为最常见的运营模式，通过线上线下的优势互补，“互联网+”线下服务（如生产、发货、仓储、运送等）需要与线上营销无缝配合才能提高用户体验，实现商业模式创新。例如，小米科技在依托网上渠道成长为行业独角兽企业之后也在积极布局线下实体店，通过线上线下的优势互补提高用户体验；

红领集团通过线上下单和线下设计、生产的无缝配合实现了服装的大批量定制。

对策建议三："互联网+"环境下仍然需要回归商业的本质，做优头部内容获取用户认可，是未来"互联网+"环境下商业模式创新不可忽视的策略。在互联网上半场，流量、风口、市场规模等成为商业模式创新关注的焦点，然而互联网并没有改变商业的本质，随着用户的逐步成熟、互联网用户增长趋稳、移动互联网红利消退、资本对互联网过分关注已回归平和，产品、价值、用户体验将会成为互联网下半场的焦点。要做优做精头部内容，并在与粉丝的不断交互中培育头部用户，通过头部内容提升用户体验、增加用户黏着度、提高用户忠诚度，通过互联网的扩散效应把头部内容产生的引力作用在全网范围内放大，实现"互联网+"环境下通过头部内容获取用户吸引流量，完成商业模式创新。阿里以资本为纽带整合了阿里影业、阿里文学等内容资源；百度以投资入股方式整合了纵横中文网、91 熊猫看书、爱奇艺等内容资源；腾讯也在积极布局腾讯影业和企鹅影业等内容资源；小米科技、360、乐视等都在积极布局内容产业。做优头部内容已经成为"互联网+"环境下商业模式创新的一个重要方向。

对策建议四：充分发挥互联网的跨地域信息适时互动优势，发掘优质用户，强化企业与用户以及用户之间的互动和交流，营造社群氛围、形成社群文化、打造社群品牌。在"互联网+"环境下运用大数据、人工智能等新兴信息技术，发现、识别、抓住粉丝人群，通过构造用户成员画像、提供针对性的优质内容，打造出能够良性循环的社群品牌，利用社群品牌的粉丝效应和群体优势，在用户体验获取、新产品研发、新产品推广、口碑营销等运营环节发挥社群品牌的作用。例如，小米科技的商业模式正是在"互联网+"环境下充分发挥了社群品牌的作用，成功开展了微博营销、病毒式营销、饥饿营销、用户深度参与新产品开发等营销方法；伏牛堂餐饮通过打造社群"霸蛮社"，聚集了大批 90 后，使其逐步成为一个年轻人的入口，拥有了低成本获取流量的能力。打造社群品牌的企业最终还是要靠产品来折服用户，所以不仅要把社群做好，更要在供应链和产品研发上努力，提供优质精良的产品给用户，才能够让社群品牌运营进入良性循环。

对策建议五：充分利用“互联网＋”环境下信息高效传播的特性，去除中间环节、降低成本、提高效率。能够跨越时间和空间、高效快捷地传播信息是互联网的一个重要特性，充分发挥互联网的这一特性，去除企业运营中不必要的中间环节，如买家和买家之间的中介（如瓜子二手车交易网模式），生产商和最终消费者之间的一系列运营环节（如小米科技网络渠道模式）。随着互联网消费者的迅速壮大和成熟，传统的商业模式中的越来越多的中间环节可以通过互联网来去除，降低成本、提高效益，从而提升企业竞争优势，再发挥互联网信息快速扩散效益，把去除中间环节带来的成本和效益优势在全网范围扩散，实现“互联网＋”环境下商业模式创新。

7.4　本章小结

“互联网＋”环境下，企业开展商业模式创新有哪些可以遵循的路径呢？对于这个问题，现有商业模式创新研究文献中仍然很少涉及。本章在对“互联网＋”环境下大量企业商业模式创新长期跟踪的基础上，从价值链、用户体验、内容运营、粉丝营销、供应链五个方面提出了“互联网＋”环境下商业模式创新的五条路径：延展价值链路径、提升用户体验路径、内容引流路径、去除中间环节路径、打造社群品牌路径。并针对每一条路径分别给出了对策和建议。

本章研究的理论价值主要体现在：（1）从大量企业商业模式创新的实践中，归纳出“互联网＋”环境下商业模式创新的五条路径，进一步完善商业模式创新的理论体系；（2）在五条创新路径的基础上，进一步对每条路径展开更加深入的剖析，探索隐含在每条创新路径背后的商业模式创新的本质规律。

本研究的实践意义主要体现在：（1）能够为“互联网＋”环境下企业商业模式创新实践提供可借鉴的理论依据；（2）有利于政府相关管理部门更加深入地掌握“互联网＋”环境下企业开展商业模式创新的规律，提高政府对“互联网＋”环境下商业模式创新进行培育和监管的精准性。

后续需要进一步开展的研究主要包括以下几个方面：（1）沿着每一条商业模式创新路径开展单案例深度分析和多案例横向比较；（2）以问卷为工具对大量样本企业开展问卷调查，运用统计工具对每一条商业模式创新路径的影响因素开展定量研究；（3）从政府管理部门精准化监管的角度对不同商业模式创新路径进行对策分析。

第八章　价值创造视角下互联网平台企业商业模式创新路径研究——基于扎根理论的滴滴出行案例分析

商业模式创新的核心在于价值创造[64]，商业模式创新是企业改变产品（或服务）从生产到使用这一过程的系列商务运营活动，构建出新的价值创造体系，实现价值创造的动态过程。互联网平台企业商业模式的优势主要在于所依托的互联网构建的以双边市场为主的价值创造体系，这种新的价值创造体系是互联网平台企业规模快速扩大、形成赢者通吃的竞争模式、打造以流量转化和变现为主的价值链延展模式等的源动力，互联网平台企业商业模式创新路径正是互联网平台企业构建以双边市场为主的价值创造体系的过程。本章主要基于扎根理论的案例研究方法对价值创造视角下互联网平台企业商业模式创新路径进行研究。

8.1　研究背景

2015 年两会上，李克强总理在政府工作报告中首次对“互联网 +”进行了明确的阐述[212]。2015 年 7 月，《国务院关于积极推进“互联网 +”行动的指导意见》指出，到 2018 年，基于互联网的新业态成为新的经济增长动力；到 2025 年，网络化、智能化、服务化、协同化的“互联网 +”产业生态体系基本完善，“互联网 +”新经济形态初步形成，“互联网 +”成为经济社会创新发展的重要驱动力量。“互联网 +”已经成为推动我国经济提质增效升级，打造“大众创业、万众创新”发展引擎，培育经济发展新增长极的战略举措。在“互联网 +”业态环境下，新兴网络技术支撑下的互联网平台企业商业模式不断创新，新兴业态不断涌现。对互联网平台企业商业模式创新进行研究，有利于剖析互联网平台企业的顾客取向、价值原则、盈利模式、市场策略，探索互联网平台企业商业模式创新路径，帮助互联网平台企业（特别是大量初创型互联网平台企业）开展商业模式创新、构建自己的价值创造体系，为政府进一步引导和管理互联网平台企业的发展提供参考。滴滴出行于2012年在中关村诞生，依托互联网平台，通过互联网的运营模式和推广方法，迅速占领了网络打车市场份额，已经成为全国最大的网络打车平台企业，彻底改变了传统的打车模式，实现了新技术、新模式、新产业、新业态在“互联网+出租车业务”领域的有机结合。从第二章中互联网平台企业商业模式创新领域的文献综述可以看出，对商业模式创新路径的研究正在逐步深入，已经初步形成了良好的理论基础。但是仍然存在以下两个方面的不足：（1）现有研究多集中于理论剖析，很少有学者对互联网平台企业案例进行跟踪，对企业的具体运营环节展开研究；（2）现有研究对于互联网平台企业商业模式创新路径的关注还比较少，特别是随着我国“互联网+”国家战略的不断推进，亟须对快速发展中的互联网平台企业的商业模式创新路径进行剖析。本章研究将以滴滴出行为典型案例，运用扎根理论的案例研究方法，对价值创造视角下互联网平台企业商业模式创新路径进行研究。

8.2 滴滴出行典型案例选择

滴滴出行是典型的“互联网+传统产业”互联网平台企业的新业态，体现了“互联网+”业态环境下新技术、新模式、新业态、新产业的完美融合，高效解决了传统打车业务中信息不对称、资源空置率居高不下、打车难等系列问题。滴滴出行自2012年上线以来，依托移动互联网平台得到了迅速发展。2014年1月与微信合作后，滴滴出行市场份额激增，成为打车行业的大赢家，推动了互联网打车行业的快速发展。在2014年1月10日之后不到3个月的时间里，滴滴出行以日均数百万的订单量远超淘宝、美团、京东等，成为国内最大的移动端交易平台。2015年1月，滴滴出行与快的打车联合，在保持各自优势和特点的前提下，形成Co－CEO制度继续运营。滴滴出行的野蛮式发展模式完全颠覆了传统企业发展的周期性规律，展现出了“互联网+”业态环境下新兴商业模式的力量。目前，关于互联网平台企业商业模式创新路径方面的研究较少且不全面，本章基于扎根理论这种从经验资料出发的定性研究方法对滴滴出行的商业模式创新路径展开研究。论文研究所需要的资料主要通过对滴滴出行的长期跟踪来获取，主要资料来源为：企业网站、网络资料、媒体报道、企业领导访谈节目、用户访谈、相关书籍、相关期刊、相关论文等。

8.3　滴滴出行商业模式创新路径分析

8.3.1　滴滴出行商业模式创新案例开放性编码

在进行开放性编码的过程中需要尽可能地将个人意见与业界定义放置一边，以一种随意的、开放的态度，将所收集到的资料抽象为概念，而后进行编码，最终演变成概念之间的关系。在编码的过程中对相关概念出现的频次进行统计，对出现频次较高的点予以保留，通过不断拆分、校验、对比、概念化、挖掘范畴，最终得出对研究最有价值的概念与范畴。编码的程序一般为先定义现象，再挖掘范畴，接着规定范畴名称，而后发掘范畴性质，最后才进行开放性编码。

根据滴滴出行商业模式的基本概念，通过对各种渠道收集而来的资料进行开放性编码，最后共引入超过 170 个概念，部分内容如表 8.1 所示。

表 8.1　开放性编码带入的概念（部分）

围绕顾客、以顾客需求为中心、尊重顾客想法、无时无刻不关注顾客想法、对市场的变化反应迅速、坚持开放、合作共赢、增强合作、专车等个性化服务、方便便捷、出行方式、平台交互、平台免费、加强交流、产业信息化、平台优越、信息传播成本低、人生活方式改变、人价值观改变、产业发展迅速、企业文化、增强交流、社会形态改变、App 界面友好、App 界面清晰、企业业绩、App 界面设计人性化、依顾客需求不断创新、品牌、人才战略、推广营销、找准目标群营销、烧钱圈地、人文关怀、独立思考、优化细节、信息传播迅速、O2O 模式、车联网、服务跟不上扩张速度、建立口碑、建立平台、第三方支付、基于顾客量的数据、嵌入广告、融资、出租车行业、资源整合、重建企业价值链、叫车高峰、打车难、降低空车率、节约时间、打车软件、LBS 服务、同城物流、滴米系统、拼车服务、信息对称、上市、Co - CEO 模式、企业成本、顾客……

范畴是对概念的总结，是各类概念的概括，范畴在扎根理论的研究中举足轻重。根据对已有资料的进一步分析，归纳出了具有浓缩性的概念并总结出范畴，然后再不断地归纳总结，最后一共得出 56 个概念（d1 ~ d56）和 17 个范畴（D1 ~ D17），如表 8. 2 所示。

表 8. 2　　开放性编码结果（部分）

概念	范畴	范畴性质	初始材料
d1 顾客主权 d2 围绕顾客 d3 重视用户想法	D1 顾客取向	以顾客为根本，根据顾客的需求来制定企业的经营策略	滴滴出行的设计总监赵天翔也曾说过，在产品设计时他们更注重细节、人文关怀，只为离顾客更近
d4 推广营销 d5 精准营销	D2 营销策略	企业在一定时期内为其发展制定的营销策略	信息化这个概念已经深入每个人的内心，这时候就需要找到目标客户，实现企业的精准营销
d6 人价值观改变 d7 社会意识改变 d8 人生活水平改变	D3 社会环境	企业外部的与人类各项活动相关的精神条件和物质条件的总和	互联网在一定层面上改变了人们固有的生活方式、社会认知，其并不是简单意义上的信息技术的应用
d9 知识密集型 d10 产业信息化 d11 高风险、高收益	D4 产业环境	只对信息服务类企业及与此类企业有业务往来的企业产生影响的环境叫作产业环境	此类企业聚集了众多的技术人才，同时该类企业还是高风险、高收益的企业，可能在投入初期并不会有什么明显的收益（如滴滴出行前期并没有盈利）
d12 信息对称 d13 信息成本 d14 信息传播迅速	D5 技术环境	当前技术水平、开发新产品能力、技术前进的方向	自从有了互联网作为传播媒介，信息的传播速度是不可同日而语的
d15 O2O 模式 d16 大数据战略	D6 信息化方式	企业将信息化作为支撑以便对其内部以及外部环境进行有效控制	滴滴出行是将线下的商机与互联网有效结合的一种 O2O 的商业模式

续　表

概念	范畴	范畴性质	初始材料
d17 迭代 d18 创新 d19 交互 d20 面向对象	D7 产品 （或服务）	滴滴出行通过 App 向用户呈现所能提供的各项服务	滴滴出行 App 是面向用户的，界面是交互的，司机和乘客可以随意切换身份，方便使用
d25 顾客为主 d26 独立思考 d27 及时执行 d28 优化细节	D8 企业文化	是一个组织特有的文化形象，包括其信念、价值观、仪式、符号、办事方式等	滴滴出行产品总监罗文在腾讯汇客厅接受采访时曾经说滴滴出行的文化是独立思考、及时执行及优化细节
d29 快速达成意向 d30 获取双方位置 d31 减少沟通时间 d32 提升运载力	D9 信息对称	在市场条件下，交易双方掌握的信息是对等的	滴滴出行的产品总监罗文在参加首届 O2O 博览会时指出其 O2O 思维是用信息对称提高人们的出行效率
d33 开发新产品 d34 开发新服务 d35 研发方面人才	D10 研发	企业关于开发新产品、新服务等方面的人力以及财力等资源	企业为了获取更多的市场而加大研发力度
d36 研发成本 d37 运营成本 d38 市场成本	D11 企业成本	企业在运营的过程中产生的费用	一个企业要想成功运营就必须有费用作为支撑，这也就形成了成本
d39 品牌定位 d40 品牌市场份额 d41 品牌成长速度	D12 品牌	是一个抽象化的、特有的、易识别的在人们心中的概念	滴滴出行在“烧钱圈地”之后市场份额大幅上涨，成了打车行业的“领头羊”
d42 领导者能力 d43 领导者经历 d44 领导者执行力	D13 领导者	一个能够带领企业前行的人，具有领导作用	领导者是一个企业的核心人物，其意见甚至决定了企业的将来
d45 市场压力 d46 市场机会 d47 市场面临挑战	D14 市场环境	影响企业主营活动的外部环境	市场环境虽然给企业带来了压力但也带来了机会
d48 简便 d49 可控 d50 个性化	D15 价值主张	简单地说，就是企业提供的产品（或服务）能给顾客带来的综合价值	滴滴出行使顾客的出行更加轻松，司机接单更加便捷

续 表

概念	范畴	范畴性质	初始材料
d51 合作 d52 开放 d53 反应迅速	D16 价值原则	滴滴出行根据自己的想法与理念去了解和培养顾客的出行等习惯，准确地说就是企业设计商业模式时依据的原则	企业对一些突发情况（如突然无法线上支付）能够很快反应并且迅速解决
d54 双赢 d55 整合资源 d56 重组价值链	D17 企业价值链	企业以经营内部价值活动为主的价值链体系	企业成功必不可少的因素是将企业内部资源与外部资源进行有效整合，滴滴出行在这方面做得就相当不错

8.3.2 滴滴出行商业模式创新案例关联性编码

关联性编码又称为二级编码，是在开放性编码基础上展开的。通过分析现象的因果条件、行动脉络、中介条件、互动/行动策略和结果的典范模型，将一级编码中得到的范畴加以联系，建立类属或者概念间的因果关系[21]。对比分析本部分典范模型与一级编码中的 17 个范畴，得到 4 个主范畴，部分主范畴的典范模型分析结果如表 8.3、表 8.4 所示。

表 8.3　营销策略的典范模型

因果条件	现象	
D14 市场环境	D2 营销策略	
因果条件的性质	特征面向	
市场压力 市场机会 市场挑战	市场压力程度 市场机会 市场的挑战性	压力大 机会多 挑战性大
行动脉络		
滴滴出行领导者强有力的领导及丰富的经历和面临的市场压力、机会、挑战为营销策略的诞生提供了必要条件		

续　表

中介条件	互动/行动策略
D3 社会环境	D13 领导者
结果	
在领导者的决策及市场环境的推动下，滴滴出行能够更好地进行推广营销和精准营销	

表 8.4　　产品与服务的典范模型

因果条件	现象	
D1 顾客取向	D7 产品（或服务）	
因果条件的性质	特征面向	
消费者需求 消费者满意度 将消费者当成中心	消费者理想的个性化程度 顾客满意度 消费者中心意识	个性化程度一般 消费者满意度比较重要 消费者中心意识强
行动脉络		
因为企业的产品（或服务）都是为了满足顾客的需求而产生的，所以顾客的需求以及满意度或者中心意识对企业未来的产品（或服务）的走势都具有参考价值		
中介条件	互动/行动策略	
D14 市场环境	D10 研发	
结果		
市场环境给了企业产品与服务的生存空间，企业依靠研发新产品与提供新服务满足消费者的需求		

在表 8.3 中以营销策略这个主范畴为现象，在社会环境、市场环境以及技术环境这几个因果条件中选择市场条件为主要的因果条件，其行动脉络为“滴滴出行领导者强有力的领导及丰富的经历和面临的市场压力、机会、挑战为营销策略的诞生提供了必要条件”。在社会环境、市场环境中选择社会环境为主要中介条件，互动/行动策略为领导者，最后的结果为“在领导者的决策及市场环境的推动下，滴滴出行能够更好地进行推广营销和精准营销”。

在表 8.4 中以产品（或服务）这个主范畴为现象，在技术环境、社会环境、信息化方式、顾客取向等几个因果条件中选择顾客取向为主要因果条件，其行动脉络为“因为企业的产品（或服务）都是为了满足顾客的需求而产生的，所以顾客的需求以及满意度或者中心意识对企业未来的产品（或服务）的走势都具有参考价值”，在社会环境、市场环境、技术环境这几个中介条件中，选择市场环境为主要中介条件，互动/行动策略为研发，最后的结果为“市场环境给了企业的产品（或服务）生存空间，企业依靠研发新产品与提供新服务满足消费者的需求”。

8.3.3 滴滴出行商业模式创新案例核心编码

核心编码，又称为三级编码。核心编码指的是在关联性编码的基础上通过严谨的分析选择核心范畴，并将核心范畴与其他副范畴关联起来，然后考究范畴间的关系，将成长还未成熟的范畴完善的过程。核心编码得出的核心范畴有着归纳性、领导性作用，是对其他副范畴进行再次提炼的结果。根据系列研究得出四个方面的核心范畴：产品（或服务）、营销策略、信息对称和企业价值链。

（1）产品（或服务）核心范畴，其主线为在当前的社会环境、技术环境、产业环境、市场环境的背景下，借助移动互联技术，以精准的用户需求为导向，以具体的用户体验为提升目标，滴滴出行持续完善既有产品（或服务）、不断推出新产品（或服务），对其产品（或服务）进行研发，滴滴打车业务持续完善，滴米调度、滴滴快车、滴滴顺风车、滴滴巴士、滴滴代驾等新产品（或服务）不断推出，实现了产品（或服务）的模式创新。

（2）营销策略核心范畴，其主线为根据互联网平台企业的双边市场理论，通过“线上＋线下”“出租司机＋乘客”“推广营销＋精准营销”的方式开展营销活动，推进网络打车与在线支付的良性互动，提升出租车司机用户的忠诚度和顾客用户的黏着度，从而实现滴滴出行营销策略的模式创新。

（3）信息对称核心范畴，其主线为依托互联网的平台效应，实现移动出行业务中服务供应方（司机）与服务需求方（顾客）之间的信息对称，对于顾客方而言，便捷的移动终端信息发布和接收解决了打车难、等车久、代驾难找等问题；对于司机方而言，解决了及时准确找到顾客、降低空载率、增加业务量等问题，从而实现供需双方信息对称模式创新。

（4）企业价值链核心范畴，其主线为通过互联网平台这样的轻资产整合传统打车业务中出租车司机、乘客资源信息，实现资源的高效整合、降低空载率，通过在线支付环节客户资源的深度开发与再次利用，强化了与微信、赶集网、中国好声音、湖南卫视等优质网络与媒介平台的流量互动、客户共享，实现价值链的整体增值与多方合作伙伴的共赢，从而实现了价值链增值的模式创新。

滴滴出行商业模式创新核心范畴如图 8.1 所示。

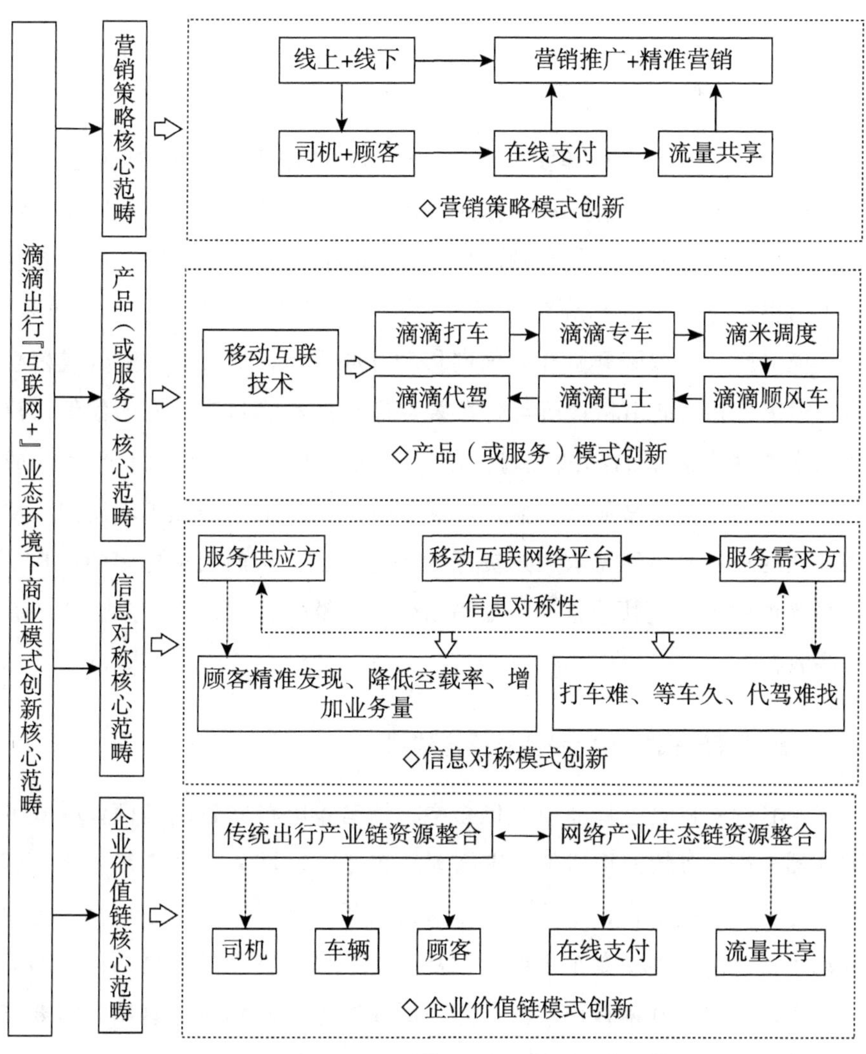

图 8.1　滴滴出行商业模式创新核心范畴

8.4 互联网平台企业商业模式创新路径对策与建议

根据滴滴出行商业模式创新研究得到的四个核心范畴，将互联网平台企业商业模式创新分为四条路径，下面分别给出针对四条创新路径的对策和建议。

8.4.1 产品（或服务）模式创新路径对策与建议

在互联网平台企业商业模式创新中，产品（或服务）的模式创新是最为重要的一条关键路径，是商业模式创新成功的决定性因素。在“互联网+”业态环境下产品（或服务）要能够解决传统业务模式中存在的问题，如滴滴打车解决了出租车空载率高和顾客打车难、等车时间长等问题；在“互联网+”业态环境下产品（或服务）需要面向移动互联平台，能够快速整合或精准定位客户需求，如面向出租司机与打车乘客需求的滴滴打车，面向代驾司机与叫代驾服务客户需求的滴滴代驾；在“互联网+”业态环境下产品（或服务）要能够为用户带来显著效益，能够使特定用户成为强烈需求用户，从而实现互联网平台下强烈需求用户资源的快速整合，从而吸纳更多的用户，便于产品（或服务）的快速推广，如滴滴代驾能够为代驾司机带来更多的客源以提高收益。

8.4.2 营销策略模式创新路径对策与建议

在互联网平台企业商业模式创新中，营销策略模式创新是商业模式创新的放大器，是业务快速推广的关键因素。在“互联网+”业态环境下，营销策略要适合互联网平台，如滴滴打车通过司机方补贴和乘客方补贴，迅速占领移动出行市场。滴滴专车主要通过社会化媒体，特别是意见领袖方面的营销来扩大影响力，开拓客户；在“互联网+”业态环境下，营销策略要能够发挥移动互联的优势，利用移动终端设备（手机等）将线上线下打通，实现线上线下渠道的融合，如滴滴打车能够运用手机 App 发布和接收信息，运用 LBS 获取司机方和乘客方的精确位置，提高线下打车业务的快捷性和准确性，通过口碑营销实现移动出行业务的重度垂直移动应用营销；在“互联网+”业态环境下，营销策略要能够实现移动消费与移动营销的同步化和实时化，如顾客在移动支付完成之后，可以通过向微信好友或朋友圈转发获取红包，滴滴出行通过这一过程达到营销的目的。

8.4.3 信息对称模式创新路径对策与建议

在互联网平台企业商业模式创新中，信息对称模式创新是移动互联技术的一个重要优势，通过便捷的移动终端完成信息发布和接收，能够有效地解决传统模式下信息不对称导致的一系列问题。在“互联网+”业态环境下，信息对称模式创新要能够大幅提高效率，如滴滴打车能够通过网络环境有效解决传统的路边打车或打电话预约打车中司机与乘客的信息不对称问题，能够迅速获取司机与乘客的信息并进行实时匹配，大大提高了打车业务中乘客找到出租车和司机找到客源的效率；在“互联网+”业态环境下信息对称模式创新要能够减少或去除不必要的中间环节，降低资源匹配带来的成本，如滴滴代驾能够实现代驾司机和需求方在网络平台的直接匹配，去除了代驾业务的中间环节，从而大大降低了代驾业务的中介成本；在“互联网+”业态环境下，信息对称模式创新要能够实现信息的透明化与可追溯性，从而增强供需双方的信任度，提高业务匹配速度，如滴滴专车可以通过客户查看历史用户对于专车司机的评价、专车司机查看用户的信用度来增强双方的信任度。

8.4.4 价值链模式创新路径对策与建议

在互联网平台企业商业模式创新中，价值链模式创新是实现信息资源深度挖掘的重要保障，是互联网业务中多方共赢的有效手段，是互联网业务量快速增长的助推器。互联网平台企业价值链模式创新要能够实现传统业务价值链的增值，如滴滴打车能够通过解决传统模式下的信息不对称问题，实现信息的高效匹配、提升传统业务的效率从而实现价值链的增值；互联网平台企业价值链模式创新要能够实现信息资源的价值挖掘，实现信息价值的增值，如滴滴打车业务中的支付环节，能够通过与移动支付平台（如微信支付、支付宝）的合作，实现客户信息价值的拓展；互联网平台企业价值链模式创新要能够实现与互联网业务合作伙伴的多方共赢，如滴滴出行通过与微信、赶集网等网络平台的合作实现了流量共享与共赢，与快的打车的战略合并施行Co－CEO制度，实现移动出行领域的资源整合，避免了恶性竞争，实现了双方共赢。

8.5 本章小结

随着互联网技术的不断发展以及经济全球化的不断深入，新技术、新模式、新业态、新产业正在不断涌现。商业模式创新已经成为推进“大众创业、万众创新”，实现“互联网＋”战略，支撑创新驱动的重要因素。本章以滴滴出行为典型案例，应用扎根理论方法对互联网平台企业商业模式创新路径进行分析。首先，通过各种渠道收集大量的与滴滴出行商业模式创新相关的第一手与第二手资料；其次，对收集的资料进行整理归纳与挖掘，分别进行开放性编码、关联性编码、核心编码，得出四个方面的核心范畴：产品（或服务）、营销策略、信息对称、企业价值链；最后，根据滴滴出行商业模式创新研究得出的四个方面的核心范畴，给出产品（或服务）、营销策略、信息对称、价值链四个方面的商业模式创新路径对策与建议。

第九章　价值网络视角下有桩单车和无桩单车商业模式创新路径比较研究——基于永安行和 ofo 的双案例扎根分析

近年来，被广泛关注的共享经济模式是以互联网平台为中心，通过大幅增加传统模式中低频使用物品的使用效率、降低物品的空闲率，构造出的新价值创造体系，其作为一种新的经济商业模式，在众多领域不断渗透、融合。共享单车作为共享经济的一种典型代表，作为互联网平台企业的新模式，精准解决了城市出行“最后一公里”的痛点问题。共享单车模式从诞生之日起便得到了用户的高度认可和高频使用，并获得了风险资本的高度关注和大力支持，运营规模快速扩大。从 2014 年诞生起到 2017 年年底，用户规模已达 2.21 亿，已经基本实现对国内主要城市的全面覆盖，并渗透到 21 个海外国家，颠覆了商业模式发展的规律；但共享单车盈利点单一、盈利能力较弱、同行竞争激烈，使得整个行业均处于一边大幅亏损、一边大规模扩张，一边频繁融资、一边大批共享单车企业倒闭的状态，多数共享单车企业都在苦苦挣扎。此外，虽然共享单车行业监管机制正在不断完善，但是仍然存在着有桩单车使用体验较差，无桩单车乱停乱放、调度管理难度较大等问题[213]。目前，共享单车的商业模式主要为有桩共享单车模式（以永安行为代表）和无桩共享单车模式（以摩拜、ofo 为代表）。无桩共享单车模式在用户体验、用户规模、用户黏着度、市场占有率方面，都大大超过了有桩共享单车模式；而有桩单车模式能够实现便捷的城市管理和行业监管、精准的单车管控，形成稳健的盈利模式。无论是无桩共享单车模式还是有桩共享单车模式，为实现企业价值增值，都有必要运用商业模式创新理论，准确把握用户需求、切实提升用户体验，系统梳理企业经营流程，整合内外部要素，从而形成具有核心竞争力的商业模式。

本章将以共享单车领域具有代表性的永安行和 ofo 为案例，沿着价值网络的脉络，利用扎根理论对有桩共享单车和无桩共享单车的商业模式创新进行比较分析，探索实现用户出行便捷、政府便捷化管理、共享单车行业健康可持续发展的商业模式创新路径。

9.1 理论基础

关于此类商业模式的研究，学界已取得了丰富的成果，但尚未形成对什么是商业模式的统一认识。随着研究的深入，人们发现价值的创造和实现是企业所有活动的核心，价值创造已成为商业模式研究的核心问题[214][215]。近年来，商业模式的本质是企业价值链创新已经得到了学术界的广泛认可，基于价值链理论的商业模式研究引起了学术界的高度重视[216]。随着全球化进程加快和科学技术的迅猛发展，传统产业间的边界正在变得越来越模糊，研究人员对商业模式研究的视角开始从传统的产业价值链转向跨产业的价值网络，其更加强调利益相关者的重要性，倡导价值创造的“双赢局面”。魏炜等（2012）提出了基于利益相关者交易结构的商业模式[217]，史竹琴等（2017）提出了商业模式研究呈现行业细分的趋势，原有线性价值链将呈现网络化特点[218]。由此可见，价值网络视角可以视为对商业模式研究的一种重要拓展。

在互联网时代，传统的价值链中以供给为导向的商业模式正在逐渐衰退，以需求为导向的互联网商业模式和价值创造模式正在兴起。在分析传统商业模式要素的基础上，罗珉等（2015）认为社群、跨界、平台等区别于传统商业模式构成要素并且都体现了互联网时代特点的新要素[38]。郝身永（2015）认为“互联网+”商业模式与传统商业模式相比较，具有用户基数大、利基需求多、利用技术实现价值创造、资源整合等优势，可以促进企业快速发展[219]。尹倩（2016）[220]认为企业通过互联网能精准定位顾客需求并发掘潜在需求，以获取更多的关联利润。董岳等（2017）认为互联网技术的发展驱动着商业模式不断演变，企业通过优质资源互补形成合作型“互联网+”商业生态网络更能够创造价值[221]。邢纪红等（2017）分析了“互联网+”经济价值主张、关键业务与能力和财务对制造业商业模式的影响，并在此基础上，给出商业模式创新的三种路径[222]。

共享出行行业作为新兴行业，为人们的出行带来了全新选择和极大便利。马化腾在《分享经济：供给侧改革的新经济方案》一书中提出，共享经济是通过大规模盘活社会经济剩余价值来激发新经济效益的经济形态，能够解决生产过剩的问题[223]。以滴滴出行为代表的网约车平台，以永安行、ofo 为代表的共享单车平台，以嘟嘟巴士为代表的互联网巴士平台和以爱拼机为代表的共享航空出行平台，在出行细分领域实现了传统空闲资源使用效率的大幅提升和供需资源的高效匹配[224]。赖磊等（2017）[225]提出共享单车这一商业模式是基于共享经济理论，通过提供单车服务达到盈利目的的。

有不少文献对商业模式分类与选择、互联网技术与互联网思维促进商业模式产生变革等问题分别展开了系列研究[226][227]，为共享单车商业模式创新路径研究提供了重要的理论基础，但现有研究仍然存在以下不足：（1）共享单车快速扩张的同时，单车管理困难、有桩和无桩模式之争激烈、盈利模式不够完善等问题依然存在，关于共享单车商业模式创新路径的研究仍然相对薄弱。（2）现有文献中关于共享单车商业模式创新的研究，更多是对无桩单车模式进行的研究，有桩单车的便捷管理、盈利模式完善、与政府部门关系融洽等优势并没有被充分重视。对于如何充分融合有桩和无桩两种模式的优势，探索新的共享单车商业模式创新路径，值得开展进一步的理论探究。（3）现有研究文献中，对于共享单车模式的研究主要为从理论方面的一般分析及对单案例进行的跟踪分析，尚未有文献从共享单车有桩模式和无桩模式的商业模式创新路径角度开展双案例比较分析。本章研究将以永安行和 ofo 为案例企业，从价值创造视角出发利用扎根理论对有桩共享单车和无桩共享单车的商业模式创新路径进行比较分析。

9.2　研究方法选择与研究方案设计

本章研究中选择的案例分析方法是基于扎根理论的双案例比较分析法，主要是运用 Glaser 和 Strauss 的三级编码方法[228]，对收集到的资料进行开放性编码、主轴性编码和选择性编码，沿着价值创造的脉络，发现或标记共享单车商业模式创新路径相关类属、概念、性质等变量，然后以因果脉络建立共享单车有桩模式和无桩模式商业模式创新路径相关变量之间的相互关系，再通过故事线将所有变量联系在一起，从而形成和构建共享单车有桩模式和无桩模式商业模式创新路径相关理论，并在对两种模式创新路径进行比较分析的基础上提出对策和建议。

研究数据资料主要来源于课题组对永安行和ofo两家企业的长期跟踪，主要包括两家企业官方发布的信息、企业高层管理人员的公开演讲稿、新闻报道、学术论文等，我们对这些资料均进行了整理和汇编，另外在研究过程中还完成了典型用户访谈，进行了直接用户体验调查，完成了企业管理人员访谈、政府运管部门管理人员访谈等，相关过程及结果均形成了文字资料（约23万字），以进行扎根理论编码研究。

9.3 基于扎根理论的案例分析

9.3.1 永安行共享单车商业模式创新路径案例分析

用扎根理论对永安行共享单车相关资料进行分析的过程严格遵循Glaser和Strauss三级编码方法，在对资料进行初步整理后，进行开放性编码、主轴性编码和选择性编码。为了便于理解，本章节将会对每个编码环节进行详细阐述。

（1）永安行案例开放性编码

在开放性编码过程中，我们要严格遵循“先定义现象，再挖掘范畴，接着规定范畴名称，然后发掘范畴性质，最后进行开放性编码”的流程。编码过程中要对相关概念出现的频次进行统计，出现频次较高的予以保留，不断进行拆分、校对、对比、分析、挖掘概念、挖掘范畴，最终得出对研究最有价值的概念与范畴。在对永安行共享单车案例收集的资料进行逐条分析时，首先梳理出资料里与商业模式创新影响因素相关的现象，比较异同后为这些现象贴上标签（La1、La2、La3……）；其次对代表同一类现象的标签进行分类，分析和归纳后获取对应的概念（Id1、Id2、Id3……）；再次将表达同一类现象的概念进行整合，获取对应的范畴（Ca1、Ca2、Ca3……）；最后针对获取的范畴发掘对应的范畴性质从而得到开放性编码结果。永安行共享单车案例经过开放性编码，共获取 85 个标签、30 个概念、9 个初始范畴，针对每个初始范畴我们分析了其相应的范畴性质。永安行案例开放性编码结果（部分）如表 9.1 所示。

表 9.1　　永安行案例开放性编码结果（部分）

资料	标签	概念	范畴	范畴性质
No1 依靠原来政府公共自行车系统的庞大会员数量来撬动更多的用户 No2 共享单车有利于减少私家车出行数量，降低社会、家庭出行成本，缓解城市交通压力 …… No10“共享出行”的物联网大格局……永安行运营着全国 200 多个城市的 80 万辆共享单车 …… No20 永安行共享单车使用链条的传动系统，刹车则采用传统的抱刹设计 No21 每辆单车都配有智能锁，扫描直接开锁，无须输入密码，也可以通过手机蓝牙	La1 方便市民出行，缓解城市交通压力 ……	Id1 共享出行 Id2 低碳健康 Id3 增强用户体验 Id4 提高用户黏着度 Id5 改变出行方式	Ca1 客户价值主张	以顾客主张为出发点，发掘客户需求痛点，提供让客户满意的服务
	La9 政府批准成立公共自行车管理中心 ……	Id6 政府导向 Id7 统一管理维护 Id8 完善公共基础设施	Ca2 政府政策举措	政府通过各项政策举措鼓励企业与政府进行合作，影响企业经营模式
	La18 截至 2017 年 12 月 31 日，全国共有超过 400 个市、县配备公共自行车系统 ……	Id9 市场规模 Id10 行业竞争 Id11 融资能力 Id12 合作共赢	Ca3 市场环境	市场环境影响产品生产和销售，与企业的市场营销活动密切相关
	La27 成功上市，募集资金夯实主业 ……	Id13 政府支持 Id14 资本注入 Id15 合作伙伴	Ca4 企业资源	企业资源可以作为企业实施其战略的基础

续 表

资料	标签	概念	范畴	范畴性质
租车或输入车牌号租车，有效改变了共享单车二维码遭破坏后不能被扫码租车的尴尬现状 …… No30 把永安行共享单车的出行距离延长，并在城市出行中进行全产业链布局 …… No60 利用自身运营的经验，把运维成本降到最低……按照政府招标中“运营标”和“硬件标”1∶1 的比例，共享单车需要在运营上交“更多学费” …… No80 永安行的盈利源于公共自行车系统的出售与服务，共享单车大范围应用后成为公司未来新的利润增长点 ……	La37 基于物联网和大数据分析技术的公共自行车系统的研发、销售、建设、运营 ……	Id16 公共自行车系统 Id17 智能租车 Id18 研发、销售、建设、运营服务	Ca5 产品与服务	以产品研发为基础同时为支持产品而向消费者提供附加服务
	La46 全数字化公共自行车系统管理系统平台、电子身份识别、智能锁、助力自行车 ……	Id19 物联网技术 Id20 全数字化 Id21 高精度电子围栏 Id22 大数据分析	Ca6 技术创新	技术创新以创造新技术、提供新服务为目的
	La53“四位一体”共享出行战略打造城市 1～30 千米的绿色共享出行生态链 ……	Id23“四位一体”共享出行战略 Id24 全产业链布局 Id25 从线下业务向线上业务拓展	Ca7 战略布局	企业根据经济形势，结合自身的实际情况而进行产业、业务的趋向布置
	La68 运作市场化，建设运营一体化 ……	Id26 租赁方式 Id27 押金托管及退还 Id28“潍坊模式” Id29 车辆停放	Ca8 运营体系	运营体系是组织运作的规则及相应资源，是组织存在并延续的根本
	La80 政府付费投资，企业承包，合作共赢 ……	Id30 PPP 模式	Ca9 盈利模式	盈利模式是对企业经营要素进行价值识别和管理

（2）永安行共享单车商业模式创新案例主轴性编码

主轴性编码在开放性编码的基础之上，运用扎根理论中的典范模型（因果条件、现象、行动脉络、中介条件、互动/行动策略、结果），将开放性编码中得出的各项范畴联结在一起。按照典范模型，对永安行案例开放性编码得到的9个初始范畴进行主轴性编码，得到了6个主范畴：客户价值主张、政府政策举措、产品与服务、技术创新、运营体系、盈利模式。永安行案例主轴性编码典范模型分析过程如表9.2所示。

表9.2 永安行案例主轴性编码典范模型分析过程

主范畴	因果条件	现象	脉络	中介条件	互动策略	结果
客户价值主张	Ca4 企业资源 Ca6 技术创新	Ca5 产品与服务	企业资源与技术创新为实现客户价值主张提供可靠的保障	Ca2 政府政策举措	Ca8 运营体系	政府政策举措能间接影响企业对顾客价值的判断，一系列的运营推广能更加精准获取用户需求
政府政策举措	Ca3 市场环境	Ca5 产品与服务	市场环境的变化影响着政府的相关决策，企业以相关的政策举措为依据完善产品与服务	Ca4 企业资源	Ca7 战略布局	政府通过一系列的政策举措调控市场环境，以更好地监管企业从而影响企业的战略布局与运营等
产品与服务	Ca1 客户价值主张	Ca8 运营体系	产品与服务以满足消费者需求为目的而产生，同时产品与服务要响应政府的政策，因此客户价值主张对企业产品与服务的研发有决定性影响	Ca2 政府政策举措 Ca3 市场环境	Ca6 技术创新	市场环境与政府政策举措给企业产品与服务以生存空间，企业依靠技术创新研发出新的产品与服务满足消费者需求

续 表

主范畴	因果条件	现象	脉络	中介条件	互动策略	结果
技术创新	Ca1 客户价值主张 Ca2 政府政策举措	Ca5 产品与服务	在客户价值主张与政府政策的指导下进行技术创新，从而提供更好的产品与服务	Ca4 企业资源	Ca8 运营体系	以企业资源为支撑，通过系列运营体系明确技术创新需求，为客户提供更完善的产品与服务
运营体系	Ca4 企业资源 Ca3 市场环境	Ca9 盈利模式	企业资源的支持与市场机会和挑战是企业完善运营体系的重要因素	Ca5 产品与服务	Ca7 战略布局	随着产品与服务更新换代以及战略布局的变化，企业要更好地进行营销推广
盈利模式	Ca8 运营体系	Ca5 产品与服务	企业根据企业运营及产品与服务情况开发相关盈利模式并进行推广	Ca6 技术创新	Ca7 战略布局	盈利模式的成功离不开技术的支撑以及正确战略布局的指导

（3）永安行共享单车商业模式创新案例选择性编码

选择性编码是指在主轴性编码的基础上，通过严谨的分析从主范畴中挖掘出核心范畴，挖掘范畴间的关系，再用“故事主线”的形式将各个范畴进行关联，描述资料所反映的现象或事件的过程。经研究发现：上述这 6 个主范畴之间具有内在的逻辑关系，通过对这 6 个主范畴和其他范畴及其相互关系的不断挖掘、识别和分析，最终概括出创造企业价值的 6 个核心范畴：客户价值主张、政府政策举措、产品与服务、运营体系、技术创新、盈利模式。

客户价值主张主线：永安行有桩单车模式的客户价值主张是通过提供公共交通服务解决市民出行“最后一公里”的痛点问题。其有效克服了自有自行车存放难、与现有公共交通工具（如地铁、公交车等）的有机配合度较低、使用效率不高等缺点；有桩模式的借车和还车业务流程在物理空间（停车桩）

上存在约束性，便于政府管理部门对于单车的管理，避免了乱停乱放对于城市公共空间的侵扰，便于优化停车节点布局等，实现了共享单车与现有其他公共交通工具的有机配合；有桩模式的借车和还车业务流程对于停车桩的依赖，影响了用户的便捷化体验。

政府政策举措主线：永安行的业务模式主要是与各地方政府就公共自行车业务开展合作。永安行的有桩模式能够严格满足政府管理需要，解决公共出行“最后一公里”问题的同时还能够实现对市容市貌及公共空间的优化；有桩模式能够通过对于停车点的全局规划满足政府从公共出行全局出发的体系化、网络化、有机化要求；有桩模式能够精准跟踪单车全生命周期，使单车的运营、维护、报废有序进行，避免侵占和破坏公共空间。

产品与服务主线：产品与服务是企业实现价值创造的根本。永安行有桩单车以解决公共出行“最后一公里”问题及政府对共享单车有序管理的价值主张为导向，通过固化的停车桩严格约束用户的借车和还车业务，从运营模式上完全规避了乱停乱放的用车行为；但有桩单车停车桩对于用户借车还车物理空间的限制，一定程度上影响了便捷化的用车体验，高峰时段的停车点无车以及还车困难问题仍存在，为此永安行在有桩公共自行车的基础上推出了新一代的有桩单车，从模式上吸收了无桩共享单车的优点，一定程度上提升了用户便捷性体验，瞄准无桩共享单车乱停乱放的管理难题推出了共享单车治理系统。

运营体系主线：永安行的运营主线为通过与地方政府合作解决城市公共出行的“最后一公里”问题。这种运营模式以有桩公共自行车的形式方便政府进行城市公共出行的统一规划和管理，能够规避无桩单车企业单车资产过重、成本回收过慢的风险，这种运营模式能够以政府解决公共出行的末端问题及对于城市公共停车有序管理的需求为源动力实现以城市为单位的快速复制。

技术创新主线：技术创新是企业实现价值创造的支持和保障，永安行成功把物联网技术应用到公共自行车系统，完善车桩的车辆管理技术、互联网锁车借车还车技术、互联网定位技术、互联网支付技术等；同时还积极推广免充气公共自行车，将银联 IC 卡应用到公共自行车系统提供借还服务，在全国范围内推广手机借还自行车等业务；在便捷城市管理的同时提升用户便捷化体验已经成为永安行技术创新的最主要的目标。

盈利模式主线：盈利模式的培育是创造价值的根本。永安行主要依靠政府公共自行车运营与维护服务项目招标盈利，盈利点持续稳定。如何进一步拓展盈利点正在成为永安行进一步优化盈利模式的重要着力点，如通过对共享出行平台大数据的深度挖掘和充分使用来拓展新的盈利点，又如通过实现对于无桩单车乱停乱放的有效治理拓展盈利点，再如通过用户流量变现实现盈利点拓展。

9.3.2 ofo 共享单车商业模式创新路径案例分析

用扎根理论方法对 ofo 共享单车相关资料的分析过程同样遵循 Glaser 和 Strauss 三级编码方法。由于对 ofo 共享单车与永安行共享单车进行研究的方法相同，故后续编码具体理论方法不再赘述，直接在各个编码环节阐述得到的结果。

（1）ofo 共享单车商业模式创新案例开放性编码

ofo 共享单车案例经过开放性编码，共获取 75 个标签、24 个概念、10 个初始范畴，并且针对每个初始范畴分析了其相应的范畴性质，ofo 案例开放性编码（部分）如表 9.3 所示。

表 9.3　　ofo 案例开放性编码过程（部分）

资料	标签	概念	范畴	范畴性质
No1 随着用户数额的不断积累，共享单车押金高、管理混乱的痛点也开始逐步显露出来 …… No10 从 ofo 小黄车出行大数据来看，工作日期间，共享单车订单主要集中在城市上下班通勤。不同时段骑行订单量在工作日表现出明显的潮汐效应 ……	La1 可持续的出行解决方案 ……	Id1 可持续出行 Id2 高效便捷 Id3 提高出行效率	Ca1 客户价值主张	对客户真实需求的深入描述促使企业明确客户需求
	La9 ofo 联合移动物联网产业联盟、中国信息通信研究院等发布了《面向窄带物联网（NB－IoT）的共享单车终端技术要求》……	Id4 加强监管 Id5 制定统一标准 Id6 信息保护政策	Ca2 政策与监管	相关政策与监管是指导企业一切生产运营的规范和准则

续　表

资料	标签	概念	范畴	范畴性质
No20 ofo 通过开放共享的创新模式，已经为全球 20 个国家的用户带来了可持续的出行解决方案，改善城市交通拥堵和空气污染	La16 通过强劲的增长来持续扩大领先竞争对手的优势 ……	Id7 市场布局 Id8 行业竞争 Id9 海外市场 Id10 合作共赢	Ca3 市场环境	市场环境影响产品生产和销售，与企业的市场营销活动密切相关
…… No30 ofo 在巴黎与 C40 城市气候领导联盟签署协议，与全球市长共同开展在健康、公平、经	La27 借助资本平台来保持企业的长期发展 ……	Id11 多轮融资 Id12 抵押借款	Ca4 企业资源	企业资源可以作为企业实施其战略的基础
济、安全和互联互通等方面的合作，为解决全球气候问题提供研究支持 …… No40 ofo 投放的车辆均为欧洲版定制车型，配备了最新一代 GPS 蓝牙智能锁，提供准确定位和大数据服务，并可	La35 北京拜克洛克科技有限公司以“共享经济 + 智能硬件”的方式，解决“最后一公里”的出行问题 ……	Id13 公司企业	Ca5 企业组织形式	企业组织形式反映了企业的性质、地位、作用和行为方式；规范了企业内外部的关系
实现规范化管理和智能运营 …… No50 在移动物联网产业联盟全会上，ofo 小黄车联合移动物联网产	La46 NB - IoT“物联网智能锁”全面启动商用 ……	Id14 大数据服务 Id15 GPS 蓝牙智能锁 Id16 在线支付	Ca6 技术创新	技术创新以创造新技术、提供新服务为目的
业联盟、中国信息通信研究院，以及三大运营商、网络设备厂商、模组厂商、芯片厂商、卡商等企业发布了《面向窄带物联网（NB - IoT）的共享单车终端	La54 更快的全球化布局，加速抢占全球的巨大增量市场 ……	Id17 全球气候问题互联互通合作 Id18 全球化布局	Ca7 战略布局	企业根据经济形势，结合自身的实际情况而进行的产业、业务的趋向布置

续 表

资料	标签	概念	范畴	范畴性质
技术要求》（以下简称《技术标准》），并提出了技术要求，包括终端基本技术要求、信道划分、无线通信协议要求、可靠性标要求、电源适应性要求及其他技术要求 ……	La60 进行本地化设计，满足当地用户的不同需求 ……	Id19 提供无差别服务 Id20 本地化设计	Ca8 产品与服务流程	产品与服务流程设计能帮助企业明确提供产品与服务的总体规划与目标
	La65 以强资本补贴，加大运营力度 ……	Id21 投放广告 Id22 红包补贴	Ca9 营销策略	营销策略能帮助企业以客户需要为出发点，有计划地组织各项经营活动
	La73 降低产品、运营、技术等方面的成本，实现盈亏平衡 ……	Id23 降低成本 Id24 精细化运营	Ca10 盈利模式	盈利模式是对企业经营要素进行价值识别和管理

（2）ofo 共享单车商业模式创新案例主轴性编码

我们通过上述开放性编码得到 10 个初始范畴并对其进行主轴性编码。不同于永安行的商业模式，ofo 共享单车更依赖于互联网技术，各个范畴之间关联紧密，相互影响。我们通过对初始范畴的反复对比归纳同样得到了可概括影响 ofo 共享单车商业模式的 6 个主范畴：客户价值主张、产品与服务、运营体系、技术创新、政府政策举措和盈利模式，分析结果如表 9.4 所示。

表 9.4　　**ofo 案例主轴性编码典范模型分析结果**

主范畴	因果条件	现象	脉络	中介条件	互动策略	结果
客户价值主张	Ca4 企业资源 Ca6 技术创新	Ca8 产品与服务流程	依靠强大的企业资源以及技术创新提升产品与服务质量从而满足客户价值主张	Ca3 市场环境 Ca6 技术创新	Ca9 营销策略	以市场环境为媒介了解客户需求，通过技术创新为客户提供更好的产品，通过一系列营销推广加强与客户的互动以更加精准地满足客户需求
产品与服务	Ca5 企业组织形式 Ca3 市场环境	Ca6 技术创新	企业组织形式决定着企业资源的类型，企业在市场所处的地位也影响着相关资本的注入，强大的资源为技术的创新提供保障	Ca10 盈利模式	Ca1 客户价值主张	源源不断的资源推动着企业的发展，盈利模式与战略布局的筹划又为能企业带来新的资源
运营体系	Ca2 政策与监管 Ca4 企业资源	Ca9 营销策略	依据企业现有资源遵从政府的监管进行战略布局，在营销推广中逐步实现战略布局	Ca3 市场环境	Ca10 盈利模式	市场环境影响着企业的战略布局，战略布局成果又体现在盈利模式中
技术创新	Ca1 客户价值主张 Ca4 企业资源	Ca8 产品与服务流程	企业以资源为支撑，以满足客户价值主张为目的进行技术的创新以提供更好的产品与服务	Ca3 市场环境	Ca9 营销策略	企业为了谋求更好的发展会及时去进行技术创新以满足市场的需求，新的技术又通过营销策略被推向市场

续 表

主范畴	因果条件	现象	脉络	中介条件	互动策略	结果
政府政策举措	Ca3 市场环境	Ca8 产品与服务流程 Ca9 营销策略	政府根据市场环境对企业产品与服务进行监管，从而影响企业营销策略	Ca1 客户价值主张	Ca7 战略布局	政府参考客户价值主张对企业服务进行监管，进而影响企业战略
盈利模式	Ca4 企业资源 Ca9 营销策略	Ca8 产品与服务流程	根据企业现有资源和运营情况制定一定的盈利模式，并通过产品与服务进行推广	Ca4 企业资源 Ca5 企业组织形式	Ca3 市场环境	企业资源与企业组织形式影响着企业盈利模式的选择，盈利模式的可行性在市场中得到检验

（3）ofo 共享单车商业模式创新案例选择性编码

通过对主范畴进行选择性编码得到了 ofo 共享单车商业模式 6 个核心范畴：客户价值主张、产品与服务、运营体系、技术创新、政府政策举措、盈利模式。各个核心范畴主线如下。

客户价值主张主线：ofo 无桩共享单车模式的客户价值主张是追求最便捷的用户体验，满足个人短距离出行便捷化的需求，解决传统模式下个人自行车存放不便、使用效率低下的问题，摆脱有桩单车借车、还车业务对于停车桩的依赖。无桩共享单车模式能够通过用户对于便捷性最大化需求，发挥用户的自适应性，达成与现有中长途（如地铁、公交车等）出行工具匹配的目的。在 ofo 的无桩共享单车模式下，用户对于便捷性体验最大化的需求，为共享单车在公共空间的停放管理带来了困难，如何在不降低或稍微降低用户便捷性体验的同时，满足政府及公众对于无桩共享单车停放管理的需要，最大限度降低无桩共享单车乱停乱放对公共空间的侵扰，是以 ofo 为代表的无桩共享单车模式急需解决的问题。

产品与服务主线：ofo 无桩共享单车产品与服务的主线是通过互联网、物联网技术使借还车业务可以随时随地完成，以前所未有的便捷体验解决个体出行的“最后一公里”问题。ofo 的无桩共享单车产品使用户享受到了单车带来的短距离出行的便利性，同时摆脱了传统个人单车存放、管理、异地使用等不便，消除了有桩共享单车借还车业务中来自物理车桩的约束，但也造成了对公共环境的侵扰等问题。ofo 的无桩共享单车产品与出行工具的匹配主要通过用户的自适应行为来实现，其规划和调度相对不足，易造成公共出行的节点地域（如地铁站、火车站等）高峰时段停车管理困难。

运营体系主线：ofo 无桩共享单车的业务模式解决了个体出行的“最后一公里”的痛点需求问题，以便捷化用户体验为源动力构建了其运营体系。用户使用的示范效应及其口碑传播快速激发大规模的潜在适用对象的使用需求，实现了用户的快速拓展。资本的力量成为 ofo 无桩共享单车运营体系中的重要推动力，ofo 的无桩共享单车业务模式短时期内用户数量的爆发式增长及其发展潜力吸引了大量资本方的大规模投入，以资本力量为强大助力，得以从大学校园走向城市并在全国主要城市快速复制。ofo 的运营体系面临着盈利点单一、盈利能力较弱带来的自身造血能力不强、对资本方依赖度过大的问题。

技术创新主线：ofo 通过技术创新，把物联网、互联网等新技术与传统单车相结合，能够随时随地完成借还车业务。互联网定位技术的应用方便了单车的管理，NFC 智能锁、NB - IoT 物联网智能锁等关键技术的研发有效支持了业务模式的创新，人工智能大数据平台“奇点”能够打造用户骑行、大数据采集、大数据分析的科技闭环，更加有利于单车的精益化管理和用户服务的持续优化。进一步借助技术创新有效克服乱停乱放、维修报废管理混乱等单车管理的痛点问题，是 ofo 技术创新的主要努力方向。

政府政策举措主线：ofo 的无桩共享单车模式解决了个体出行的“最后一公里”问题，一定程度上缓解了以私家车为出行工具带来的堵车、停车难等问题，成为政府主导的公共出行体系的重要补充，便捷、低碳、共享、高效等特点符合政府对于出行的引导方向。但是，ofo 等无桩共享单车企业在快速发展的同时也需要政府进一步进行监管，如乱停乱放对于公共空间的侵扰、维修报废的混乱带来的“共享单车坟场”、人为破坏带来的单车损毁率较高等问题。ofo 在接受政府监管的同时，需要与政府主动开展合作，增强无桩共享单车城市发展规划的科学性、提升无桩共享单车停放区域设定的合理性，使无桩共享单车与公共环境和谐共存。

盈利模式主线：ofo 的无桩共享单车最主要的一个盈利点是用户骑行租金。但激烈的同行竞争及用户对于骑行租金价格敏感度较高，使得仅仅通过骑行租金来维持运营短期内很难实现。ofo 也在探索开拓新的盈利点，如“App + 广告”，扫码短视频广告在不降低用户体验的同时，能够通过庞大的用户群体和高频的使用率吸引广告商入驻，开拓新的盈利点。如何围绕用户流量和用户骑行数据，发挥互联网平台的优势，把握互联网平台价值网络拓展的规律，开拓新的盈利点，构建强健的盈利模式，是企业要重点解决的问题。

9.4 有桩单车和无桩单车商业模式创新路径比较分析

在对永安行和 ofo 两个案例进行扎根理论分析的基础上，从价值网络角度分析，有桩共享单车和无桩共享单车的商业模式创新的异同点主要体现在以下几个方面。

（1）客户价值主张比较分析

两种模式的客户价值主张均瞄准解决现有出行中的“最后一公里”的痛点需求问题，有桩单车模式作为政府打造公共出行体系中的一个组成部分，方便政府管理是重要的价值主张；无桩单车是单车企业的自发行为，便捷化的用户体验是重要的价值主张；共享单车行业的持续发展需要方便管理和便捷化的用户体验同时注重，在满足用户需求的同时便于公共空间的管理。

（2）产品与服务的比较分析

有桩单车的产品与服务以停车桩为物理约束来规范单车的借车和还车业务，以实现共享单车有序管理的价值主张，但这也降低了用户便捷化体验；无桩单车的产品（或服务）克服了借车还车业务中对于物理空间（如停车桩）的依赖，借还车业务几乎可以随时随地完成，实现了便捷化用户体验的价值主张，但是也带来了管理难的问题。

（3）运营体系比较分析

永安行等有桩单车企业的运营主要通过与地方政府的合作解决城市公共出行的“最后一公里”问题，以建设满足政府需要的公共出行体系为源动力，以城市为单位实现服务的快速复制与推广；ofo 等无桩共享单车企业以便捷化用户体验为源动力，以资本为重要助力，实现用户的爆发式增长和以城市为单位的快速复制。

（4）技术创新比较分析

两种模式均将技术创新如物联网、互联网、互联网车锁、互联网定位、网络计费与支付等与传统单车有机结合，有效支持了有桩模式和无桩模式业务流程的开展；通过技术创新实现方便城市管理与便捷化用户体验双重目标。

（5）政府政策举措比较分析

对于共享单车行业，无论是有桩单车还是无桩单车都要接受来自政府的监管：有桩单车模式与政府合作紧密，能够更加方便地满足政府从城市管理角度提出的要求；无桩单车企业面对越来越严格的政府监管，需要积极应对，解决好诸如乱停乱放、“单车坟场”等问题；共享单车行业的可持续发展需要政府监管，野蛮式的无序发展阶段已经过去，科学规划、有序发展、精益管理阶段正在来临，整个共享单车行业需要与政府开展更加紧密的合作，实现行业健康发展、企业稳健盈利、公众便捷出行、公共空间持续优化的多方共赢。

（6）盈利模式比较分析

有桩单车的盈利点主要为政府公共自行车项目建设与维护费用和成本之间的差额，无桩单车的盈利点主要为用户骑行服务费用。这两种模式在盈利模式构建方面均需要进一步拓展，特别是需要进一步围绕用户流量的盈利变现模式和用户骑行数据的深度挖掘及使用，从互联网平台价值网络拓展的视角进行拓展，构建更加强健的盈利模式。

9.5　共享单车商业模式创新路径对策与建议

（1）倡导行业客户价值主张，达成用户体验与政府管理双重目标

共享单车行业需要围绕用户体验与政府管理双重目标，倡导行业客户价

值主张。两种模式的共享单车企业均需要与政府合作，共同构建科学规划、有序发展、精益管理的行业体系，积极配合政府推进共享单车与现有出行工具的紧密配合和无缝衔接，共同探索高峰时段重点交通节点的车辆管理方法，实现共享单车与城市管理的和谐共进。无桩单车模式需要主动与政府开展合作，共同解决车辆乱停乱放、废弃车辆堆积等问题；有桩单车模式需要在与政府紧密合作的同时，从商业模式角度探索增强用户便捷性体验的路径，通过技术创新和流程优化降低或减少业务过程对物理停车桩的依赖，通过停车点的合理规划减少无法随时随地完成借车还车带来的不便，提升借车还车业务中的用户体验。

（2）推进模式创新，探索有桩模式和无桩模式的优势互补与融合创新路径

应以有效解决用户便捷性体验与停车管理困难的矛盾为目标，发挥政府的监管和引导作用，鼓励共享单车企业进行模式创新，从技术和流程角度实现有桩和无桩两种模式的相互借鉴与融合，减少有桩单车借还车业务对于停车桩的依赖，提升有桩单车的便捷性体验，运用大数据技术从流程上强化对于无桩单车的停车规范化管理，解决用户便捷性体验与停车管理困难的矛盾。

（3）开展技术创新，实现大数据支撑下的共享单车精益治理

两种模式的共享单车企业均需要通过技术创新及与政府配合共建共享单车企业行业大数据优化治理体系。政府管理部门需要在大数据技术支持下，科学规划城市范围内共享单车的发展规模和制定投放计划，避免共享单车的无序、过量投放；在大数据技术支持下，持续优化共享单车的停放节点和停车空间，实现共享单车与现有的公共出行工具的有机衔接；在大数据技术支持下，政府与共享单车企业共同制定公共出行高峰时段重要停车节点（如地铁口）的车辆停放管理办法和车辆调度机制，有效避免公共出行高峰时段重点停车节点停车量过大等问题。

（4）探索价值网络延展路径，构建稳健的盈利模式

两种模式的共享单车企业在运营中，均需要充分发挥互联网平台信息资源高度集聚与便于分享的优势，探索流量的转化变现途径，形成新的盈利点，

实现价值网络的延展；抓住共享经济的本质，增强单车的使用率，降低单车的闲置度，提升企业的盈利效率，实现盈利；跟踪单车的全生命周期，实现骑行、维修及报废的精益化管理，降低现有价值网络中的运营成本，提升运营效益；围绕用户骑行数据的深度挖掘，探索用户数据跨界使用的途径，形成新的盈利点，实现价值网络的延展。

9.6 本章小结

共享单车作为共享经济的一种典型应用场景，与便捷的用户体验、规模的快速扩大相伴随的是盈利难、管理难问题。本章主要从价值创造视角入手，以永安行和 ofo 为典型案例，以扎根理论为研究方法，重点关注共享单车有桩模式和无桩模式中用户便捷性体验与管理难的矛盾，对现有相关资料进行扎根理论编码分析，逐步提炼出概念、初试范畴、主范畴、核心范畴，对有桩共享单车和无桩共享单车商业模式创新进行了比较分析，研究了两种模式在客户价值主张、产品与服务、运营体系、技术创新、政府政策应对、盈利模式方面的异同；围绕两种共享单车商业模式的创新路径，给出了倡导行业客户价值主张、探索有桩模式和无桩模式的融合创新路径、实现大数据支撑下的共享单车精益治理、探索价值网络延展路径等对策与建议。

第十章　时空制约突破视角下互联网平台企业商业模式创新路径研究——基于扎根理论的多案例分析

随着“互联网+”战略的提出及不断推进，我国互联网企业正处在时代的风口，逐渐成为经济发展的新动力。互联网平台企业作为发展最快的互联网业态，具有跨越时空性、双边市场资源整合性、高速成长性等特点，已经颠覆了传统企业的发展规律。百度、阿里巴巴、腾讯等互联网平台企业经过十几年的快速发展已经成长为互联网领域的巨头。新兴的互联网平台企业中，2018 年蚂蚁集团市场估值达到了 1550 亿美元的天价（来自巴克莱银行的报告），滴滴出行平台日订单数量达到一千万单仅仅用了 21 个月，小米科技 2017 年的营收额高达 1146 亿元，它们都在短时间内实现了快速成长。在互联网平台企业快速发展的背后，商业模式创新是最为关键的因素之一，对互联网平台企业商业模式创新路径进行研究，剖析互联网平台企业高速发展背后所隐含的本质规律，已经成为学术界关注的焦点问题[229][230][231]。

平台是一种现实或虚拟空间，该空间可以促成双方或多方客户之间的信息交流或交易，如传统的卖场、超市等。互联网平台是通过互联网把双方或多方资源聚合在一起，通过互联网便捷的信息传递功能实现多方资源的整合及匹配，如淘宝、滴滴出行、美团、小米科技等，互联网平台具有跨越时空、资源整合、价值创造等特性[7]。根据互联网平台的双边市场资源整合特性，Rochet 和 Tirole（2003）[9][10]等学者开创了平台经济的研究，在此基础上国内外学者对互联网平台双边市场的测度、定价策略、竞争博弈等问题进行了系列研究[232]。根据互联网平台的信息共享、减少中间环节、价值增值等特性，国内外研究者从价值链视角对互联网平台企业商业模式创新展开了研究，对其创新机理进行了探索，创新方法进行了剖析，创新路径进行了跟踪，创新的影响因素进行了分析[233-240]。

跨越时空性是互联网最重要的特性，对互联网平台企业成长产生了重要的影响，一些学者已经从时空制约突破的角度对互联网平台企业的商业模式创新进行了探索[7]。本章将以互联网平台企业为研究对象，重点聚焦于互联网平台企业如何通过时空制约突破实现商业模式创新，运用扎根理论通过多案例分析，从时空制约突破的角度剖析不同类型的互联网平台企业商业模式创新路径。

10.1　时空制约突破理论基础

10.1.1　信息传递技术对人类时空制约的突破

随着科技进步，人类在不断突破信息获取的时空制约。本质上讲，人类对于信息的获取依赖于感知器官对信息的采集（观、听、嗅、尝、触），这种信息采集受到物理时空的严格制约，Havrvey、Macnab 以及冯华等学者论述了人类信息交流的四种演进模式：同步（时间）同地（空间）、同步（时间）异地（空间）、异步（时间）同地（空间）、异步（时间）异地（空间），如表 10.1 所示[7]。早期阶段，人类对于信息的获取完全依赖于感知器官的直接感知；随着书、信等信息载体的出现，飞鸽、驿站等成为信息传递的通道，这在一定程度上突破了物理时空的制约；随着电信号被作为信息传播的载体，电话、电报等通信技术突破了视觉信息和听觉信息在物理时空上传播的制约，广播、电视等媒体的出现更加丰富了视觉信息和听觉信息的内容和传播方式；随着互联网的出现，视觉信息和听觉信息的发布和接收均突破了物理时空的制约，每一个接入互联网的网络节点均可以适时地与其他网络节点进行信息交互，文本、图像、音频、视频等信息均可以在网络节点之间被发送和接收；随着智能手机等便携式移动网络节点的使用，固定 PC 端对于网络节点物理时空的制约被减弱，人类几乎可以随时随地通过移动网络节点实现信息的发送和接收；大数据、云计算等新兴信息技术的崛起使得信息的传播更加精准，使得信息能够最大可能性地传递给最需要它的人。

表 10.1　　人类交流的时空要求与制约[7]

项目		空间制约	
		同地	异地
时间制约	同步	同步（时间）同地（空间）：面对面交流	同步（时间）异地（空间）：电话、手机、视频
	异步	异步（时间）同地（空间）：留言条、留言板	异步（时间）异地（空间）：E-mail、微信、微博

10.1.2　时空制约突破的阶段划分及其商业模式创新历程分析

随着信息传递技术对时空制约的突破，商业模式在不断发展和演化，其过程可以分为四个阶段：（1）传统模式阶段，商业运营需要时间上的同步和空间上的同地，消费者对于产品的认知主要通过感知器官直接获取信息，产品品牌主要靠口口相传形成口碑效应，商业模式创新主要围绕产品（或服务）的性价比及口碑效应来进行；（2）平面媒体传输阶段，商业运营中产品宣传环节能够在一定程度上摆脱时空的制约，用户范围得到了较大扩展，商业模式的发展从产品（或服务）向外延伸，商业模式创新主要围绕广告等产品宣传环节进行；（3）电子媒介传输阶段，电视、电话等电子媒介的广泛普及，使商业运营中产品宣传环节能够在更大程度上摆脱时空的制约，增强宣传力度、加大产品曝光度、关注用户体验、定位用户细分领域成为商业模式创新的主要方式；（4）互联网媒体传输阶段，随着互联网特别是移动互联网的广泛普及，商业运营中的研发、生产、产品宣传、交易、支付、运送、售后服务等环节均能够通过互联网在一定程度上摆脱时空制约，商业模式创新围绕网络营销、在线交易、在线支付、在线客服、互联网物流优化、研发协同、生产协作等环节进行。

10.1.3　互联网平台商业模式的时空制约突破

互联网平台以信息的发布、搜索、排名、传递、匹配等服务为主，与传统的实体企业相比，改变了交易场所、拓展了交易时间、加快了交易速度、减少了中间环节。通过互联网平台，用户能快捷地获取实体场景中的绝大部分信息，突破了物理空间上的制约；通过互联网平台，用户能够随时浏览、比较、询价、交易，突破了时间上的制约；通过互联网平台与在线支付、物流快递等服务的无缝集成，突破了面对面交易和提货的制约，缩短了交易时间、降低了交易成本；通过利用互联网平台，用户能够运用便捷的关键字检索、指标排名、客户评价查看等功能，降低交易决策的时间成本；通过利用互联网平台跨越时空的特性能够实现强需求方资源的快速集聚，进而通过强需求方资源的吸引力实现弱需求方或其他需求方的资源集聚，从而实现互联网平台的快速推广。

10.2　研究方案

本章对研究方法选择、目标案例选定、数据资料处理进行了严格把关，确保研究的科学性和合理性。在研究方法上采用了基于扎根理论的多案例研究方法，扎根理论是由 Glaser 和 Strauss 提出，用程序化的思路进行定性研究的方法，是在掌握了丰富的资料（特别是文字资料）的情况下，通过三个层级的逐层归纳（开放性编码、主轴性编码、选择性编码），从现有资料中抽象出新的概念和思想的研究方法，扎根理论的三个步骤逐步深入，后一个编码都是在前一个成功编码的基础上进行的。在数据资料处理方面，运用扎根理论，严格按照三级编码的步骤来进行，增强了定性研究的科学性和合理性，能够降低案例研究的主观性影响，增强研究过程的逻辑性和严谨性。

根据提供服务类型的差异，互联网平台可以被划分为不同的类型，现有研究中学术界尚未形成被广泛认可的分类方法，本章在研究中将其分为网络购物类平台、服务撮合类平台、一站式企业商务运营平台、网络社交平台四种类型。网络购物类平台是互联网平台的起源，服务撮合类平台是“互联网 + 服务撮合”的进一步应用，一站式企业商务运营平台是制造业企业通过互联网平台整合供应链资源的互联网应用，网络社交平台是涉及人与人之间不同类型社会交往的互联网应用，这四类平台为四种不同的互联网应用场景

（商品交易、服务撮合、供应链整合、人际社交），在商业模式创新领域具有典型意义。本章主要对上述四类互联网平台展开研究，分别探索每一类互联网平台在突破时空制约视角下的商业模式创新。

在目标案例选定上，针对每一类互联网平台选择了两个典型案例进行研究：网络购物类平台以淘宝、美团为目标案例，服务撮合类平台以滴滴出行、运满满为目标案例，一站式企业商务运营平台以小米科技、酷特智能为目标案例，网络社交平台以微信、新浪微博为目标案例，通过多个案例的相互验证和补充提升研究的可信度。所选择的 8 个目标案例均为全国知名的互联网平台，它们的商业模式创新是企业界和学术界关注的焦点，以它们为案例从时空制约突破视角分析商业模式创新的实践经验、探究商业模式创新的理论规律，能够进一步丰富商业模式创新研究领域的理论体系。

10.3　互联网平台企业时空制约突破商业模式创新路径多案例分析

10.3.1　基于扎根理论的多案例研究概述

在本章的研究中，对 8 个目标案例进行了长期持续跟踪，围绕时空制约突破视角下的商业模式创新这一主题收集资料，包括官网资料、高层管理者讲话、新闻报道、用户访谈、服务体验等。其中高层管理者讲话方面的资料，主要来源于高层管理者的微博、企业官方网站、视频资料、网络公开讲稿等；用户访谈的主体主要是长期或多次使用目标网络平台的成熟用户，最终完成了每个目标案例 20 个典型用户、8 个案例共 160 个典型用户的访谈；服务体验主要以本章研究团队成员（3 名研究生、9 名本科生）作为体验用户，对各平台进行试用，获得切身体验。在资料收集阶段共形成 30 万字的文字资料。运用扎根理论并借助 NVivo10 工具软件，对 8 个目标案例的文字资料分别进行开放性编码、主轴性编码、选择性编码。在编码的过程中，由研究团队的两位教师作为指导，统一给定编码要求，由一名研究生带领 3 名本科生作为一个编码小组，共组建了 3 个编码小组。在每一级编码阶段，3 个小组先分别进行背靠背式的编码，然后 3 个小组共同讨论、相互验证最终的编码结果，在一定程度上通过交叉验证减少了编码人员的主观性对于编码结果的干扰。

通过开放性编码，对现有文字资料进行反复拆分、对比、校验，并对其中有价值的资料统一贴标签，得到106个有价值的标签，对这些标签进行概念化操作（分类、归纳、提炼）形成22个有价值的概念，对于22个概念进行范畴化操作（分类、归纳、提炼）从中得到4个主范畴，部分编码如表10.2所示。对开放性编码中得到的主范畴进行主轴性编码（因果条件、现象、行动脉络、中介条件、互动/行动策略、结果），把每一个主范畴所包含的概念联系起来，形成一个有机整体。对于主轴性编码的结果进行选择性编码，每一个主范畴形成的主线分别对应于每一类互联网平台企业时空制约突破视角下的商业模式创新。

由于篇幅有限，在下文案例研究过程的描述中，将以一站式企业商务运营平台为例阐述运用扎根理论进行案例剖析的过程，其他三种平台的研究过程与其类似，文中就不再重复叙述，在案例研究的第三部分直接给出了4个核心范畴的主线。

表10.2　　　　基于扎根理论的案例资料编码（部分）

资料	贴标签	概念化	范畴化
网络购物类平台（以淘宝、美团为案例）： 淘宝推出的“Buy +”使用的是虚拟现实技术，突破时间和空间的限制，真正实现不出门就能试用各类商品。“Buy +”通过虚拟现实技术可以生成可交互的三维购物环境。 淘宝商业模式定位于购物平台，只为第三方提供开设店铺的基础设施，本身并不提供商品，核心服务对象为开设店铺的组织或个人，通过为商家提供配套服务达成交易并获取利润。 电子商务起步时，美国以信用卡为基础的个人商业信用体系已经很完善，而中国尚未形成。当时中国面临的最大问题就是消费者和商家之间信用关系的缺失，第三方支付完美解决了这个问题。 美团是“互联网 + 生活”，与生活中的吃喝玩乐相结合，为消费者提供服务。	G1 虚拟现实技术实现了购物场景的时空突破 G2 买家适时适地选购商品 G3 卖家适时适地展示商品 G4 在线支付 G5 第三方客服 ……	C1 通过互联网摆脱了买卖双方对于物理卖场空间的依赖（G1，G2，G3，G4，……） C2 卖家与买家在交易环节的异步化（……） C3 互联网团购平台把传统线下批发交易的批量优势异地化和异步化（……） C4 购物点评实现了口碑效应的跨越时空（……）	F1 网络购物类平台时空制约突破商业模式创新（C1，C2，C3，C4，C5） F2 服务撮合类平台时空制约突破商业模式创新（C6，C7，C8，

续 表

资料	贴标签	概念化	范畴化
美团不满足于过往的团购、商户评价的商务模式，而是不断推陈出新。手机买单、闪惠、订座、点菜等功能的推出砍去了传统用户餐饮到店消费的冗余环节，提升用户体验。 …… **服务撮合类平台（以滴滴出行、运满满为案例）：** 2012 年那个冬天特别冷，如果要叫一辆出租车，只能去路边，在寒风中等车开过来。有没有可能，人在屋里面叫好车，车到了再下楼？所以有了滴滴出行。2014 年以前，用手机只能叫到出租车，在高峰期只有 40% 的用户能够叫到车，因为要提供更多的资源，满足不同用户的需求，所以有了“专车”和“快车”。 运满满为行业彻底解决了车货资源分散的历史性难题，经过四年的运营和积累，500 多万名实名注册重卡司机、100 多万名货主成为运满满平台的一批高频活跃的用户，这是行业和用户对其认可的具体体现。 运满满的智能车货匹配、智能实时调度、智能标准标价，实实在在地提升了公路干线物流货源与车辆、路线、价格的匹配速度及精准度，提高了运输组织效率。 …… **一站式企业商务运营平台（以小米科技、酷特智能为案例）：** 小米科技官方网站在线提供服务支持，帮您解答有关小米科技产品的一切问题，了解小米最新动态、购物流程、物流信息、售后服务等。 小米科技应用了互联网模式开发产品，用极客精神做产品，用互联网模式砍掉中间环节，致力于让全球每个人都能享用来自中国的优质科技产品。	S1 网络打车使乘客不需要再站在街边招手 S2 乘客通过滴滴出行平台发布精准的出行信息 S3 货方通过运满满平台发布精准的物流需求信息 …… Y1 小米科技实现了售前、售中、售后一站式运营 Y2 酷特智能形成了全数字化运营体系 ……	C5 技术变迁带来的购物供需双方的时空制约突破（……） C6 服务需求方突破时空制约发布信息（S1，S2，S3，S4，……） C7 服务提供方突破时空制约获取信息（……） C8 服务交易在线完成（……） C9 服务提供方与服务需求方资源的高效匹配（……） C10 技术变迁带来的服务撮合双方的时空制约突破（……） C11 一站式商务运营（Y1，Y2，……） C12 网络营销环节能够突破生产企业和最终用户之间的时空制约（……） C13 售前、售后及在线服务异地化能降低成本并提升用户体验（……） C14 面向研发设计和生产安排的用户信息分析实现用户需求敏捷反应（……） C15 技术变迁带来的一站式运营时空制约突破（……）	C9，C10） F3 一站式企业商务运营平台时空制约突破商业模式创新（C11，C12，C13，C14，C15） F4 网络社交平台时空制约突破商业模式创新（C16，C17，C18，C19，C20，C21，C22）

续 表

资料	贴标签	概念化	范畴化
酷特智能把互联网融入大批量生产，在一条流水线上制造出灵活多变的个性化产品，打造了集数据采集、自主设计、智能研发、智能排程、智能仓储、智能裁剪、智能制造、数字化质检、智能配套、智能配送为一体的生产运营体系。 …… **网络社交平台（以微信、新浪微博为案例）：** 微信是一个社交软件，宣传上更多依靠圈子推广和口碑，能免费传输语音文字信息、朋友推荐、好奇等是第一批用户尝试使用微信的重要原因。微信已经超越了过去的设计，从连接人和人变成了连接服务。小程序在支付领域的价值已经凸显，这将刺激微信支付现金流进一步扩大。 新浪微博作为一个内容消费社区，少部分人贡献内容，大部分人消费内容和产生互动，内容生产者是最核心的部分。新浪微博是基于弱关系的社交传播网络，其复制真实社会的社交关系，评论功能大大提升了用户的黏着度。 ……	W1 微信在移动端实现了多媒体信息免费传输 W2 微博通过网络复制真实社会的弱社交关系 ……	C16 网络社交平台通过网络实现社交信息传递突破时空制约（W1，W2，……） C17 即时通信工具能够实现异地面对面交流和互动交流的异步化（……） C18 移动端即时通信进一步摆脱了 PC 端的时空制约（……） C19 聊天群、朋友圈实现了交流模式的异地化（……） C20“摇一摇”和“附近的人”等功能实现了陌生人社交的时空制约突破（……） C21 微博平台实现了信息发布者与追随者之间的信息互通（……） C22 技术变迁带来了人际社交时空制约的突破（……）	

10.3.2 基于扎根理论的案例剖析研究过程

一级编码即开放性编码。围绕时空制约突破商业模式创新，对小米科技和酷特智能两个目标案例的资料进行贴标签（反复拆分、对比、校验），共得到了 24 个有价值的标签，如表 10.3 所示。

表 10.3　　一站式企业商务运营平台标签

编号	标签内容	编号	标签内容	编号	标签内容
Y1	小米科技实现了售前、售中、售后一站式运营	Y6	小米科技通过网络平台实现了售前咨询、社群互动、在线支付等售前及交易环节的便捷化服务	Y11	小米科技在创业前 4 年取得巨大成功主要依靠互联网营销（如雷军的微博）实现用户口碑的病毒式传播
Y2	酷特智能形成了全数字化运营体系	Y7	酷特智能 C2M 商业模式联结消费者个性化需求和制造企业供给，由需求数据驱动互联网平台设计、制造、配送	Y12	酷特智能运用工商一体化的个性化定制直销平台，直销个性化定制产品，去中间商、代理商和渠道商
Y3	小米科技通过网络平台实现了直接面向用户的手机定制	Y8	小米科技高管在开发者论坛亲自跟用户互动，甚至 24 小时内就能根据粉丝体验调整新产品的参数和外观	Y13	小米科技通过网络平台实现了一小时快修、使用服务支持、换货退货等便捷服务
Y4	酷特智能 C2M 商业模式通过网络平台实现了无渠道分层的服装定制	Y9	酷特智能通过网络平台把订单变成产品数据进入互联网流动，使协同研发、生产等成为可能	Y14	小米科技允许用户重新编译 MIUI 系统，开放性吸引用户参与和深度传播，小米的前 50 万名用户是在论坛积累的
Y5	小米科技通过网络营销实现订单的快速获取，通过规模效应与供应商形成稳固共赢关系	Y10	酷特智能通过网络平台将供应商、工厂、客户、售后联结起来，使产品供需双方直接对话	Y15	酷特智能的智能工厂，使生产与互联网对接，形成能够快速对网络订单产生反应的大规模定制生产模式

续　表

编号	标签内容	编号	标签内容	编号	标签内容
Y16	小米科技通过在网络粉丝社团中了解动态、参与互动来实现产品口碑的快速传播	Y19	小米科技联通社会化媒体平台，构建精准粉丝群体，用优质内容获取用户，使社群电商化，做长久的买卖	Y22	移动互联时代的到来使小米科技主营业务（智能手机）规模快速扩大
Y17	酷特智能每个用户都可以通过网络平台设计自己的衣服，然后直接对接工厂进行制作	Y20	酷特智能通过创业平台，让创业者只需要做销售；通过网络平台找到客户，服务好客户	Y23	小米科技积累了大量的用户数据，包括 App 使用、搜索、购物、社交、娱乐等。通过营销 DMP（数据管理平台）帮助广告主进行精准营销等
Y18	酷特智能 C2M 商业模式中，设计环节实现了数字化与自动化，使用户定制及参与设计成为可能	Y21	酷特智能互联网工业的关键点和突破点是将客户需求变成数据模型技术、数据驱动的智能工厂解决方案	Y24	酷特智能通过大数据、云计算、人工智能技术，把客户信息进行数据分析，制作用户画像，最后整合出来一套能够满足个性化需求的服装

对表 10.3 所示的 24 个标签进行分类、归纳、提炼形成了五个概念：C11 一站式商务运营（Y1，Y2，Y5，Y7，Y10）；C12 网络营销环节能够突破生产企业和最终用户之间的时空制约（Y3，Y4，Y11，Y12，Y16，Y20）；C13 售前、售后及在线服务实现异地化，能够降低成本，提升用户服务体验（Y6，Y13，Y17，Y19，Y21）；C14 通过面向研发设计和生产安排的用户信息分析，实现用户需求敏捷反应（Y8，Y9，Y14，Y15，Y18）；C15 通过技术变迁实现一站式运营时空制约突破（Y22，Y23，Y24）。对于五个概念进行范畴化操作（分类、归纳、提炼），从中得到范畴 F3 一站式企业商务运营平台时空制约突破商业模式创新（C11，C12，C13，C14，C15）。

二级编码，即主轴性编码，在开放性编码的基础上，运用扎根理论的典范模型，将一级编码中得到的概念和范畴加以联系，建立概念间的因果关系。

范畴 F3 的典范模型分析如表 10.4 所示。

表 10.4　　范畴 F3 的典范模型

<table>
<tr><td colspan="3">F3 一站式企业商务运营平台时空制约突破商业模式创新</td></tr>
<tr><td>因果条件</td><td colspan="2">现象</td></tr>
<tr><td>C12，C13，C14</td><td colspan="2">C11 一站式商务运营</td></tr>
<tr><td>因果条件的性质</td><td colspan="2">特征面向</td></tr>
<tr><td>网络营销环节时空制约突破
售前售后环节时空制约突破
研发设计和生产安排时空制约突破</td><td>客户获取
用户体验
资源整合</td><td>互联网的放大效应
便捷多样的信息传递方式提升用户体验
通过互联网整合研发和生产资源，提升敏捷度</td></tr>
<tr><td colspan="3">行动脉络</td></tr>
<tr><td colspan="3">小米科技通过互联网时空制约突破，实现了用户资源的快速集聚，并通过规模效应整合供应商，获取了性价比方面的核心竞争优势；酷特智能通过互联网时空制约突破，实现了用户需求数据驱动，在新技术的支撑下实现了智能工厂对于网络定制客户的敏捷反应</td></tr>
<tr><td>中介条件</td><td colspan="2">互动/行动策略</td></tr>
<tr><td>C15</td><td colspan="2">互联网平台在新兴信息技术的支撑下使企业运营各环节能够突破传统模式下的时空制约，实现商业模式创新</td></tr>
<tr><td colspan="3">结果</td></tr>
<tr><td colspan="3">小米科技、酷特智能在互联网大数据等的技术支持下，通过时空制约突破实现了一站式商务运营，将客户获取、销售、研发、生产等环节通过互联网有机融合</td></tr>
</table>

三级编码即选择性编码，是在主轴性编码的基础上进行分析，选择核心范畴，并以故事线的形式对核心范畴进行阐述的，在一站式企业商务运营平台案例研究中，范畴 F3 为核心范畴，根据典范模型所得到的结果，进一步丰富核心范畴的故事线并剖析原因，形成核心范畴 F3 所对应的主线［核心范畴 F3 的主线见 10.3.3 第（3）部分］。

10.3.3　互联网平台企业时空制约突破商业模式创新路径核心范畴主线

（1）网络购物类平台时空制约突破商业模式创新路径核心范畴主线

在淘宝等电子商务平台上，买卖双方摆脱了对于物理卖场空间的依赖，来自互联网的买家可以随时查看商品信息，实现空间异地、时间异步的商品信息传递；通过第三方支付，实现购物过程中支付环节的空间异步和时间异步；第三方客户服务能够同时服务于多个买家，为买家提供24小时不间断的购买咨询服务，卖家能够从与买家时间同步的制约中解脱出来，实现卖家与买家在交易环节的异步化；在商业模式的核心服务环节摆脱了对交易物理场景的依赖，使交易过程更加便捷，在商业模式的盈利环节实现了收费方式的便捷化，在商业模式的关键活动环节实现了买卖双方的异步化。互联网团购平台，通过互联网的跨越时空性，在全网络空间整合同类型客户资源，实现组团购买的异地化和异步化；在商业模式的价值主张方面突破时空制约形成规模效应。购物点评则通过网络把跨越时间和空间的客户口碑呈献给潜在的购买者，供他们进行购买决策，实现了口碑效应的异地化和异步化；在商业模式的消费者目标群体环节实现了网络口碑的建立，使口碑能沉淀、易查找、可扩散，实现了口碑效应的时空制约突破，提高了口碑的影响力和影响范围，加快了口碑的扩散速度。信息技术的发展与变迁在网络购物类平台时空制约突破商业模式创新中发挥了最为重要的支撑作用，从传统购物到PC互联时代，购物摆脱的是来自传统购物物理场景的制约；从PC互联时代到移动互联时代，消费者和商家均摆脱了PC对人的制约，通过移动智能终端随时随地均能发生交易；随着大数据、云计算、VR/AR技术的发展，对于购物时空制约的突破正在朝着精准化、智慧化方向发展。网络购物类平台时空制约突破商业模式创新路径如图10.1所示。

（2）服务撮合类平台时空制约突破商业模式创新路径核心范畴主线

服务撮合类平台如移动出行网络平台、物流配货网络平台等，使具有供需关系的双方（或多方）突破地域空间制约、突破适时匹配限制，实现供需资源的异地和异步高效匹配。例如，移动出行网络平台中的网络打车业务，乘客方通过网络平台能够突破时空制约，把位置信息和目的地信息准确发布，与传统的路边招手相比需求信息的可见范围大大扩大、准确程度大大提高；出租车司机通过互联网平台能够突破时空制约及时准确地获取乘客的出行信息，与通过肉眼去发现路边招手乘客相比，信息的获取范围大大扩大、准确度也得到了大大提高；出租车司机能够通过互联网平台抢单，实现了乘客打

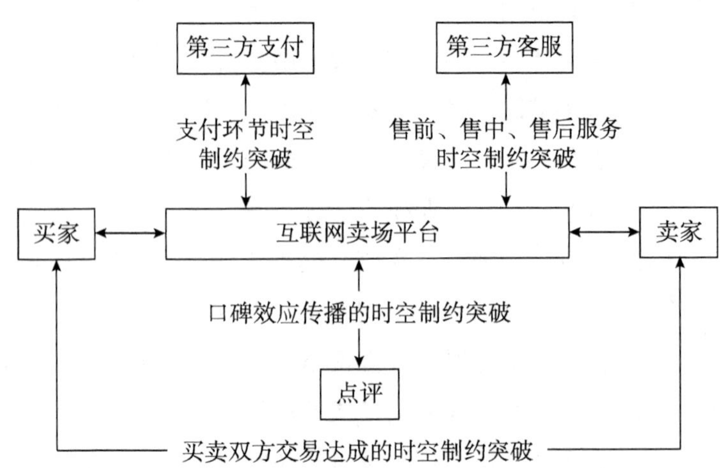

图 10.1　网络购物类平台时空制约突破商业模式创新路径

车需求和司机服务供给资源的高效匹配，有效解决了传统打车交易场景下，乘客和司机双方通过肉眼发现、口头洽谈所带来的供需双方资源匹配效率低下的问题；在商业模式创新的核心能力环节，通过网络平台解决了传统打车业务的信息不对称问题，有效克服了乘客方的痛点问题（打车难）和司机方的痛点问题（空载率高），实现了由时空制约突破带来的商业模式创新。网络打车平台时空制约突破商业模式创新路径如图 10.2 所示。物流配货网络平台的商业模式创新，主要体现在货主通过互联网把需要运送的产品发布到网络平台，司机方（或第三方配货机构）通过互联网获取货物运送信息，实现承运方和托运方的资源匹配，在商业模式的价值主张方面通过物货双方的高效匹配降低了货主的物流成本和司机方（或第三方配货机构）车辆的空载率。随着大数据、云计算等新兴信息技术的发展，服务撮合类平台时空制约突破商业模式创新的服务匹配效率更高、服务需求预测更加准确、服务资源调度更加科学合理，能够满足服务供给的差异化和精准化。

（3）一站式企业商务运营平台时空制约突破商业模式创新路径核心范畴主线

对于一站式企业商务运营平台（如小米科技、酷特智能等），通过互联网时空制约突破能够实现从生产企业到最终客户的一站式商务运营，主要包括网络营销、售前在线服务、在线交易、物流跟踪、售后在线服务、论坛在线

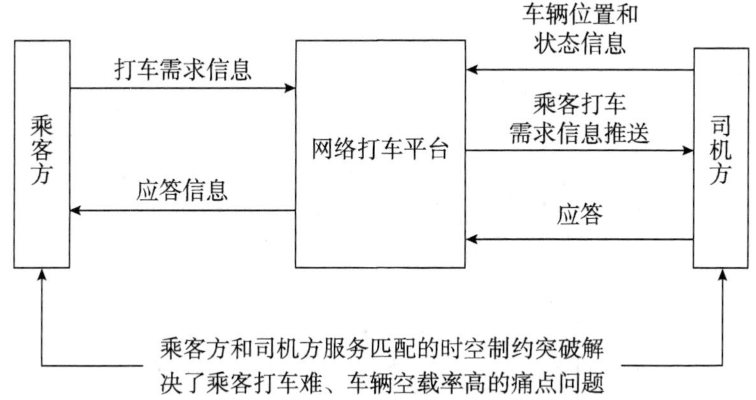

图 10.2　网络打车平台时空制约突破商业模式创新路径

交流、面向研发设计的用户信息采集分析、面向生产安排的用户需求信息分析预测。在面向目标消费者的营销环节，通过网络营销突破了生产企业和最终用户之间的时空制约，使企业发布的产品信息在全网范围内能够随时随地被潜在的用户获取，去除和大幅压缩中间渠道成本，形成生产企业和消费者的直接联系，有效解决了生产企业与最终用户被各种中间环节隔离的问题；在面向目标消费者的服务环节，通过售前在线服务与售后在线服务突破空间制约实现服务的异地化，通过专门的服务小组或第三方服务机构，实现售前和售后服务的异步化，同时提升适时互动交流的用户服务体验；在达成交易环节，通过用户在线下单、在线支付完成交易，突破了交易环节的时空制约，商品的标准化（全网同价）能够减少交易过程中如讨价还价等信息沟通环节，实现用户和生产企业之间达成交易的异地化和异步化；在与目标消费者交流互动环节，通过论坛在线交流能够突破时空制约，组建社群发挥粉丝效应，实现用户和生产企业之间以及用户之间沟通交流的异地化和异步化；在用户需求信息采集及敏捷反应方面，通过面向研发设计的用户信息采集分析以及面向生产安排的用户需求信息分析预测两个环节，使生产企业在研发设计和生产管理方面突破时空制约，达成对用户需求的敏捷反应。与普通的互联网卖场相比，一站式企业商务运营平台能够实现生产企业与用户之间面向全业务链条的空间异地化和时间异步化。随着大数据、云计算、工业互联网等技术的发展，一站式企业商务运营平台时空制约突破商业模式创新，正在朝着面向顾客需求即时反应的智能供应链、全工业互联网范围内资源的快速最优整合等方向发展。一站式企业商务运营平台时空制约突破商业模式创新路径如图 10.3 所示。

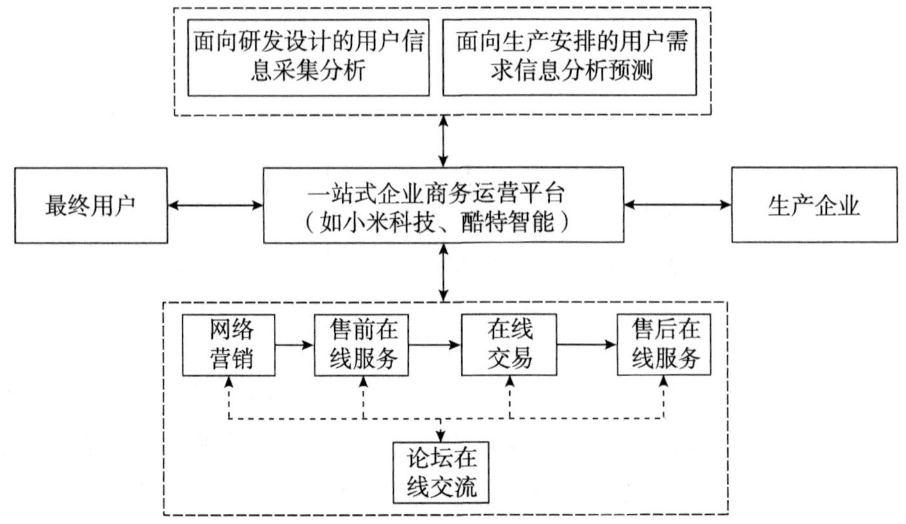

图 10.3　一站式企业商务运营平台时空制约突破商业模式创新路径

（4）网络社交平台时空制约突破商业模式创新路径核心范畴主线

对于网络社交平台，时空制约突破的商业模式创新主要体现在通过互联网实现社交信息传递。微信等即时通信业务主要围绕熟人社交展开，同时兼顾半熟人和陌生人社交，通过网络突破了人与人之间交往的物理空间制约，通过即时通信能够实现面对面交流，通过留言能够实现互动交流的异步化，通过移动设备使信息交流摆脱了 PC 端的制约，聊天群能够实现多人互动交流的时空制约突破，“朋友圈”能够实现面向熟人和半熟人群信息发布、信息阅读、信息评价的空间异地化和时间异步化，通过“摇一摇”和“附近的人”等功能实现陌生人社交的时空制约突破。陌陌和钉钉的即时通信业务分别围绕陌生人社交和工作关系社交展开，时空制约突破引发的商业模式创新体现在陌生人社交和工作关系社交应用场景的不同上。新浪微博等平台主要围绕突破博主（信息发布）与追随者（信息查阅和互动留言）之间的时空制约来展开。而天涯、猫扑等论坛主要通过集聚对某一领域感兴趣的陌生人，并引导他们以发帖、浏览、跟帖等形式进行社交活动来突破时空制约。随着大数据等信息技术的不断发展和价值网络的逐步优化，网络社交平台时空制约突破商业模式创新正在着力于实现消费者生活场景数据与商务环境数据的无缝对接，使网络社交数据成为商务运营更加精准的流量入口，实现网络社交平台价值网络的延展。网络社交平台时空制约突破商业模式创新路径如图 10.4 所示。

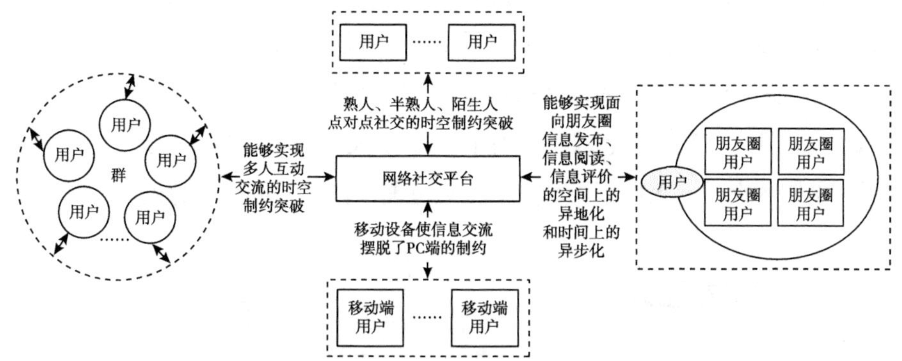

图 10.4 网络社交平台时空制约突破商业模式创新路径

10.3.4 互联网平台企业时空制约突破商业模式创新路径比较分析

网络购物类平台通过时空制约突破实现的商业模式创新主要体现在：①消费者购物体验的提升，摆脱购物过程中对物理场景的依赖，能提高效率、降低时间成本，让消费者精准快速地买到真正想买的商品，获得购物过程中的便捷服务；②卖家实现全网客户资源快速集聚，通过时空制约突破，让商品的影响力在全网范围内扩散，使传统的口碑效应、规模效应通过网络平台急剧放大。

服务撮合类平台通过时空制约突破实现的商业模式创新主要体现在：①能够实现服务供需双方资源的快速高效匹配，有效解决了传统商业模式中，服务供需双方之间的信息不对称所带来的匹配成本过高、匹配契合度较低等问题；②在全网范围内通过跨越时空的服务进行供需双方资源整合，发挥规模效应，实现差异化服务的精准匹配。

一站式企业商务运营平台通过时空制约突破实现的商业模式创新主要体现在：①能够建立生产企业与消费者之间的直接联系，在营销、交易、售前和售后服务、研发设计、生产等业务流程中增强消费者的参与度，使以消费者为中心的商务运营成为可能；②能够去除中间环节，减少传统模式中各环节所带来的成本叠加，提升高性价比的竞争优势；③能够整合优化研发、生产、供应链等商务运营环节，提升对市场的敏捷反应能力。

网络社交平台通过时空制约突破实现的商业模式创新主要体现在：①使人际交往实现时空制约突破，在跨地域的人际交往中也能够进行“面对面”交流；②实现了围绕内容（如帖子、微博等）展开的人际交往，拓展了传统模式下围绕着内容进行人际交往的方式；③在传统人际交往的细分（如熟人社交、半熟人社交、陌生人社交、工作社交、多人社交）领域中，通过互联网实现了时空制约突破，拓展了可社交的距离范围，扩大了可社交的人群范围。

10.4 经验借鉴和建议

研究表明，利用互联网突破时空制约解决用户的迫切需求、提高用户体验，是互联网平台企业进行商业模式创新的关键路径。在进行多案例分析的基础上，针对每一类互联网平台，总结出如下可借鉴的经验和建议。

10.4.1 网络购物类平台时空制约突破商业模式创新路径经验借鉴和建议

对于综合性网络购物类互联网平台（如淘宝、京东、苏宁），竞争格局已经基本形成，后续商业模式创新应该着眼于通过时空制约突破提升用户体验、增强用户黏着度，如运用大数据精准推送用户感兴趣的内容，突破用户在产生购物需求、比货、选货环节的时空制约，运用 VR 等新技术突破在试用体验环节的时空制约，运用数字化售后服务技术突破用户使用培训等环节的时空制约。对于垂直细分领域的网络购物平台，仍然有诸多细分领域有待于通过互联网突破时空制约，围绕某一细分类商品或用户提供精准供给，发挥互联网平台突破时空制约在全网集聚资源的作用，实现商业模式创新。

10.4.2 服务撮合类平台时空制约突破商业模式创新路径经验借鉴和建议

服务撮合类平台是近两年互联网平台企业商业模式创新的焦点领域，如移动出行平台、共享单车平台、物流交易平台、房产中介平台等。服务撮合类平台商业模式创新需要进一步发掘能够通过互联网时空制约突破实现资源集聚的服务领域。新兴的服务撮合类平台在平台推广过程中需要从突破时空制约视角，抓住服务供需双方中的强需求方，实现强需求方资源集聚，再通过强需求方的优质资源吸引弱需求方，实现供需双方的资源集聚。

10.4.3　一站式企业商务运营平台时空制约突破商业模式创新路径借鉴和建议

一站式企业商务运营平台多为面向大量个体消费者而构建的，在商业模式创新中需要更加注重运用互联网时空制约突破的特性，以快速响应用户需求为目标，运用大数据、人工智能等技术分析和把握用户的购买行为、购买决策、消费心理，并在企业运作全生命周期的各个环节中与客户无限拉近，探索大规模定制（如酷特智能）、产品小组制（如韩都衣舍）等新模式。一站式企业商务运营平台商业模式创新，需要进一步从时空制约突破视角关注用户及用户群，从用户中发掘和培养能够紧密参与产品设计、制造等环节的高度紧密型用户，并且鼓励和引导高度紧密型用户之间通过网络平台进行良性互动，从而把用户和用户社群的智慧快速引入公司运营。

10.4.4　网络社交平台时空制约突破商业模式创新路径经验借鉴与建议

普通的熟人社交平台（如 QQ、微信）、陌生人社交平台（如陌陌、探探）、弱关系社交平台（如博客、微博、论坛）竞争格局已经基本形成。网络社交平台领域的商业模式创新需要从时空制约突破视角，更加关注复制或优化真实人际社交关系，探索形成新型网络社交平台，如娱乐类网络社交平台（如网络 K 歌）、学习类网络社交平台（如背单词网络平台）等。网络社交平台开展商业模式创新需要进一步从时空制约突破视角，把网络社交活动与其他活动相融合，进一步挖掘网红经济、粉丝经济、买手经济等新型网络社交活动促成的新型经济业态，进一步拓展网络社交行为流量的变现模式，如购物与网络社交的互动、旅游与网络社交的互动、请客吃饭与网络社交的互动等。

10.5 本章小结

商业模式创新是互联网平台企业迅猛发展的主要驱动力。对“互联网平台企业到底是如何开展商业模式创新的”这一问题，现有文献中的相关研究还不多。而时空制约突破是互联网自诞生起就表现出来的最重要的特性，本章以时空制约突破为视角、以互联网平台企业为研究对象，对由时空制约突破引发的互联网平台企业商业模式创新路径进行了剖析。围绕着信息传递技术导致的时空制约突破对人类的影响，梳理出了时空制约突破的四个阶段，对每个阶段由时空制约突破引发的商业模式创新进行了分析。以网络购物类平台、服务撮合类平台、一站式企业商务运营平台、网络社交平台四类互联网平台为研究目标，以 8 家企业为案例，对每一类互联网平台由时空制约突破引发的商业模式创新进行了分析，给出了每一类互联网平台通过时空制约突破形成商业模式创新路径的经验借鉴和建议。

本章的学术价值主要体现在：（1）从时空制约突破视角对互联网平台企业商业模式创新路径进行了研究，完善和丰富了现有互联网平台企业商业模式创新研究的理论体系，有利于在该领域的后续研究中进一步剖析时空制约突破对互联网平台商业模式创新产生的影响；（2）分别研究了四种类型的互联网平台企业由时空制约突破引发商业模式创新的规律，研究分析了四种类型的互联网平台企业由时空制约突破引发的商业模式创新的主要特征，探索了对不同类型互联网平台企业商业模式创新进行研究的方法；（3）总结出了四种类型的互联网平台企业通过时空制约突破实现商业模式创新的可借鉴的经验和建议，对于企业如何充分发挥时空制约突破的作用以开展商业模式创新具有借鉴作用；（4）有利于政府相关部门从时空制约突破视角掌握互联网平台企业商业模式创新的规律，从而为进一步引导、服务、监管互联网平台企业商业模式创新提供一定的参考。

本章运用扎根理论对互联网平台企业由时空制约突破引发的商业模式创新进行研究，主要研究内容来源于长期跟踪积累的资料。虽然案例的选择具有一定的代表性，但是仍然无法克服定性案例研究带来的局限性，在后续的研究中需要通过大样本实证等方法进一步增强该领域研究的科学性；另外，本章主要对四种类型的互联网平台企业进行研究，但是互联网平台企业的种类远不止这四种类型，在后续的研究中需要进一步抽象出更加科学的互联网平台企业分类方法，增强该领域研究的普适性。

第十一章　互联网平台企业商业模式创新与技术创新协同发展路径研究——以小米科技为案例

在价值创造视角下，技术创新是商业模式创新的基础，而商业模式创新是技术创新实现价值创造的途径，两者之间相互作用、相互协同，共同实现价值创造的企业目标。互联网平台企业的资源整合、双边市场、用户中心化、跨越时空等特性会对技术创新和商业模式创新以及两者之间的协同和互动产生影响，本章主要对互联网平台企业商业模式创新与技术创新协同发展路径进行研究。

2015 年 3 月，在十二届全国人大三次会议上，李克强总理在政府工作报告中首次提出国家要制定“互联网 +”战略，该战略旨在推动移动互联网、云计算、物联网等与现代制造业结合，促进电子商务、工业互联网和互联网金融健康发展，引导互联网企业拓展国际市场。随着“互联网 +”战略的不断推进和纵深发展，探索新的理论和制胜战略，寻求“互联网 +”环境下商业模式创新与技术创新协同发展的路径，对于中国企业适应外部环境变化、实现数字化转型具有重要意义。

随着互联网领域新技术、新模式、新概念的不断出现，新的需求增长点正在形成。毋庸置疑，技术创新对于互联网平台企业，特别是对于来自制造业且通过互联网实现了平台化资源整合模式创新的互联网平台企业（如小米科技、酷特智能等）来说，具有根本性促进作用，同时也为互联网平台企业开展商业模式创新提供了十分有利的条件；而在“互联网 +”战略推动下，商业模式创新对于企业的重要性丝毫不亚于技术创新，技术创新需要在商业模式创新的支持下才能实现商业价值。如何开展技术创新和商业模式创新并将其融合，已经成为现阶段企业实施创新驱动发展战略、形成和不断夯实产业核心竞争力的关键问题。本章将以小米科技为例，通过典型案例纵向研究的方法，探索互联网平台企业技术创新与商业模式创新的互动关系及协同发展路径。

11.1　文献基础

在创新研究领域中，技术创新是研究最早且最成熟的方向，商业模式创新也引起了学术界的重点关注[241]。技术创新侧重于企业应用新技术和新工艺，开发新产品和提供新服务，占据市场并实现市场价值[242]。而商业模式创新更多的是考虑技术所蕴含的经济价值及其经济可行性，强调把新的商业模式引入企业生产体系，为客户和自身创造价值[243-248]。技术创新与商业模式创新已经成为创新研究领域的两个关键组成部分[249-251]。目前，部分国内外学者已经对两者间的互动关系进行了探索，研究方向主要集中在三个方面：（1）关于技术创新对商业模式创新驱动作用的研究。吴菲菲等（2010）认为商业模式变革受到新技术的影响[252]；Willemstein 等（2007）[253]和 Björkdahl（2009）[254]经过案例研究和实证分析，指出技术创新是商业模式创新的主要动力。（2）针对商业模式创新对技术创新影响的研究。张新香（2015）对软件业进行多案例扎根分析，认为商业模式创新必将带动技术创新[255]；而 Teece（2010）则通过研究发现，只有合适的商业模式创新与产品的技术创新相配合，才能给企业带来更高收益[57]。（3）强调技术创新与商业模式创新相互作用，相互促进。李志强等（2012）运用耗散结构论、熵理论研究了企业技术创新系统与商业模式创新系统的相互作用及协同机理[256]；Baden 等（2013）通过实证研究发现技术创新与商业模式创新之间具有显著的交互作用，且二者之间的交互对于企业绩效具有显著的正向影响[257]。

现有研究文献对企业技术创新与商业模式创新之间的相互关系及协同创新机理有所涉猎，也取得了一定的成果。一是，在研究内容上，关于企业技术创新与商业模式创新协同发展路径的问题，现在还鲜有研究，尤其是针对“互联网+”战略下两者协同发展路径的研究更是少之又少，而当前，“互联网+”战略下技术创新与商业模式创新的协同发展对于企业具有革命性的指导意义。二是，在研究方法上，采用扎根理论和单案例纵向研究方法探讨技术创新与商业模式创新协同创新关系与路径的也不多，而这种方法对于尚不够成熟的技术创新与商业模式创新协同创新理论的探索却极为合适。

因此，为了弥补这些不足，本章拟结合小米科技的案例，运用扎根理论，构建企业“互联网+”战略下“技术创新——商业模式创新协同发展路径”模型，探讨该战略下企业技术创新与商业模式创新的相互关系和协同过程，旨在进一步丰富与深化企业协同创新驱动理论，为企业提供两种创新融合共进的成功经验，更好地指导企业开展创新战略转型路径的实践。

11.2 研究策略与设计

11.2.1 研究方法

本章属于探索性研究，而且研究重点在于理论构建而不是理论验证，所以比较恰当的研究方法是案例研究法[258-260]。本研究采用纵向单案例研究的方式探讨企业技术创新与商业模式创新协同发展路径[261]。纵向案例研究基于丰富的定性数据，可以更好地了解案例的背景[262]，并对某一特定现象问题进行深入描述和剖析，非常适合用于观察和总结企业内部的纵向演变机制。单案例研究可以用于研究有代表性的典型案例，从这一案例中得出的结论将有助于加深对同类事件的理解[263]。同时，与多案例研究相比，单案例研究更适合纵向过程的研究与分析，适于提炼或探索能够解释复杂现象的理论或规律[264]。

11.2.2 研究对象

经过实际调查与深入分析，本章选择小米科技作为研究对象，主要原因如下：（1）小米科技是一家典型的将互联网与传统行业完美融合的公司，生产互联网化的智能产品，并以此为基础快速发展，是“互联网+”的标杆企业，其发展路径对“互联网+”战略下的企业具有较高的参考和借鉴价值；

(2) 小米科技于2010年成立，目前，它在中国市场上的智能手机销量已经超越所有的竞争对手，它致力于将独特的商业模式创新与技术创新协同起来，这一点有助于本研究探索和发现企业技术创新与商业模式创新的协同发展路径；(3) 考虑到本研究拟采用纵向单案例研究方法，前期的相关资料掌握得越翔实，越有利于本研究的顺利展开，小米科技相关公开资料具有易得性，本章作者又对小米科技进行了长期调研，积累了大量的资料和数据，保证了本研究纵向数据的可靠性[265]。

综上所述，小米科技作为中国“互联网 +”战略下蓬勃发展的互联网平台企业，为本章研究的问题提供了一个极佳的案例样本，因此本章的研究会对其他互联网平台企业的发展提供非常有效的启示。

11.2.3　数据采集

在这项案例研究中，为了提高研究的信度和效度，提高研究资料的准确性，采用三角测量法[266]，从三个信息来源收集数据，使之相互印证。一是深度访谈。本章主要对小米科技的中高层管理人员、部分员工及其资深客户进行开放式的深度访谈。二是参与式观察。现场参观了小米科技（北京）总部，能够更好地了解小米科技的发展历程和企业文化；还参观了技术研发部门和市场营销部门，为本研究积累了不少原始资料。三是文档资料收集。采集有关小米科技技术创新和商业模式创新的保密的和公开的企业档案资料，数据主要来源于企业报告、会议材料、年度总结，其次来源于行业报告、媒体出版物和互联网上与小米科技相关的文献等[267]。

11.2.4　数据分析

为了探究小米科技开展技术创新与商业模式创新协同发展的典型路径，本章运用扎根理论对所收集的资料进行深层次的编码分析，从下往上建立实质理论。扎根理论强调结合归纳与演绎两种方法，把现实资料缩减、转化、抽象化，使之成为概念并最终形成理论[268]。本章通过分析过程的三种编码程序：开放性编码、主轴性编码与选择性编码来挖掘资料的范畴，识别范畴的性质以及范畴间的关系。为了最大限度保证数据处理过程的系统化，本章借助定性研究软件 Nvivo 10 来完成数据的编码工作，梳理资料中的各种关系。

（1）开放性编码

开放性编码主要是将资料进行逐行分析，发现其中隐含的现象并加以命名及范畴化，以此来正确反映资料的内容。在这一过程中，首先从资料中定义出 209 个现象的标签，然后挖掘出标签中客户创新、客户满意度、操作系统的改进、互联网思维等 98 个概念，再对这些概念做进一步的比较，按照其相互间的逻辑关系归纳整理为 30 个初始范畴。

由于篇幅限制，本章仅对部分开放性编码过程进行举例，如表 11.1 所示。

表 11.1　　开放性编码（部分）

访谈、观察与文档资料	贴标签	概念化	范畴化
No. 1 小米科技的产品创新是互联网时代民主化的创新，其产品创新流程的每个阶段均有客户的参与。例如，在产品测试阶段，进行客户和市场测试，即测定创新产品满足顾客需求的程度，并征求他们对样品的意见、对价格的反应。（观察） No. 2 小米科技是先把手机操作系统做好，在此基础上生产手机，即“用互联网思维做手机”。小米科技认为只有找到行业内最顶尖的人才构成豪华创业团队，才能涉足手机硬件生产；采用高新技术元件，几乎每个重要零部件都可以知道是哪家企业做的。小米科技虽然起步晚，却能弯道超车，除了依靠雷军出色的营销能力，还依靠电商销售模式，直面消费者，增大了利润空间。同时，依靠手机内置的软件服务来获取其他收入。（观察） No. 3 小米科技回归初心，重视产品性能创新，和用户交朋友，坚持做高品质、高性能和好体验的产品。小米科技智能硬件生态链的战略布局，	r1 民主化创新 r2 客户参与产品创新 r3 测试顾客需求满意度 r4 做好手机操作系统 r5 互联网思维做手机 r6 有顶尖的人才团队 r7 采用高新技术元件 r8 起步晚 r9 领导出色的营销能力 r10 电商销售模式，直面消费者 r11 由手机内置软件服务提高收入 r12 重视产品性能创新 r13 与用户做朋友	R1 客户创新（r1，r2） R2 客户满意度（r3，r13） R3 操作系统的改进（r4，r50，r54） R4 互联网思维（r5，r20） R5 出色的专业团队（r6，r89） R6 高新技术元件（r7） R7 企业成立晚（r8，r209） R8 企业家创新精神（r9，r61，r127） R9 互联网营销（r10，r17，r29，r136） R10 增值服务收入（r11，r160）	RR1 客户参与研发（R1，R29，R43） RR2 客户绩效（R2，R18，R24，R34） RR3 产品功能创新（R3，R11，R71，R72，R73） RR4 互联网研发模式（R4，R31，R44） RR5 企业内部环境（R5，R8，R15，R32） RR6 产品结构创新（R6，R37，R41，R85，R91） RR7 企业背景（R7，R68） RR8 互联网营销（R9，R20，R21，R22，R25，R45，R46）

续 表

访谈、观察与文档资料	贴标签	概念化	范畴化
将成为其继续高速前进的最重要的动力。(访谈) No. 4 小米科技不搞“机海战术”，成立四年半的时间里只做了 6 款手机，其他产品也是类似的策略，只做一两款最好的。从制造角度，这样可以节约成本，提高规模效益。在销售渠道上，采用自营的官方网站，其官网在三年时间内成为仅次于淘宝和京东的国内第三大电商平台。而在用人方面，提倡“以一当十”，尽量少雇人，精挑细选。“我们将是全球运作效率最高的公司”。(访谈) No. 5 “专注、机制、口碑、快”，这是雷军总结“互联网思维”的七字诀。 No. 6 黎万强将其独创的“参与感三三法则”定义为三个战略和三个战术，三个战略指：做爆品、做粉丝、做自媒体；三个战术指：开放参与节点、设计互动方式、扩散口碑事件。“做爆品”是产品战略，某个阶段要有魄力只做一个产品，要做就要做到这个品类的市场第一。“做粉丝”是用户战略，粉丝文化首先让员工成为产品品牌的粉丝，其次让用户获益。功能、信息共享是最初步的利益激励，然后是荣誉和利益。“做自媒体”是内容战略。做自媒体是让企业自己成为互联网的信息节点，让信息流速更快。信息传播结构扁平化，内部组织结构也要扁平化。鼓励引导每名员工、每位用户	r14 形成小米智能硬件生态链 r15 只做几款最好的 r16 节约成本以提高规模效益 r17 官网自营，成为第三大电商平台 r18 少雇人，对人才精挑细选 r19 运作效率极高 r20 “互联网思维”七字诀，即专注、机制、口碑、快 r21 参与感三三法则 r22 产品战略：将产品做到市场第一 r23 用户战略：粉丝文化 r24 让员工和用户成为粉丝，并能获益 r25 内容战略：做自媒体 r26 通过互联网使信息传播更快 r27 让员工、用户参与互动 ……	R11 产品性能创新（r12，r63） R12 打造智能硬件生态链平台（r14，r33，r115） R13 产品少而精（r15，r42，r45） R14 减少企业成本（r16，r75，r195） R15 对人才要求严格（r18，r98） R16 运作效率高（r19） R17 员工、客户参与感（r21，r30） ……	RR9 增值服务收入（R10，R90） RR10 战略协作（R12，R35，R38，R58，R63，R70，R87 ） RR11 产品类别创新（R13，R23，R36，R61，R65） RR12 成本控制（R14，R47，R79） RR13 运作管理方式（R16，R52，R89） ……

续 表

访谈、观察与文档资料	贴标签	概念化	范畴化
都成为“产品的代言人”。做内容运营要遵循“有用、情感和互动”的思路，只发有用的信息，每个信息都要有个性化的情感输出，要引导用户来进一步参与互动并分享扩散。（文档资料） ……			

（2）主轴性编码

开放性编码完成之后，需要进一步进行主轴性编码，即将开放性编码中被分割的资料，经过聚类组合，分析出各个范畴在概念层次上存在的联结关系。本章通过寻找初始范畴之间存在的潜在因果关系和逻辑推理关系，将各个独立的初始范畴加以联结，形成主范畴，最终将 30 个初始范畴重新整合并归类到 8 个主范畴当中，详见表 11.2。

表 11.2　　主轴性编码结果

编号	主范畴	初始范畴
1	市场机会识别	RR7 企业背景、RR5 企业内部环境、RR27 企业外部环境、RR18 市场定位
2	商业化研发模式原始创新	RR4 互联网研发模式、RR1 客户参与研发、RR29 与合作商联合研发
3	技术创造性模仿创新	RR15 产品理念创新、RR6 产品结构创新、RR3 产品功能创新、RR11 产品类别创新
4	运营模式创新	RR8 互联网营销、RR14 品牌营销、RR25 生态营销、RR13 运作管理方式、R23 企业开放式管理、RR19 资源整合
5	盈利模式创新	RR12 成本控制、RR26 手机销售收入、RR9 增值服务收入、RR28 资本运作情况
6	业务模式创新	RR10 战略协作、RR24 产品价值、RR22 客户价值

续　表

编号	主范畴	初始范畴
7	技术渐进性自主/合作创新	RR21 技术反馈、RR20 技术整合与扩展、RR17 技术提升
8	协同创新绩效	RR2 客户绩效、RR16 产品绩效、RR30 团队绩效

（3）选择性编码

选择性编码的主要任务是选择出高度抽象的核心范畴，它是扎根于所有数据的中心数据，能够起到提纲挈领的作用。对通过开放性编码和主轴性编码得到的 30 个初始范畴和 8 个主范畴的内涵和性质进行深入分析、梳理，并结合原始资料进行互动比较，发现"'互联网 +'战略下企业技术创新与商业模式创新协同发展路径"能够作为核心范畴较好地诠释整条故事线。其中，"运营模式创新""盈利模式创新"和"业务模式创新"分别是企业商业模式持续创新的三个不同模块，可以与"商业化研发模式原始创新"一同归入"商业模式创新"这一范畴中；"技术创造性模仿创新"和"技术渐进性自主/合作创新"反映了企业技术创新的不同发展模式，应该归入"技术创新"范畴；而"互联网 +"战略是企业通过"市场机会识别"制订的，"协同创新绩效"则是"技术创新"与"商业模式创新"相互作用产生的结果。因此，该故事线可以简略概括为：小米科技在"互联网 +"战略实施下，将技术创新与商业模式创新协同起来，在协同发展过程中获得了巨大的协同创新绩效。图 11. 1 对核心范畴的提取过程进行了较好地展示，也对本节的数据编码过程与结果进行了总结。

11. 3　基于扎根理论的模型构建与研究发现

根据以上编码结果，对小米科技几个主要创新发展过程进行深入分析，探讨互联网因素、技术创新因素和商业模式创新因素在其中所起的重要作用，从而构建出小米科技在"互联网 +"战略下技术创新——商业模式创新协同发展路径的模型，整个协同发展过程分为三个阶段，具体如图 11. 2 所示。

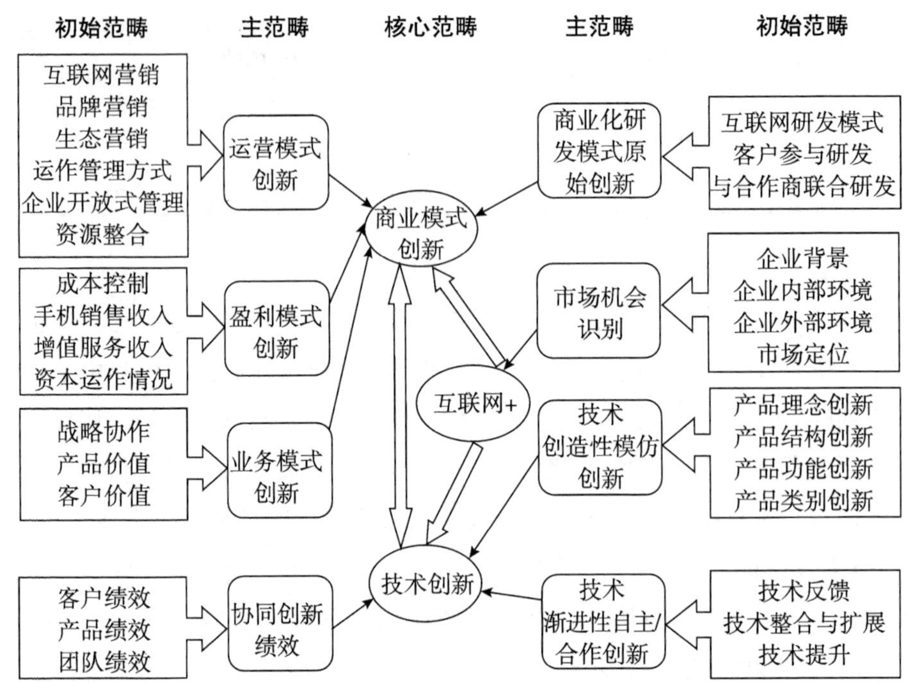

图 11.1　小米科技核心范畴的提取过程

阶段一：通过识别市场机会发现“互联网 +”这一创新契机，开拓出全新的商业化产品研发模式，促使企业对引进的技术进行创造性模仿创新（市场机会识别→商业模式创新→技术创新）。

目前，有些国内学者和企业逐渐认识到，需要从未被满足的消费者或新兴市场出发，通过开拓全新的商业化研发模式来满足用户价值需求，才能实现企业颠覆性的创新[27][28]。小米科技起步虽晚，但凭借雷军卓越的领导才能、顶尖的专业团队和注重价值创造的企业文化，以及不惧智能手机行业竞争激烈的企业性格，敏锐地发现了市场机会——在移动互联网飞速发展的大背景下，追求高性价比用户的需求得不到及时满足。对此，小米科技抓住市场空缺，坚持运用互联网思维做高配低价智能手机，不仅首创了开发手机操作系统的互联网模式、60 万“发烧友”参与产品研发改进的商业化研发模式，还在硬件方面与 500 家世界顶级合作商深度合作，进行联合研发。小米科技这种基于互联网、客户和合作商的商业化产品研发模式以前所未有的方

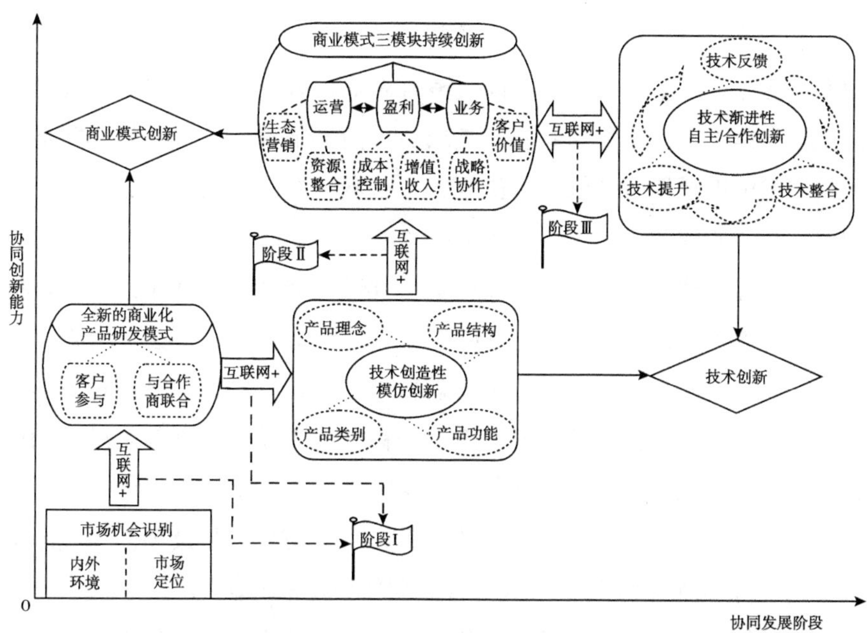

图 11.2 小米科技技术创新——商业模式创新协同发展路径模型

式为客户、合作商和自身创造了价值，被称为商业模式的原始创新。而小米科技对国外引进技术的创造性模仿创新，深受该商业化研发模式的正向影响。例如，小米科技以“为发烧而生”为产品理念，吸引用户通过互联网参与到小米科技的新产品研发中来，并结合最新的技术和工艺，对引进的原生 Android（安卓）系统进行超过 100 项的技术改进，深度定制出 MIUI（米柚）手机操作系统；同时，不断优化产品结构和功能，丰富产品，从而迅速赢得市场。

阶段二：技术的创造性模仿创新也会驱动商业模式“运营—盈利—业务”三模块的持续创新（技术创新→商业模式创新）

技术的创造性模仿创新迫切需要一个合适的商业模式进行配合，为企业带来双重竞争优势。因此，技术创造性模仿创新在一定程度上能够驱动商业模式“运营—盈利—业务”三模块的持续创新。商业化产品研发模式原始创新使产品软硬件方面取得较大的技术进步，为小米科技商业模式创新提供了极好的有利条件，推动小米科技利用互联网思维对企业的运营模式、盈利模式和业务模式等商业模式进行创新改造。在运营模式上，小米科技采用电商直销、生态营销等策略建设口碑与品牌，运用期货战略、零库存管理等运作管理方式使运作效率达到极致，同时整合企业内外部资源，提高了资源利用率。在盈利模式上，互联网销售助其减少中间环节成本并提升规模效益，不仅无须依靠销售硬件而是依靠增值服务来获利，同时还具有良好的融资和投资能力。在业务模式上，小米科技制定“硬件→软件→互联网服务”的业务发展路线，并实施战略协作，与美的集团共同构建智能家居生态圈，还提出新的产品价值主张，倡导在价值链中创造客户价值。小米科技在实施“运营—盈利—业务”三位一体的商业模式创新战略时，阶段性地创新自身的商业模式，引领商业模式创新的前沿。而小米科技商业模式的创新之所以如此成功，离不开“互联网＋”战略和创造性模仿新技术的有力支持。

阶段三：商业模式“运营—盈利—业务”三模块的持续创新与技术的渐进性自主/合作创新相互协同（商业模式创新↔技术创新）

在这个技术进步的知识经济时代，技术创新与商业模式创新对企业同样重要。技术创新是商业模式创新的基础，而商业模式创新是实现新技术价值创造能力的手段，两者相互作用、相互协同[269-270]。小米科技基于互联网的“运营—盈利—业务”商业模式持续创新能够促进企业将用户群体的真实反馈转化为知识的有效积累，使小米科技紧跟市场需求、加快技术整合与扩展步伐，进行新一轮的渐进性技术创新，从而使小米科技在激烈的市场竞争中脱颖而出，并形成与其他企业的本质性差异。这种渐进性创新虽然在技术原理上没有重大变化，但获得的综合效益却具有巨大的累积性效应，使得小米科技的创新能力得到明显的提升与增强，不仅能自主研发高端智能产品（基于MIUI系统的路由器、电视、空气净化器、电动汽车等），还与微软进行合作创新，生产出可搭载Windows 10系统的穿戴式智能手环，使小米的技术支持更加先进与完备。同时，小米的渐进性自主/合作创新，大大提高了自身的可持续创新能力，产生了新的技术突破与市场需求，从根本上推动商业模式的进一步持续创新。

小米科技“互联网＋”战略下技术创新与商业模式创新的协同发展过程使其的协同创新能力得到阶段性的稳步提升，并获得了极大的协同创新绩效，一是客户绩效：客户具有强烈的参与感，满意度很高；二是产品绩效：手机市场份额稳居前列；三是团队绩效：与员工共同分享收益，全员持股、全员投资。

11.4　本章小结

本章对小米科技进行纵向单案例设计研究，运用扎根理论方法，在收集整理资料的基础上，历经三层编码流程，梳理了“互联网+”战略下小米科技技术与商业模式协同创新发展过程，构建出了该战略下小米科技技术创新与商业模式创新协同发展路径的模型，并厘清了两者之间的协同互动关系。回顾整个研究分析过程，得到如下结论：

小米科技作为“互联网+”战略下技术创新与商业模式创新协同发展的典型代表，其协同创新路径可以大致概括为“市场机会识别—商业化研发模式原始创新—技术创造性模仿创新—‘运营—盈利—业务’三模块商业模式持续创新—技术渐进性自主/合作创新”。展开来讲，即小米科技在市场中发现“互联网+”这一创新契机，开拓出全新的基于互联网的商业化产品研发模式，使得小米科技能对引进的技术能够进行创造性模仿创新。技术创造性模仿创新作为商业模式创新的基础，促进了“运营—盈利—业务”三位一体的商业模式持续创新战略的生成，而该战略能大力推动技术自主或合作创新，技术自主或合作创新又反过来从根本上带动商业模式三模块的持续创新，如此就形成企业协同创新发展的良性循环。其中，互联网思维贯穿于整个协同创新路径发展过程中，起着穿针引线的战略性作用。因此，在“互联网+”战略驱动下技术创新和商业模式创新相互作用、融合共进，为企业带来非同凡响的创新绩效。

本章的理论贡献主要为：(1) 在“互联网+”战略下探讨小米科技的创新发展路径，从全新的角度探讨了企业创新发展理论，也为后续“互联网+”战略下企业创新发展研究奠定了一定的基础。“互联网+”战略实质上是通过互联网改造传统产业，把互联网技术运用到各产业的生产制造、销售物流、产品研发等环节中，使互联网能为中国制造业的转型升级服务。

小米科技是用互联网思维改造传统产业的典范，先是改变了手机产业的格局，后来又通过投资的生态链企业改变了诸多细分行业。（2）深度剖析了小米科技技术创新与商业模式创新之间的互动关系，提出了技术创新与商业模式创新的协同发展路径，对于丰富创新协同理论有着重要的意义。在“互联网+”战略下，转型发展和创新驱动是必然选择，而协同创新是实现经济发展方式转变的重要途径，不少企业迫切需要通过协同创新来转型升级。

本章的实践意义主要为：（1）小米科技以商业模式创新（研发模式、营销模式等）为重点，以技术创新为支撑，其成功经验对我国许多企业都具有普适性，即所谓的“小米的成功可以复制”。（2）在“互联网+”战略下，企业在探索创新路径中不可避免地会面临各种挑战，只有及时关注产业发展特点，准确把握市场机遇，坚持以“互联网+”为驱动，从客户、资源整合等角度看待商业模式创新，并持续进行技术创新，合理借鉴小米科技的创新模式，制定适合自己的技术创新与商业模式创新协同发展路径，并能随时进行动态调整，争取在协同创新各阶段，既与时俱进又具有较强的可操作性，才能形成持续的竞争优势，在激烈的新常态市场竞争环境下取得有利地位，获得企业创新的成功和企业绩效的增长。

本章研究也存在局限之处。本章主要是对小米科技单一案例的分析，没有对多行业或企业进行研究，因此，本研究所展示的小米科技在“互联网+”战略下技术创新与商业模式创新协同发展路径仅仅是众多企业创新路径之一，而不是唯一路径。在未来的研究中，可以通过多案例比较分析、动态仿真等方式对研究结论的有效性进行检验和扩展，进一步充实本章的研究成果。

第四篇　总结篇

在前三篇研究的基础上，对本研究进行总结与展望，主要包括本研究内容总结、研究对策与建议总结、研究的创新点总结、研究不足与展望。

第十二章　总结与展望

12.1　研究内容总结

互联网平台企业作为“互联网＋”行动计划中发展最快的企业形态，通过以双边市场为主的模式创新，实现了野蛮式成长。有哪些影响因素对互联网平台企业商业模式创新产生了影响？这些影响因素如何影响互联网平台企业商业模式创新？互联网平台企业商业模式创新的路径有哪些？对于这些问题的研究仍然较少，远远无法为互联网平台企业快速发展提供理论指导。本书围绕互联网平台企业商业模式创新，从价值创造视角对互联网平台企业商业模式创新的影响因素和创新路径进行研究。

影响因素研究共分为四个部分：（1）以滴滴出行为企业案例，通过扎根理论三级编码，研究给出了价值创造视角下互联网平台企业商业模式创新六大内部影响因素：产品（或服务）、用户体验及其黏着度、平台推广、价值链延展、竞争壁垒、政策应对举措，从六大内部影响因素出发提出互联网平台企业开展商业模式创新的对策和建议；（2）以网络生鲜平台企业为典型细分领域，就企业创新文化、市场环境、技术环境和政策等外部影响因素对于互联网平台企业商业模式创新的影响进行了实证研究，在对统计结果进行原因剖析的基础上，针对外部影响因素就如何开展网络生鲜平台企业商业模式创新给出了对策和建议；（3）围绕用户体验对互联网平台企业商业模式创新绩效的影响，以网络生鲜平台企业为典型细分领域，进一步把用户体验细分为九大因素，通过相关性分析和回归分析研究了九大细分因素对网络生鲜平台企业商业模式创新绩效（消费者购买意愿维度）的影响，在对统计结果进行原因剖析的基础上，给出了网络生鲜平台企业进一步提升商业模式创新绩效（消费者购买意愿维度）的对策和建议；（4）进一步分析得出感知质量在消费者购买意愿形成的过程中起到了重要的中介作用，而品牌形象是最重要的感知来源，运用结构方程模型对感知质量中介作用下品牌形象对网络生鲜平台企业商业模式创新绩效（消费者购买意愿维度）的影响进行了实证研究，在对统计结果进行原因剖析的基础上，围绕通过品牌形象提升网络生鲜平台企业商业模式创新绩效（消费者购买意愿维度）给出了对策和建议。

创新路径分析研究共分为五部分：（1）通过经验总结与理论归纳，对“互联网＋”环境下商业模式创新路径进行了研究，研究提出并分析了“互联网＋”环境下商业模式创新的五条路径：延展价值链路径、提升用户体验路径、内容引流路径、去除中间环节路径、打造社群品牌路径，并针对如何沿着五条路径推进商业模式创新给出了对策和建议；（2）以滴滴出行为典型企业案例，进行了基于扎根理论的单案例剖析，给出了滴滴出行作为互联网平台企业开展商业模式创新的五条路径：产品（或服务）模式创新路径、营销策略模式创新路径、信息对称模式创新路径、价值链模式创新路径；（3）以永安行和 ofo 为企业案例，运用扎根理论进行了双案例比较分析，分析了有桩单车和无桩单车商业模式在客户价值主张、产品与服务、运营体系、技术创新、政府政策举措、盈利模式等方面商业模式创新路径的异同，并围绕两种共享单车商业模式的创新路径给出了对策和建议：倡导行业客户价值主张、探索有桩模式和无桩模式的融合创新、实现大数据支撑下的共享单车精益治理、探索价值网络延展路径；（4）从时空制约突破视角，对互联网平台企业商业模式创新路径进行研究，以 8 家企业为案例对四种不同类型的互联网平台企业开展了基于扎根理论的多案例类比分析，对每一类互联网平台企业由时空制约突破引发的商业模式创新路径进行了剖析，并针对每一类互联网平台就如何通过时空制约突破形成商业模式创新路径给出了经验借鉴和对策建议；（5）围绕互联网平台企业商业模式创新与技术创新协同发展路径，以小米科技为案例进行扎根理论案例分析，研究给出了小米科技商业模式创新与技术创新协同发展的路径。

12.2 研究对策与建议总结

（1）互联网平台企业商业模式创新内部影响因素对策与建议总结

平台产品（或服务）内部影响因素是互联网平台企业商业模式创新的核心所在，互联网平台企业需要通过产品（或服务）给用户带来核心价值、找准用户需求的痛点、精准定位用户类型和细分市场、提升用户体验，以进行市场推广。

用户体验及其黏着度（内部影响因素）是互联网平台企业商业模式创新的重要影响因素，互联网平台企业需要充分认识到双边市场特性，使用户成为运营模式的中心，坚持“体验为王”，扩大口碑效应，以用户体验为基础的用户黏着度的提高有利于固化现有用户、提高用户的活跃度、提升平台推广中的用户转化率。

平台推广（内部影响因素）是互联网平台企业充分发挥双边市场效应、快速抢占市场先机的重要因素，互联网平台企业能否快速推广产品或服务决定了能否先于竞争对手抢占市场先机并掌握竞争的主动权，细分领域同类型的互联网平台企业往往很难有本质差异性，先于竞争对手开展市场推广能够率先积累用户资源、培养用户使用习惯、围绕用户体验完善产品（或服务），并将成熟的产品（或服务）快速复制，从而形成赢者通吃的竞争优势。

价值链延展（内部影响因素）正在成为互联网平台企业实现价值深度挖掘和资源共享与优化的关键影响因素，互联网平台企业实现价值需要围绕信息使用和资源整合来开展，基于信息共享实现信息在价值链上的增值，互联网平台企业通过合作伙伴之间的信息共享，实现价值链的延展和价值链总体价值的共创，互联网平台企业与同行业竞争对手之间建立良性竞争与合作关系，以促进资源整合、避免恶性竞争，完成行业内总体价值的增值。

竞争壁垒（内部影响因素）正在成为互联网平台企业建立核心竞争力、避免恶性竞争的关键影响因素，细分行业的互联网平台企业需要依托核心团队成员、优质用户、数据资源、综合服务能力、资金、行业标准等，结合企业发展实际情况构建竞争壁垒，形成核心竞争力；政策应对举措（内部影响因素）已经成为互联网平台企业发展过程中的重要影响因素，需要在同传统产业和政府的竞争与合作中发挥政策应对举措的作用，为企业发展争取良好的外部环境，同时配合政府主动履行企业的社会责任，从而为提高社会治理水平助力。

（2）互联网平台企业商业模式创新外部影响因素对策与建议总结

企业创新文化（外部影响因素）对互联网平台企业商业模式创新产生重要影响，互联网平台企业需要培养企业创新文化，从企业文化高度把商业模式创新的思想根植于每一名企业员工的内心，引领企业商业模式创新，企业管理者要保持开放的心态，鼓励创新，支持互联网平台与传统领域的跨界融合，鼓励员工进行知识共享，鼓励跨部门之间的相互学习，并建立新知识在员工之间的共享及传递渠道，为开展商业模式创新提供知识保障。

技术环境和政策（外部影响因素）对互联网平台企业商业模式创新产生重要影响，互联网平台企业需要重视技术创新和新技术的应用，围绕新技术开展商业模式创新，把新技术带来的效益最大化；政府部门需要进一步完善公共政策，引导和支持互联网平台企业积极开展商业模式创新。

在研究中发现，在网络生鲜平台细分领域，市场环境对商业模式创新尚不存在显著的影响，但这主要是由现阶段生鲜平台的市场与用户特征决定，网络生鲜平台企业仍需要积极关注市场环境的变化，特别是消费者的变化，主动抓住市场环境及消费者变化带来的机遇。其他细分领域的互联网平台企业需要进一步研究判断所在领域市场环境与商业模式创新的关系，放眼未来，积极关注市场环境变化，通过商业模式创新更敏捷地对市场变化做出反应，更好地满足市场新需求。

（3）用户体验视角提升网络生鲜平台企业商业模式创新绩效对策与建议总结

网络生鲜平台企业应该严格控制生鲜产品的质量，增强消费者产品质量体验，打造优质的产品（或服务）形象，提升商业模式创新绩效。网络生鲜平台企业应该发挥平台优势，实现生鲜产品质量的有效把控，增强消费者的产品感知、提升消费者的消费体验，坚定消费者通过网络渠道购买生鲜产品的信心，增加消费者通过网络平台购买生鲜过程中的获得感，完善自身产品

（或服务）形象，从而更好地提升网络生鲜平台企业商业模式创新绩效。

网络生鲜平台企业需要进一步构建优质物流服务体系，营造安全的网络环境，提升网站设计质量，提高购物服务质量。网络生鲜平台企业需要进一步发挥网络平台资源整合的优势，整合社会上现有的物流资源，同时呼吁政府部门在相关产业规划和顶层设计中，更加重视生鲜产品物流基础设施的建设，引导和鼓励社会资本参与生鲜产品物流基础设施建设。通过网络安全环境的营造能够有效降低潜在消费者的购买疑虑，鼓励潜在消费者实现从线下购物到线上购物的过渡，进一步增强网络购物平台的易浏览、便于检索、高度可视化等特性，提升消费者购买决策过程中的服务体验，增强消费者对平台的黏着度，提高消费者的复购率，从而实现网络生鲜平台企业商业模式创新绩效提升。

网络生鲜平台企业需要以消费者为中心，精准把握网络生鲜消费者需求的变化趋势。随着中国第一代互联网用户（20 世纪 70 年代中后期出生）群体逐步成为家庭生鲜购买的主要执行者，预计网络生鲜平台消费者在数量规模上将会进入一个高增长期，以消费者为中心，引导形成以中高端消费者为主的良好的使用者形象，有利于发挥中高端消费者参照群体对消费者的观念、态度的引导等作用，促成潜在消费者与网络生鲜平台企业之间消费信任的建立，从而有利于精准聚焦网络生鲜消费者的需求变化趋势，解决中高端用户在菜市场或水果店等线下购买过程中存在的痛点问题（如购买不到高品质生鲜产品、购物环境较差、购物时间成本较高等），提升网络生鲜平台企业商业模式创新绩效。

网络生鲜平台企业需要进一步提高网络口碑的可信度，实现网络口碑与购买行为的良性互动，创新消费者购买和使用后对于产品（或服务）进行评价的模式，杜绝网络推手等刷虚假好评的方式，确保购买后的评价是真正来自消费者的，降低通过打折或返利等方式“购买”好评的概率，提高消费者购买后的评价的可信度，让购买后的评价是消费者消费体验的真实反映，从而进一步增强网络口碑对于网络生鲜购物的影响，实现网络生鲜平台企业商业模式创新绩效提升。

网络生鲜平台企业需要进一步提升感知质量，增强网络生鲜平台用户黏着度，建立用户信任关系，提高用户忠诚度，把握用户群体的变化趋势，提供精准满足消费者需求的生鲜产品，做好售前、售中、包装、仓储、运送、保鲜、售后等环节的服务，优化用户体验，从而提升感知质量，增加消费者对于网络生鲜平台的信任度，实现感知质量到网络口碑的转化，实现用户使用平台购买生鲜产品的频率提高和用户黏着度的增强，以提升网络生鲜平台企业商业模式创新绩效。

（4）互联网平台企业商业模式创新路径对策与建议总结

在互联网平台企业商业模式创新中，产品（或服务）的模式创新是最为重要的一条关键路径，是商业模式创新的决定性因素，互联网平台企业需要充分利用互联网环境下信息高效传播的特性来提供产品（或服务），通过解决传统业务中信息不对称问题大幅提高资源匹配效率，要能够通过减少或去除不必要的中间环节降低资源匹配带来的成本，实现信息的透明化与可追溯性，从而增强供需双方的信任度，提高资源匹配速度。要能够整合或精准定位客户需求，能够使特定用户成为强烈需求用户，从而实现互联网平台下强烈需求用户资源的快速整合，通过平台的双边市场特性吸引更多的其他用户，使平台得以快速推广，实现以产品（或服务）为源头的互联网平台企业商业模式创新。

在互联网平台企业商业模式创新中，营销策略模式创新是商业模式创新的放大器，是业务快速推广的关键路径。互联网平台企业在平台推广及用户规模快速增长的过程中，需要设计出适合互联网平台的营销策略，如适合双边或多边用户的补贴方案，移动端、PC 端、电视端多屏联动的推广方案；如社会化媒体、意见领袖相互转发以扩大影响力、开拓客户的设计方案；如通过用户在社交媒体上分享体验，实现移动消费与移动营销的同步化和实时化的渠道设计方案；如利用移动终端设备（手机等）作为介质实现线上线下渠道融合的路径设计方案；如通过口碑营销实现业务重度垂直营销的设计方案。通过营销策略模式创新使互联网平台企业提供的产品（或服务）能够快速被更多的潜在用户发现、试用并使他们养成使用习惯，成为忠实粉丝，最终成为其他潜在用户的模仿对象，从而扩大互联网平台企业商业模式创新的快速放大效应。

在互联网平台企业商业模式创新中，价值链模式创新是实现信息资源深度挖掘的重要保障，是实现互联网业务中多方共赢的有效手段，是实现互联网业务快速增长的助推器。互联网平台企业价值链模式创新要能够通过提升传统资源的使用效率、优化传统资源的匹配效率，实现传统业务价值链的增值和新的价值创造体系的构建；互联网平台企业价值链模式创新要能够通过免费（或补贴）集聚用户、吸引流量，通过提供细分高端服务挖掘盈利点；互联网平台企业价值链模式创新要通过信息资源的价值挖掘，实现信息价值的增值；互联网平台企业价值链模式创新要能够通过流量共享实现与互联网业务合作伙伴的多方共赢，从而实现价值链的延展。

（5）共享单车平台企业商业模式创新路径对策与建议总结

共享单车平台企业商业模式创新需要倡导行业客户价值主张，在保证用户体验的同时便于政府管理。共享单车行业需要围绕提升用户体验与便于政府管理双重目标，倡导行业客户价值主张，有桩和无桩两种模式的共享单车企业均需与政府合作共同构建共享单车科学规划、有序发展、精益管理的行业体系，积极配合政府推进共享单车与现有出行工具的紧密匹配和无缝衔接，实现共享单车与城市管理的和谐共存；无桩单车模式需要主动与政府开展合作，共同解决车辆停放秩序较乱、废弃车辆堆积等问题；有桩单车模式需要在与政府紧密合作的同时，从商业模式角度探索增强用户便捷化体验的路径，提升借车还车业务中的用户体验。

共享单车平台企业商业模式创新需要开展技术创新，实现大数据支撑下的共享单车精益治理。共享单车企业均需要通过技术创新与政府配合共建共享单车企业行业大数据优化治理体系；共享单车企业均需要配合政府管理部门在大数据技术支持下，科学规划城市范围内共享单车的发展路径及投放计划，持续优化共享单车的停放节点和停车空间，实现共享单车与现有公共出行工具的有机衔接，制定公共出行高峰时段重点停车节点（如地铁口）的车辆停放管理办法和车辆调度机制。

共享单车企业均需要探索价值网络延展路径，构建稳健的盈利模式。共享单车企业需要充分发挥互联网平台信息资源高度集聚与快捷分享的特点，探索用户高频使用流量的转化变现途径，形成新的盈利点，实现价值网络的延展；需要通过模式创新抓住共享经济的本质，增强单车的使用率，提升企业的盈利效率；需要跟踪单车的全生命周期，实现骑行管理及车辆维修、报废的精益化管理，实现现有价值网络中运营成本的降低；围绕用户骑行数据的深度挖掘，探索用户数据跨界使用的途径，形成新的盈利点，实现价值网络的延展。

（6）时空制约突破视角下互联网平台企业商业模式创新路径对策与建议总结

对于综合性网络购物类平台而言竞争格局已经基本形成，后续商业模式创新应该着眼于通过时空制约突破提升用户体验、增强用户黏着度，如运用大数据精准推送用户感兴趣的内容，突破用户在比货、选货环节的时空制约，运用 VR、虚拟试衣等新技术突破在试用体验环节的时空制约，运用数字化售后服务技术突破用户在使用等环节的时空制约；对于垂直细分领域网络购物平台，仍然有诸多细分领域有待于通过互联网突破时空制约，围绕精准满足某一细分类用户需求提供精准供给，发挥互联网平台的跨越时空效应，在全网集聚资源，实现商业模式创新。

服务撮合类平台企业是近两年互联网平台商业模式创新的焦点领域，如移动出行平台、共享单车平台、物流交易平台、房产中介平台等。服务撮合类平台企业商业模式创新需要进一步发掘能够通过互联网时空限制突破实现资源集聚的服务领域，通过时空制约突破下的商业模式创新，有效避免虚假信息发布、有效信息被机构垄断、信息匹配服务链较短、平台企业偏向性推荐导致不公平市场竞争等问题，运用大数据等新技术细化供需双方的服务类型，精准定位供需双方的资源属性，提升匹配效率；新兴的服务撮合类平台在平台推广过程中需要通过突破时空制约，抓住服务供需双方中的强需求方，实现强需求方资源集聚，再通过强需求方的优质资源吸引弱需求方，实现供需双方的资源快速集聚。

一站式企业商务运营平台多为通过互联网面向大量个体消费者提供个性化商品（或服务）而构建的，在商业模式创新中需要更加注重运用互联网突破时空制约，以快速响应用户需求为目标，运用大数据、人工智能等技术分析和把握用户的购买行为、购买决策、消费心理，并在企业运作过程全生命周期的各个环节中与用户无限拉近，探索大规模定制（如酷特智能）、产品小组制（如韩都衣舍）等新模式；一站式企业商务运营平台商业模式创新，需要进一步通过时空制约突破更加关注用户及用户群，从用户中发掘和培养能够紧密参与产品设计、制造等环节的高度紧密型用户，并且鼓励和引导高度紧密型用户之间通过网络平台进行良性互动，从而把用户和用户社群的智慧快速引入公司运营，实现以用户为中心的价值创造体系的构建。

网络社交平台类企业在开展时空制约突破视角下的商业模式创新时，需要考虑到普通的熟人社交平台（如 QQ、微信）、陌生人社交平台（如陌陌、探探）、弱关系社交平台（如微博、论坛）竞争格局已经基本形成；网络社交平台领域的商业模式创新需要更加关注通过突破时空制约复制或优化真实人际社交关系这一点，探索形成新型网络社交平台，如娱乐网络社交类平台（如网络 K 歌）、学习类网络社交平台（如背单词网络平台）等；网络社交平台开展商业模式创新需要进一步通过时空制约突破把网络社交活动与其他活动相互融合（如拼多多通过时空制约突破实现了社交与网络购物的融合），进一步挖掘网红经济、粉丝经济、买手经济等由新型网络社交活动促成的新型经济业态，进一步拓展网络社交行为流量的变现模式，如购物与网络社交的互动、旅游与网络社交的互动、请客吃饭与网络社交的互动等。

12.3 研究创新点总结

本研究的创新点主要包括以下五点。

（1）通过案例剖析，从价值创造视角研究给出了互联网平台企业商业模式创新的内部影响因素：产品（或服务）、用户体验及其黏着度、平台推广、价值链延展、竞争壁垒、政策应对举措等对于互联网平台企业商业模式创新的影响；以网络生鲜平台为典型领域，通过结构方程模型就外部影响因素（企业创新文化、市场环境、技术环境和政策）对互联网平台企业商业模式创新的影响进行了实证研究。进一步从内部影响因素和外部影响因素角度，完善了互联网平台企业商业模式创新理论体系。

（2）围绕用户体验，进一步把用户体验细分为九大因素，研究了九大因素对网络生鲜平台企业商业模式创新绩效（消费者购买意愿维度）的影响，并给出了以提升用户体验为方法，提升网络生鲜平台企业商业模式创新绩效（消费者购买意愿维度）的对策和建议。进一步将感知质量作为中介对品牌形象对网络生鲜平台企业商业模式创新绩效（消费者购买意愿维度）的影响进行了实证研究，给出了通过改善品牌形象提升网络生鲜平台企业商业模式创新绩效（消费者购买意愿维度）的对策和建议。进一步深化用户体验及其感知质量对互联网平台企业商业模式创新影响的研究，探索了在网络生鲜平台细分领域用户对商业模式创新产生影响的机理。

（3）通过经验总结与理论归纳，给出了“互联网 +”环境下商业模式创新的五条路径：延展价值链路径、提升用户体验路径、内容引流路径、去除中间环节路径、打造社群品牌路径。以滴滴出行为典型企业案例，进行了单案例剖析，给出了滴滴出行作为互联网平台企业开展商业模式创新的五条路径。以永安行和 ofo 为案例企业，进行了双案例比较分析，分析了有桩单车和无桩单车商业模式在客户价值主张、产品与服务、运营体系、技术创新、政府政策举措、盈利模式等方面商业模式创新路径的异同。从创新路径角度进一步完善了互联网平台企业商业模式创新理论体系，并通过单案例分析和双案例比较进一步丰富了互联网平台企业商业模式创新路径的应用研究。

（4）围绕互联网的时空制约突破的特性，对互联网平台企业商业模式创新路径进行了研究，对四种不同类型的互联网平台企业开展了多案例类比分析，针对每一类互联网平台如何通过时空制约突破形成商业模式创新路径给出了经验借鉴和对策建议。围绕互联网平台企业商业模式创新与技术创新协同发展路径，以小米科技为案例进行扎根理论案例分析，研究给出了小米科技商业模式创新与技术创新协同发展的路径。进一步从时空制约突破和商业模式创新与技术创新协同两个细分视角，丰富了互联网平台企业商业模式创新路径研究理论。

（5）围绕互联网平台企业如何通过内部和外部影响因素更好地开展商业模式创新，如何从用户视角更好地提升商业模式创新绩效，如何在具体的企业（如滴滴出行）和产业（如共享单车）形成商业模式创新路径，给出了对策和建议，这对于互联网平台企业开展商业模式创新具有一定的借鉴意义，对于相关政府部门培育、管理、监管互联网平台企业具有一定的参考价值。

12.4 研究的不足与展望

本研究的不足与展望主要包括三个方面。

（1）通过基于扎根理论的单案例跟踪、双案例对比、多案例类比等研究方法，对互联网平台企业商业模式创新内部影响因素、创新路径、共享单车行业细分领域的创新路径、时空制约突破视角下的创新路径、商业模式创新与技术创新协同发展路径进行了研究，主要研究内容来源于长期跟踪积累的资料，案例的选择虽然具有一定的代表性，但是仍然无法克服定性案例研究带来的局限性，在后续的研究中需要通过大样本实证等方法进一步验证案例研究所构建的结论结构，进一步从统计学角度增强理论的科学性和严谨性。

（2）通过结构方程模型、回归分析等统计学方法，对互联网平台企业商业模式创新外部影响因素、用户体验对网络生鲜平台企业商业模式创新绩效的影响、基于用户感知质量中介作用的品牌形象对网络生鲜平台企业商业模式创新绩效的影响进行了研究，虽然样本的采集满足了统计学研究和分析的要求，但是样本的数量仍然偏少、样本的采集仍然存在偏差的可能。在测量量表的开发中，部分指标（如互联网平台企业商业模式创新绩效、网络生鲜产品质量体验因素等）可参考的文献较少，自行开发的指标体系与研究问题存在偏差的可能性，在后续的研究中可以进一步增强样本采集和测量量表开发环节的科学性和合理性。

（3）在第十章的研究中把互联网平台企业分为网络购物类平台、服务撮合类平台、一站式企业商务运营平台、网络社交平台四种类型，分别对每一类平台企业进行了研究，但是互联网平台企业的种类远不止这四种类型，在后续的研究中需要进一步抽象出更加科学的互联网平台企业分类方法和更加全面的互联网平台企业类型，增强该领域研究的普适性。

参考文献

［1］李克强．政府工作报告（全文）［EB/OL］. http：//www. gov. cn/guowuyuan/2015 -03/16/content -2835101. htm，2015 -03 -16.

［2］国务院．国务院关于印发《中国制造 2025》的通知（国发〔2015〕28 号）［EB/OL］. http：www. gov. cn/zhengce/content/2015 -05/19/content_9784. htm，2015 -05 -08.

［3］国务院．国务院关于积极推进“互联网 +”行动的指导意见（国发〔2015〕40 号）［EB/OL］. http：www. gov. cn/zhengce/content/2015 -07/04 content_10002. htm，2015 -07 -04.

［4］工业和信息化部．工业和信息化部关于贯彻落实《国务院关于积极推进“互联网 +”行动的指导意见》行动计划（2015—2018 年）的通知（工信部信软〔2015〕440 号）［EB/OL］. http：www. gov. cn/zengce/2015 -11/25/content_5042926. htm，2015 -11 -25.

［5］李克强．政府工作报告［EB/OL］. http：www. gov. cn/guowuyuan/2018 -03/22/content_5276608. htm，2018 -03 -23.

［6］徐晋，张祥建．平台经济学初探［J］. 中国工业经济，2006（5）：40 -47.

［7］冯华，陈亚琦．平台商业模式创新研究——基于互联网环境下的时空契合分析［J］. 中国工业经济，2016（3）：99 -113.

［8］罗珉，李亮宇．互联网时代的商业模式创新：价值创造视角［J］. 中国工业经济，2015（1）：95 -107.

［9］ROCHET J C，TIROLE J. Platform Competition in Two - sided Markets［J］. Journal of European Economic Association，2003，1（4）：990 -1029.

[10] ROCHET J C, TIROLE J. Tying in Two - Sided Markets and the Honor All Cards Rule [J]. International Journal of Industrial Organization, 2008, 26 (6): 1333 -1347.

[11] ARMSTRONG M. Competition in Two - sided Markets [J]. Rand Journal of Economics, 2006, 37 (3): 668 -691.

[12] 陈威如, 余卓轩. 平台战略: 正在席卷全球的商业模式革命 [M]. 北京: 中信出版社, 2013.

[13] GAWER A, CUSUMANO M A. Industry platforms and ecosystem innovation [J]. Joiutial of Product Innovation Management, 2014, 31 (3): 417 -433.

[14] GAWER A, CUSUMANO M A. How companies become platform leaders [J]. MIT Sloan Management Review, 2008, 49 (2): 28 -35.

[15] 王节祥. 互联网平台企业的边界选择与开放度治理研究: 平台二重性视角 [D]. 杭州: 浙江大学, 2017.

[16] HAGIU A, WRIGHT J. Multi - sided Platforms [J]. International Journal of Industrial Organization, 2015, 43: 162 -174.

[17] 陈永伟. 平台经济学: 一份个人学习笔记 [EB/OL]. https: // www. docin. com/p -2015706712. html.

[18] EVANS D. The antitrust economics of multi - sided platform markets [J]. Yale Journal on Regulation, 2003, 20 (2) .

[19] KAISER U, WRIGHT J. Price structure in two - sided markets: evidence from the magazine industry [J]. International Journal of Industrial Organization, 2005, 24 (1): 1 -28.

[20] ROSON R. Two - sided markets: a tentative survey [J]. Review of network economics, 2005, 4 (2): 142 -160.

[21] CAILLAUD B, JULLIEN B. Chicken & egg: Competition Among Intermediation Service Providers [J]. The RAND Journal of Economics, 2003, 34 (2): 309 -328.

[22] EVANS D S. The Antitrust Economics of Multi - sided Platform Markets [J]. Yale Journal on Regulation, 2003, 20 (2) .

［23］ Eisenmann T，Parker J，Alstyne M. Strategies for Two Sided Markets［J］. Harvard Business Review，2006，84（10）：92－101＋149.

［24］ AMELIO A，JULLIEN B. Tying and freebies in two－sided markets［R］. IDEI working papers，2007.

［25］ 陈永伟．平台经济的竞争与治理问题：挑战与思考［J］．产业组织评论，2017，11（03）：137－154.

［26］ RIEDER B，SIRE G. Conflicts of interest and incentives to bias：A microeconomic critique of Google's tangled position on the Web［J］. New Media & Society，2013，16（2）：195－211.

［27］ 王鑫鑫，王宗军．国外商业模式创新研究综述［J］．外国经济与管理，2009，31（12）：33－38.

［28］ SOSNA M，TREVIN YO－RODRIGUEZ R N，VELAMURI S R. Business Model Innovation Through Trial－and－error learning：the Naturehouse Case［J］. Long Range Planning，2010，43：383－407.

［29］ LINDER J，CANTRELL S. Changing Business Models：Surveying the landscape［R］. Accenture Institute for Strategic Change，2000.

［30］ OSTERWALDER A. The Business Model Ontology－A Proposition in a Design Science Approach［D］. Lausanne：Universit de Lausanne，2007.

［31］ 叶晓茵，孙锐，林春培．国外商业模式创新研究的学术群类——作者共被引分析［J］．科学学与科学技术管理，2014，35（11）：87－95.

［32］ 丁浩，王炳成，范柳．国外商业模式创新途径研究述评［J］．经济问题探索，2013，（9）：163－169.

［33］ 郭锴．价值链视角下电视传媒企业商业模式创新研究［D］．沈阳：辽宁大学，2009.

［34］ 王雪冬，董大海．商业模式创新概念研究述评与展望［J］．外国经济与管理，2013，35（11）：29－36＋81.

［35］ 刁玉柱．商业模式创新：理论视角与研究观点评介［J］．首都经济贸易大学学报，2010，12（4）：92－98.

［36］ 姚伟峰，鲁桐．利益相关者博弈对企业商业模式创新的影响［J］.

中国流通经济，2011，25（1）：81－84.

［37］刘丹，曹建彤，王璐．基于大数据的商业模式创新研究——以国家电网为例［J］．当代经济管理，2014，36（6）：20－26.

［38］罗珉，李亮宇．互联网时代的商业模式创新：基于价值创造视角［J］．中国工业经济，2015（1）：95－107.

［39］吴晓波，陈小玲，李璟琰．战略导向、创新模式对企业绩效的影响机制研究［J］．科学学研究，2015，33（1）：118－127.

［40］PORTER，MICHAEL E. Location，Competition and Economic Development：Local Clusters in the Global Economy［J］. Economic Development Quarterly，2000，14（1）：15－34.

［41］GHOSHAL S，BARTLETT C A，MORAN P. A New Manifesto for Management［J］. Sloan Management Review，1999，40（3）.

［42］RAYPORT J F，SVIOKLA J J. Exploiting the Virtual Value Chain［J］. Harvard Business Review，1995.

［43］DUNCAN T R，MORIARTY S E，MORIARTY S E. Driving Brand Value：Using Integrated Marketing to Manage Protable Stakeholder Relationships［M］. New York：McGraw－Hill，1997.

［44］罗珉．价值星系：理论解释与价值创造机制的构建［J］．中国工业经济，2006（1）：80－89.

［45］李垣，刘益．基于价值创造的价值网络管理（Ⅰ）：特点与形成［J］．管理工程学报，2001（4）：38－41＋2.

［46］GULATI R，NOHRIA N，ZAHEER A. Strategic Networks［J］. Strategic Management Journal，2000，21（3）：203－215.

［47］KOTHANDARAMAN P，WILSON D T. The Future of Competition：Value Creating Networks［J］. Industrial Marketing Management，2001，30（4）：379－389.

［48］HEARN G，PACE C. Value－creating ecologies：understanding next generation business systems［J］. Foresight，2006，8（1）：55－65.

［49］王琴．基于价值网络重构的企业商业模式创新［J］．中国工业经

济，2011（1）：79－88.

［50］罗珉，杜华勇．平台领导的实质选择权［J］．中国工业经济，2018（02）：82－99.

［51］LEPAK D P，SMITH K G，TAYLOR M S. Value Creation and Value Capture：A Multilevel Perspective［J］. Academy of Management Review，2007，32（1）：180－194.

［52］AMIT R，ZOTT C. Value creation in E－business［J］. Strategic Management Journal，2001，22（6－7）：493－520.

［53］OECD，EUROSTAT. The Measurement of Scientific and Technological Activities Oslo Manual：Guidelines for Collecting and Interpreting Innovation Data［M］. London：OECD Publishing，2005.

［54］CHESBROUGH H W. The Era of Open Innovation［J］. MIT Sloan Management Review，2003.

［55］叶晓茵，孙锐，林春培．国外商业模式创新研究的学术群类——作者共被引分析［J］．科学学与科学技术管理，2014，35（11）：87－95.

［56］AMIT R，ZOTT C. Creating Value through Business Model Innovation［J］. MIT Solan Management Review，2012，53（3）.

［57］TEECE D J. Business Models，Business Strategy and Innovation［J］. Long Range Planning，2010，43（2－3）：172－194.

［58］ZOTT C，AMIT R. The Fit Between Product Market Strategy and Business Model：Implications for Firm Performance［J］. Strategic Management Journal，2008，29（1）：1－26.

［59］OSTERWALDER A，PIGNEUR Y，TUCCI C L. Clarifying Business Models：Origins，Present，and Future of the Concept［J］. Communications of the Information Systems，2005.

［60］JOHNSON M，CHRISTENSEN C，KAGERMANN H. Reinventing Your Business Model［J］. Harvard Business Review，2008，86（12）：50－59.

［61］江积海，张烁亮．平台型商业模式创新中价值创造的属性动因及其作用机理［J］．中国科技论坛，2015（7）：154－160.

[62] DEMIL B, LECOCQ X. Business Model Evolution: in Search of Dynamic Consistency [J]. Long Range Planning, 2010, 43 (2-3): 227-246.

[63] MAGRETTA J. Why Business Models Matter [J]. Harvard Business Review, 2002, 80 (5): 86-92.

[64] CHESBROUGH H. Business Model Innovation: Opportunities and Barries [J]. Long Range Planning, 2010, 43 (2-3): 354-363.

[65] BADEN-FULLER C, HAEFLIGER S. Business Models and Technological Innovation [J]. Long Range Planning, 2013, 46 (6): 419-426.

[66] 陈劲. 开展迎接创新强国的技术创新研究 [J]. 技术经济, 2015, 34 (1): 1-4.

[67] 洪志生, 薛澜, 周源. 新兴产业发展中商业模式创新对技术创新的作用机理分析 [J]. 中国科技论坛, 2015 (1): 39-44.

[68] 胡保亮. 商业模式、创新双元性与企业绩效的关系研究 [J]. 科研管理, 2015, 36 (11): 29-36.

[69] ZOTT C, AMIT R, MASSA L. The Business Model: Recent Developments and Future Research [J]. Journal of Management, 2011, 37: 1019-1042.

[70] AFUAH A, TUCCI C. Internet Business Models and Strategies: Text and Cases [M]. Boston: McGraw-Hill/Irwin, 2001.

[71] 李凌. 平台经济发展与政府管制模式变革 [J]. 经济学家, 2015 (7): 27-34.

[72] OSTERWALDER A, PIGNEUR Y. Designing Business Models and Similar Strategic Objects: The Contribution of IS [J]. Journal of the Association for Information Systems, 2013, 14 (5): 237-244.

[73] 程絮森, 朱润格, 傅诗轩. 中国情境下互联网约租车发展模式探究 [J]. 中国软科学, 2015 (10): 36-46.

[74] 刘建刚, 马德清, 陈昌杰, 等. 基于扎根理论的"互联网+"商业模式创新路径研究——以"滴滴出行"为例 [J]. 软科学, 2016, 30 (7): 30-34.

[75] GLASER B G, STRAUSS A L. The Discovery of Grounded Theory:

Strategies for Qualitative Research [M]. Chicago: Aldine, 1967.

[76] STRAUSS A L, CORBIN J M. Basics of Qualitative Research: Techniques and Procedures for Developing Grounded Theory [M]. California: Sage Publications, 1998.

[77] FISHER B, STARUSS A L. The Chicago Tradition and Social Change: Thomas, Park and their successors [J]. Symbolic Interaction, 1978, 1 (2): 5 - 23.

[78] 朱丽叶・M. 科宾，安塞尔姆・L. 施特劳斯．质性研究的基础形成扎根理论的程序与方法：第3版 [M]. 朱光明，译．重庆：重庆大学出版社，2015.

[79] GERSICK C J G. Time and Transition in Work Teams: Toward a New Model of Group Development [J]. Academy of Management Journal, 1988, 31 (1): 9 - 41.

[80] MARGOLIS, J D, MOLINSKY A. Navigating the Bind of Necessary Evils: Psychological Engagement and the Production of Interper - sonally Sensitive Behavior [J]. Academy of Management Journal, 2008, 51 (5): 847 - 872.

[81] PANDIT N R. The Creation of Theory: A Recent Application of the Grounded Theory Method [J]. Qualitative Report, 1996.

[82] CASADESUS - MASANELL R, RICART J E. From Strategy to Business Models and to Tactics [J]. Long Range Planning, 2010, 43 (2 - 3): 195 - 215.

[83] 郭鹏飞，周英男．基于扎根理论的中国城市绿色转型政策评价指标提取及建构研究 [J]. 管理评论，2018，30 (8): 257 - 267.

[84] 郝刚，陈佳莉，贾旭东．基于经典扎根理论的虚拟企业战略管理过程模型 [J]. 管理评论，2018，30 (6): 196 - 211.

[85] 靳代平，王新新，姚鹏．品牌粉丝因何而狂热？——基于内部人视角的扎根研究 [J]. 管理世界，2016 (9): 102 - 119.

[86] 左小德，张进财，陈振炜．中国企业管理创新的驱动力——兼与西方企业的比较 [J]. 管理世界，2015 (1): 182 - 183.

[87] 姜梁，张庆普．微观视角下无人机产业军民融合水平评价研究 [J]. 科研管理，2018，39 (8): 110 - 119.

[88] 贾旭东，衡量，何光远．基于经典扎根理论的企业虚拟度及其测评研究 [J]. 科研管理，2017，38 (5)：130 – 140.

[89] 杨张博，高山行，郝志阳．尺蠖效应：基于扎根理论的医药企业战略再导向研究 [J]. 管理评论，2016，28 (11)：203 – 216.

[90] 蔡萌，丰景春，薛松．基于扎根理论的水利工程建设管理信息化成熟度评价指标体系构建 [J]. 工程管理学报，2015，29 (4)：56 – 60.

[91] 白长虹，刘春华．基于扎根理论的海尔、华为公司国际化战略案例相似性对比研究 [J]. 科研管理，2014，35 (3)：99 – 107.

[92] 吴明隆．结构方程模型——AMOS 的操作与应用 [M]. 2 版．重庆：重庆大学出版社，2010.

[93] 黄芳铭．结构方程模式理论与应用 [M]. 北京：中国税务出版社，2005.

[94] 邱皓政．结构方程模式 (SEM) ——精通 LISREL [M]. 台北：双叶书廊，2005.

[95] 荣泰生．AMOS 与研究方法 [M]. 重庆：重庆大学出版社，2009.

[96] 高闯，关鑫．企业商业模式创新的实现方式与演进机理——一种基于价值链创新的理论解释 [J]. 中国工业经济，2006 (11)：83 – 90.

[97] 江积海，张烁亮．平台型商业模式创新中价值创造的属性动因及其作用机理 [J]. 中国科技论坛，2015 (7)：154 – 160.

[98] 邵鹏，胡平．电子商务平台商业模式创新与演变的案例研究 [J]. 科研管理，2016，37 (7)：81 – 88.

[99] 2016 年中国生鲜电商行业研究报告简版 [R]. 艾瑞咨询系列研究报告 (2016 年第 6 期)，2016.

[100] 2015 年中国生鲜电商市场研究报告 [R]. 艾瑞咨询系列研究报告 (2015 年第 9 期)，2015.

[101] 底洁．生鲜时速 [J]. IT 经理世界，2016 (13)：24 – 25 + 6.

[102] 汤晓丹．生鲜农产品电子商务企业为核心的供应链管理研究——以沱沱工社为例 [J]. 物流科技，2015，38 (11)：11 – 13.

[103] 刘子洋．生鲜电商优菜网的战略转型案例研究 [D]. 大连：大连

理工大学，2016.

［104］刘柯．生鲜农产品的电商化流通创新机理［J］．改革与战略，2017，33（5）：94－97.

［105］陈刚．基于线上线下的生鲜农产品同城配送模式与优化策略［J］．商业经济研究，2017（6）：86－87.

［106］杨歌谣，王晓娟．小型电商企业主导型生鲜供应链管理策略分析［J］．商业经济研究，2017（5）：78－80.

［107］石岿然，孙玉玲．生鲜农产品供应链流通模式［J］．中国流通经济，2017，31（1）：57－64.

［108］李海燕．发展中国家电子商务生鲜配送问题及对策探析［J］．食品研究与开发，2016，37（24）：206－209.

［109］刘建鑫，王可山，张春林．生鲜农产品电子商务发展面临的主要问题及对策［J］．中国流通经济，2016，30（12）：57－64.

［110］孙黎宏．基于交易成本分析的生鲜电商运营模式选择［J］．商业经济研究，2016（21）：93－95.

［111］吕永卫，卢文倩．博弈论视角下的生鲜农产品价格竞争机制浅析［J］．改革与战略，2016，32（10）：96－98.

［112］龙娟．基于价格优势的生鲜农产品电子商务营销模式构建路径［J］．商业经济研究，2016（17）：60－61.

［113］但斌，郑开维，刘墨林，等．基于社群经济的“互联网＋”生鲜农产品供应链 C2B 商业模式研究［J］．商业经济与管理，2016（8）：16－23.

［114］杜志琴．欧美生鲜农产品电子商务运营模式创新做法及启迪［J］．对外经贸实务，2016（7）：72－75.

［115］郝世绵，胡月英，张国宝，等．生鲜网购全产业链服务质量评价［J］．统计与决策，2016（11）：56－59.

［116］陈范娇．生鲜电商消费者满意度影响因素实证研究［J］．商业经济研究，2016（8）：49－51.

［117］汪旭晖，张其林．电子商务破解生鲜农产品流通困局的内在机理——基于天猫生鲜与沱沱工社的双案例比较研究［J］．中国软科学，2016

(2): 39 - 55.

[118] 艾维娜，杨坚争，王林．互联网视角下生鲜 O2O 商业模式研究——以“厨易时代”为案例 [J]．当代经济管理，2016，38 (1): 17 - 22.

[119] 张鸽．借鉴美国经验优化我国农产品电子商务发展的路径 [J]．农业经济，2015 (12): 128 - 130.

[120] 吴志坚，邱俊杰．农业合作社运营生鲜电商平台的挑战、意义与机制 [J]．科技管理研究，2015，35 (19): 197 - 201 + 206.

[121] 刘萍．S 公司生鲜 O2O 平台商业模式及其发展对策研究 [D]．成都：电子科技大学，2015.

[122] 赵琦轩．生鲜农产品冷链物流的发展现状与对策研究 [J]．物流技术，2015，34 (16): 27 - 29.

[123] 张应语，张梦佳，王强，等．基于感知收益——感知风险框架的 O2O 模式下生鲜农产品购买意愿研究 [J]．中国软科学，2015 (6): 128 - 138.

[124] 陈亮．从阿里平台看农产品电子商务发展趋势 [J]．中国流通经济，2015，29 (6): 58 - 64.

[125] 林家宝，万俊毅，鲁耀斌．生鲜农产品电子商务消费者信任影响因素分析：以水果为例 [J]．商业经济与管理，2015 (5): 5 - 15.

[126] 吴传淑．国外生鲜电商发展模式探析 [J]．世界农业，2015 (5): 136 - 138 + 150.

[127] 刘一江，王录安，冯璐，等．降低农产品价格的新探索——构建生鲜农产品电子商务模式 [J]．现代管理科学，2015 (3): 112 - 114.

[128] 王磊，但斌．考虑消费者效用的生鲜农产品供应链保鲜激励机制研究 [J]．管理工程学报，2015，29 (1): 200 - 206.

[129] 但斌，丁松，伏红勇．信息不对称下销地批发市场的生鲜供应链协调 [J]．管理科学学报，2013，16 (10): 40 - 50.

[130] 胡冰川．生鲜农产品的电子商务发展与趋势分析 [J]．农村金融研究，2013 (8): 15 - 18.

[131] 甘小冰，钱丽玲，王沿，等．我国生鲜农产品供应链一体化模式研究 [J]．物流技术，2013，32 (15): 227 - 231.

［132］水常青，许庆瑞．企业创新文化理论研究述评［J］．科学学与科学技术管理，2005（3）：138－142.

［133］FROHMAN A L. Personal initiative sparks innovation［J］. Research Technology Management，1999（3）：32－38.

［134］朱宗乾，刘彬．基于结构方程模型的“互联网＋”商业模式创新影响因素［J］．开发研究，2016（6）：89－94.

［135］胡赛全，詹正茂，钱悦，等．企业创新文化、战略能力对创业导向的影响研究［J］．科研管理，2014，35（10）：107－113.

［136］郭毅夫．商业模式转型影响因素的实证研究［J］．中国管理科学，2012，20（S2）：594－599.

［137］林岚涛．商业文化与市场环境研究［J］．商业文化，1997（3）：5－8.

［138］牛冲槐，张永胜．科技型人才聚集环境及聚集效应分析（七）——市场环境对科技型人才聚集效应的影响分析［J］．太原理工大学学报（社会科学版），2009，27（1）：10－12.

［139］龚艳平，梁树霖．团购服务场景对消费者购买意愿影响的研究［J］．华东经济管理，2015，29（11）：1－10.

［140］胡保亮．商业模式创新采纳影响因素研究［J］．科技管理研究，2013，33（18）：6－9.

［141］王雪冬，董大海．商业模式创新概念研究述评与展望［J］．外国经济与管理，2013，35（11）：29－36＋81.

［142］刘建刚，钱玺娇．“互联网＋”战略下企业技术创新与商业模式创新协同发展路径研究——以小米科技有限责任公司为案例［J］．科技进步与对策，2016，33（1）：88－94.

［143］刘建刚，张美娟，陈昌杰，等．互联网平台企业商业模式创新影响因素研究——基于扎根理论的滴滴出行案例分析［J］．中国科技论坛，2017（6）：185－192.

［144］JOHNSON M W，CHRISTENSEN C M. Reinventing Your Business Model［J］. Harvard Business Review，2008.

［145］郭勤贵．互联网新商业模式：传统商业模式颠覆与重构［M］．北

京：机械工业出版社，2016.

[146] 陈志．战略性新兴产业发展中的商业模式创新研究 [J]. 经济体制改革，2012 (1)：112－116.

[147] HOOFF B V D, HUYSMAN M. Managing Knowledge Sharing: Emergent and Engineering Approaches [J]. Information & Management, 2009, 46 (1): 1－8.

[148] 吴明隆. SPSS 统计应用实务 [M]. 北京：中国铁道出版社，2000.

[149] KOTLER P. Marketing Management [M]. Prentice－Hall, 1999.

[150] TEO T, YEONG Y A. Assessing the Consumerdecision Process in the Digital Marketplace [J]. Omega, 2003, 31 (5): 349－363.

[151] ENGEL J, BLACKWELL R, MINIARD P. Consumer Behavior [M]. Orlando: Dryden Press, 1995.

[152] HOWARD J. Consumer Behaviors in Marketing Strategy [M]. Englewood Cliffs, New Jersey: Prentice－Hall, 1989.

[153] O'ROURKE D, RINGER A. The Impact of Sustainability Information on Consumer Decision Making [J]. Journal of Industrial Ecology, 2016, 20 (4): 882－892.

[154] LISA SCHUSTER. Competition and its Influence on Consumer Decision Making in Social Marketing [J]. Journal of Marketing Management, 2015, 31: 1333－1352.

[155] 王崇，李一军，叶强．互联网环境下基于消费者感知价值的购买决策研究 [J]. 预测，2007 (3)：21－25＋60.

[156] 苏凇，孙川，陈荣．文化价值观、消费者感知价值和购买决策风格：基于中国城市化差异的比较研究 [J]. 南开管理评论，2013，16 (1)：102－109.

[157] 叶乃沂，周蝶．消费者网络购物感知风险概念及测量模型研究 [J]. 管理工程学报，2014，28 (4)：88－94.

[158] 王晓玉，晁钢令，吴纪元．产品伤害危机及其处理过程对消费者考虑集的影响 [J]. 管理世界，2006 (5)：86－95＋172.

［159］井淼，张梦远，王方华．产品伤害危机中信息来源对消费者购买决策的影响［J］．系统管理学报，2013，22（1）：53－59.

［160］马旭军，王丽娟．对价格因素影响消费者决策行为的研究——基于价格信息的消费者决策模型［J］．价格理论与实践，2007（6）：69－70.

［161］郭艳艳．上海市消费者对食品安全支付意愿的实证研究——以猪肉消费为例［J］．西南民族大学学报（自然科学版），2013，39（4）：605－610.

［162］胡定寰，俞海峰，REARDON T. 中国超市生鲜农副产品经营与消费者购买行为［J］．中国农村经济，2003（8）：12－17.

［163］常亚平，阎俊，方琪．企业社会责任行为、产品价格对消费者购买意愿的影响研究［J］．管理学报，2008（1）：110－117.

［164］韩杨，曹斌，陈建先，等．中国消费者对食品质量安全信息需求差异分析——来自1573个消费者的数据检验［J］．中国软科学，2014（2）：32－45.

［165］李楠，李佳洁．我国网购生鲜农产品的发展概况分析［J］．中国食物与营养，2016，22（1）：49－53.

［166］蔡淑琴，马玉涛，王瑞．在线口碑传播的意见领袖识别方法研究［J］．中国管理科学，2013，21（2）：185－192.

［167］冯娇，姚忠．基于社会学习理论的在线评论信息对购买决策的影响研究［J］．中国管理科学，2016，24（9）：106－114.

［168］朱安平．浅析网上购物及其安全风险与防范措施［J］．网络财富，2010（7）：126－128.

［169］王洪鑫，刘玉慧．网络购买生鲜农产品的消费者满意度影响因素实证研究［J］．消费经济，2015，31（6）：81－86.

［170］韩伟伟，王晶．产品设计与性能冲突对消费者决策过程的神经学影响［J］．南开管理评论，2017，20（2）：155－168.

［171］蒋廉雄，卢泰宏．形象创造价值吗？——服务品牌形象对顾客价值—满意—忠诚关系的影响［J］．管理世界，2006（4）：106－114＋129.

［172］龚振．消费者行为学［M］．广州：广东高等教育出版社，2004.

［173］MENTZER J T，FLINT D J，KENT J L. Developing a Logistics Service

Quality Scale [J]. Journal of Business Logistics, 1999, 20 (1): 9 -32.

[174] HAUSER J R, WERNERFELT B. An Evaluation Cost Model of Consideration Sets [J]. Journal of Consumer Research, 1990, 16 (4): 393 -408.

[175] JARVENPAA S L, TODD P A. Consumerreactions to Electronic Shopping on the World Wide Web [J]. International Journal of Electronic Commerce, 1996, 1 (2): 59 -88.

[176] PARASURAMAN A V, ZEITHAML V A, BERRY L L. Servqval: A Multiple - item Scale for Measuring Consumer Perceptions of Service Quality [J]. Journal of Retailing, 1988, 64: 12 -40.

[177] CHAUDHURI A, HOLBROOK M B. The chain of effects from brand trust and brand affect to brand performance: the role of brand loyalty [J]. Journal of Marketing, 2001 (2): 81 -93.

[178] DODDS W B, GREWAL D, MONROE K B. Effects of price, brand and store information on buyers'product evaluations [J]. Journal of Marketing Research, 1991, 28 (3): 219 -307.

[179] 江明华，曹鸿星. 品牌形象模型的比较研究 [J]. 北京大学学报(哲学社会科学版), 2003 (2): 107 -114.

[180] ARSLAN F M, ALTUNA R K. The Effect of Brand Extensions On Product Brand Image [J]. Journal of Product & Brand Management, 2010, 19 (2 -3): 170 -180.

[181] BIEL A L. How Brand Image Drives Brand Equity [J]. Journal of Advertising Research, 1993, 6 (6): 6 -12.

[182] DAVIS S. Brand Asset Management: How Business Can Profit from the Power of Brand [J]. Journal of Consumer Marketing, 2002, 19 (4): 351 -359.

[183] 关辉，董大海. 中国本土品牌形象对感知质量—顾客满意—品牌忠诚影响机制的实证研究——基于消费者视角 [J]. 管理学报, 2008 (4): 583 -590.

[184] DUANGTHIDA N, ANDREW L, BRIGITTE S, et al. Examining Online Brand Image Dimensions from Hotel Managers and Customers Perspectives in

Relation to Herzberg's Two – Factor Theory [M]. Springer International Publishing, 2013: 693 – 706.

[185] JIANG Z, NAGASAWA S, JUNZO W. Luxury Fashion Brand Image Building: the Role of Store Design in Bally and Tod's Japan [J]. Management Decision, 2014, 52 (7): 1288 – 1301.

[186] JUSTIN B, SIMON B, SONIA M, et al. Social Networking the Brand—An Exploration of the Drivers of Brand Image in the South African Beer Market [J]. Journal of Food Products Marketing, 2014, 20 (4): 362 – 389.

[187] RAMANATHAN J, VELAYODHAN S K. Consumer Evaluation of Brand Extensions: Comparing Goods to Goods Brand Extensions with Goods to Services [J]. Journal of Brand Management, 2015, 22 (9): 778 – 801.

[188] LUKMAN H, STEVANUS S. The Influence of Brand Image and Brand Attitude Toward Buying Interest (The Case of Garuda Indonesia and Lion Air) [M]. Springer Singapore, 2013.

[189] LAHAP J, RAMLI N S, SAID N M, et al. A Study of Brand Image towards Customer's Satisfaction in the Malaysian Hotel Industry [J]. Procedia – Social and Behavioral Sciences, 2016, 224: 149 – 157.

[190] 韩慧林，邹统钎，庄飞鹏．公司品牌形象对消费者购买意向的作用路径研究——基于中国跨国公司的实证分析 [J]. 中央财经大学学报，2017 (8): 91 – 99.

[191] SANDES F S, URDAN A T. Electronic Word – of – Mouth Impacts on Consumer Behavior: Exploratory and Experimental Studies [J]. Journal of International Consumer Marketing, 2013, 25 (3): 181 – 197.

[192] GENSLER S, FISCHBACH V, EGGER M, et al. Listen to Your Customers: Insights into Brand Image Using Online Consumer – Generated Product Reviews [J]. International Journal of Electronic Commerce, 2016 , 20: 112 – 141.

[193] BARREDA A, BILGIHAN A, NUSAIR K, et al. Online Branding: Development of Hotel Branding Through Interactivity Theory [J]. Tourism Management, 2016, 57: 180 – 192.

[194] 乔均. 互联网金融企业品牌形象度量研究 [J]. 南京社会科学, 2016 (10): 23-28+43.

[195] WARD M R, LEE M J. Internet Shopping Consumer Search and Product Branding [J]. Journal of Product and Brand Management, 2000, 9 (1): 6-20.

[196] 李桂华, 张会龙, 黄磊. 供应商要素品牌价值形成的资源条件及内在机理研究 [J]. 管理学报, 2017, 14 (10): 1505-1514.

[197] 卢宏亮, 李桂华, 李英禹. B2B 品牌化对企业间关系及财务绩效的影响研究 [J]. 南开管理评论, 2016, 19 (4): 169-180.

[198] 孙瑾, 王永贵. 是"只见树木"还是"整片森林"——性别对消费者比较信息处理过程的调节作用 [J]. 南开管理评论, 2016, 19 (3): 89-97.

[199] 苏胜强, 谷永春. 基于消费者价值观的市场细分实证研究 [J]. 华东经济管理, 2007 (1): 130-133.

[200] KELLER K. Brand Synthesis: the Multidimensionality of Brand Knowledge [J]. Journal of Consumer Research, 2003, 29 (4): 595-600.

[201] 杨一翁, 孙国辉. 国家、公司和产品品牌形象对消费者态度与购买倾向的作用机制——基于运动品牌的数据 [J]. 经济管理, 2013, 35 (1): 99-109.

[202] DAS G. Linkages Between Self-congruity, Brand Familiarity, Perceived Quality and Purchase Intention: A Study of Fashion Retail Brands [J]. Journal of Global Fashion Marketing, 2015, 6 (3): 180-193.

[203] 王海中, 于春玲, 赵平. 品牌资产的消费者模式与产品市场产出模式的关系 [J]. 管理世界, 2006 (1): 106-119.

[204] KIM J, HYUN Y. A Model to Investigate the Influence of Marketing-Mix Efforts and Corporate Image on Brand Equity in the IT Software Sector [J]. Industrial Marketing Management, 2011, 40: 424-438.

[205] PALMER A, O'NEILL M. The Effects of Perceptual Processes On The Measurement of Service Quality [J]. Journal of Services Marketing, 2003, 17 (3): 254-274.

[206] BAO Y C, BAO Y Q, SHENG S B. Motivating Purchase of Private

Brands: Effects of Store Image, Product Signatureness, and Quality Variation [J]. Journal of Business Research, 2010, 64 (2): 220 -226.

[207] 高建丽，张同全. 个体—组织文化契合对敬业度的作用路径研究——以心理资本为中介变量 [J]. 中国软科学，2015 (5): 101 -109.

[208] 张天一. 伏牛传：一个社群品牌的内部运营笔记 [M]. 北京：机械工业出版社，2016.

[209] 克里斯·安德森. 免费：商业的未来 [M]. 蒋旭峰，冯斌，璩静，译. 北京：中信出版社，2009.

[210] 刘佳宁. 华兴资本战略顾问刘佳宁：未来五年什么公司最赚钱 [R]. 华兴资本，2016.

[211] 于本海，杨永清，孙静林，等. 顾客体验与商户线下存在对社区O2O 电商接受意向的影响研究 [J]. 管理学报，2015，12 (11): 1658 -1664.

[212] 李克强. 2015 年政府工作报告（全文实录）[EB/OL]. http://www.lianghui.people.com.cn/2015npc/n/2015/0305/c394298 -26642056.html, 2015 -3 -5.

[213] 马广奇，魏梦珂. “互联网 +”时代下我国共享单车市场的实践困境与应对策略 [J]. 企业经济，2017，36 (12): 124 -128.

[214] MORRIS M, SCHINDEHUTTE M, ALLEN J. The entrepreneur's business model: toward a unified perspective [J]. Journal of Business Research, 2005, 58 (6): 726 -735.

[215] 王伟，张善良，李意茹. 颠覆与重构：互联网情境下商业模式动态模型构建 [J]. 企业经济，2017，36 (7): 59 -65.

[216] SMITH W K, BINNS A, TUSHMAN M L. Complex Business Models: Managing Strategic Paradoxes Simultaneously [J]. Long Range Planning, 2010, 43 (2 -3): 448 -461.

[217] 魏炜，朱武祥，林桂平. 基于利益相关者交易结构的商业模式理论 [J]. 管理世界，2012 (12): 125 -131.

[218] 史竹琴，蔡瑞林，朱先奇. 智能生产共享商业模式创新研究 [J]. 中国软科学，2017 (6): 130 -139.

[219] 郝身永."互联网+"商业模式的多重竞争优势研究[J].经济问题探索,2015(9):41-44+148.

[220] 尹倩.价值创新视角下的"互联网+"时代商业模式探析[J].中国商论,2016(31):129-131.

[221] 董岳,王翔,周冰莲,等."互联网+"时代商业模式创新的演变过程研究[J].中国科技论坛,2017(2):150-155.

[222] 邢纪红,王翔.传统制造企业"互联网+"商业模式创新的结构特征及其实现路径研究[J].世界经济与政治论坛,2017(2):70-90.

[223] 马化腾,等.分享经济:供给侧改革的新经济方案[M].北京:中信出版社,2016.

[224] 刘建刚,马德清,陈昌杰,等.基于扎根理论的"互联网+"商业模式创新路径研究——以滴滴出行为例[J].软科学,2016,30(7):30-34.

[225] 赖磊,姜农娟.基于扎根理论的共享单车商业模式设计研究——以摩拜单车为例[J].当代经济管理,2017,39(6):19-22.

[226] 陈文基,忻展红,申志伟.基于经典扎根理论的商业模式研究[J].北京邮电大学学报(社会科学版),2011,13(3):81-88.

[227] 郑称德,许爱林,赵佳英.基于跨案例扎根分析的商业模式结构模型研究[J].管理科学,2011,24(4):1-13.

[228] HEATH H, COWLEY S. Developing a Grounded Theory Approach: A Comparison of Glaser and Strauss [J]. International Journal of Nursing Studies, 2004, 41 (2): 141-150.

[229] 刘凯宁,樊治平,李永海,等.基于价值链视角的企业商业模式选择方法[J].中国管理科学,2017,25(1):170-180.

[230] BOONS F, LÜDEKE-FREUND F. Business Models for Sustainable Innovation: State-of-the-art and Steps towards a Research Agenda [J]. Journal of Cleaner Production, 2013, 45: 9-19.

[231] AAGAARD A, LINDGREN P. The Opportunities and Challenges of Persuasive Technology in Creating Sustainable Innovation and Business Model Innovation [J]. Wireless Personal Communications, 2015, 81 (4): 1511-1529.

[232] 曲创，刘重阳．平台厂商市场势力测度研究——以搜索引擎市场为例［J］．中国工业经济，2016（2）：98－113.

[233] 邵天宇．互联网思维下的商业模式创新路径研究［D］．大连：大连理工大学，2014.

[234] 汪孔文．互联网环境下零售商业模式创新［D］．福建：华侨大学，2011.

[235] 杨来娣．基于互联网视角的商业模式创新研究［D］．天津：天津商业大学，2016.

[236] 齐严．商业模式创新研究［D］．北京：北京邮电大学，2010.

[237] 刘彬．"互联网＋"商业模式创新的影响因素及机理研究［D］．西安：西安理工大学，2017.

[238] 原磊．国外商业模式理论研究评介［J］．外国经济与管理，2007（10）：17－25.

[239] STEWART D W, ZHAO Q. Internet Marketing, Business Models, and Public Policy [J]. Journal of Public Policy & Marketing, 2000, 19 (3).

[240] LINDGREN P, SAGHAVG K F, KNUDSEN H. Innovating Business Models and Attracting Different Intellectual Capabilities [J]. Measuring Business Excellence, 2009, 13 (2): 17－24.

[241] VELU C. Business model innovation and third－party alliance on the survival of new firms [J]. Technovation, 2015, 35: 1－11.

[242] ZHENG C. The Inner Circle of Technology Innovation: A Case Study of Two Chinese Firms [J]. Technological Forecasting and Social Change, 2014, 82: 140－148.

[243] 方志远．商业模式创新战略［M］．北京：清华大学出版社，2014.

[244] 纪慧生．基于价值的互联网企业商业模式创新［J］．北京邮电大学学报（社会科学版），2013，15（5）：65－72.

[245] 罗小鹏，刘莉．互联网企业发展过程中商业模式的演变——基于腾讯的案例研究［J］．经济管理，2012，34（2）：183－192.

[246] 王千．微信平台商业模式创新研究［J］．郑州大学学报（哲学社

会科学版)，2014，47（6）：87－91.

［247］包富华，李玲，郑秋婵．互联网旅游企业商业模式分析研究——以携程旅行服务公司为例［J］．生态经济，2013（3）：156－159＋165.

［248］魏炜，胡勇，朱武祥．变革性高速成长公司的商业模式创新奇迹——一个多案例研究的发现［J］．管理评论，2015，27（7）：218－231.

［249］FRANCA C L，BROMAN G，ROBERT K H，et al. An Approach Tobusiness model innovation and Design for Strategic Sustainable Development［J］. Journal of Cleaner Production，2017，140（1）：155－166.

［250］MAGRETTA J. Why Business Models Matter［J］. Harvard Business Review，2002，80（5）：86－92.

［251］孙永磊，陈劲，宋晶．企业创新方式选择对商业模式创新的影响研究［J］．管理工程学报，2018，32（2）：1－7.

［252］吴菲菲，徐艳，黄鲁成．新技术引致商业模式创新的研究［J］．科技管理研究，2010，30（23）：1－4.

［253］WILLEMSTEIN L，VALK T，MEEUS M. Dynamics in Business Model：An Empirical Analysis of Medical Biotechnology Firm in the Netherlands［J］. Technovation，2007，27：221－232.

［254］BJÖRKDAHL J. Technology Cross－fertilization and the Business Model：The Case of Integrating Icts in Mechanical Engineering Products［J］. Research Policy，2009，38（9）：1468－1477.

［255］张新香．商业模式创新驱动技术创新的实现机理研究——基于软件业的多案例扎根分析［J］．科学学研究，2015，33（4）：616－626.

［256］李志强，赵卫军．企业技术创新与商业模式创新的协同研究［J］．中国软科学，2012（10）：117－124.

［257］BADEN－FULLER C，HAEFLIGER S. Business Models and Technological Innovations［J］. Long Range Plan ，2013，46：419－426.

［258］YIN R K. CASE Study Research：Design and Methods（Fourth Edition）［M］. California：Sage Publications，2009.

［259］周江华，仝允桓，李纪珍．基于金字塔底层（BoP）市场的破坏性

创新——针对山寨手机行业的案例研究［J］. 管理世界，2012（2）：112 -130.

［260］JB WU，B GUO，YJ SHI. Customer Knowledge Management and IT - enabled Business Model Innovation：A Conceptual Framework and a Case Study from China［J］. European Management Journal，2013，31（4）：359 -372.

［261］许庆瑞，吴志岩，陈力田．转型经济中企业自主创新能力演化路径及驱动因素分析——海尔集团 1984 ~2013 年的纵向案例研究［J］. 管理世界，2013（4）：121 -134 +188.

［262］DYER W G，WILKINS A L. Better Stories，Not Better Constructs to Generate Better Theory：A Rejoinder to Eisenhardt［J］. Academy of Management Review，1991，16（3）：613 -619.

［263］吴晓波，朱培忠，吴东，等．后发者如何实现快速追赶？——一个二次商业模式创新和技术创新的共演模型［J］. 科学学研究，2013，31（11）：1726 -1735.

［264］EISENHARDT K M，GRAEBNER M E. Theory building from cases：opportunities and challenges［J］. Academy of Management Journal，2007，50（1）：25 -32.

［265］DESYLLAS P，SAKO M. Profiting from Business Model Innovation：Evidence from Pay - As - You - Drive Auto Insurance［J］. Research Policy，2013，42（1）：101 -116.

［266］PATTON M Q. Qualitative Research and Evaluation Methods（Third Edition）［M］. California：Sage Publication，2002.

［267］贺林．小米手机公司的发展战略研究［D］. 北京：北京邮电大学，2013.

［268］JANTUNEN S，GAUSE D C. Using a Grounded Theory Approach for Exploring Software Product Management Challenges［J］. Journal of Systems and Software，2014，95：32 -51.

［269］CLEMONS E K，MADHANI N. Regulation of Digital Businesses with Natural Monopolies or Third - Party Payment Business Models：Antitrust Lessons from the Analysis of Google［J］. Journal of Management Information Systems，

2010, 27 (3): 43 -80.

[270] MILES R E, MILES G, SNOW C C. Collaborative Entrepreneurship: A Business Model for Continuous Innovation [J]. Organizational Dynamics, 2006, 35 (1): 1-11.

附录 1　调查问卷 1

网络生鲜平台企业商业模式创新外部影响因素调查问卷

尊敬的先生/女士：

您好！我们目前正在开展关于商业模式创新的学术课题研究。十分感谢您在百忙之中抽空参与本课题的问卷调查，本问卷实行匿名制，所有数据只用于统计分析，请您放心填写。题目选项无对错之分，请您按自己对以下所提出的网络生鲜平台商业模式创新外部影响因素的认可程度来填写。

感谢您的支持！祝您工作顺利，万事如意！

常州大学商学院

以下罗列出的一些关于网络生鲜平台商业模式创新的影响因素，请根据您对其认同度进行打分，认同度打分规则如下：1 为非常不同意；2 为不同意；3 为不一定；4 为同意；5 为非常同意。

(　) 国民生活水平的提高带动了网络生鲜平台的发展。

(　) 生鲜主要消费人群年龄层次的变化对网络生鲜平台发展方向产生影响。

(　) 不同客户群体对生鲜产品的需求不同对电商平台发展方向产生影响。

(　) 互联网使消费者在线上下单购买生鲜更加方便，促进了生鲜平台发展。

(　) 物流产业的蓬勃发展，提高了物流的整体效率，促进了生鲜平台电商的发展。

(　) 消费者越来越注重消费体验，激励生鲜平台加大对提升消费体验的投入。

(　) 巨大资本的涌入促进网络生鲜平台的蓬勃发展，激化了生鲜行业的竞争。

( ) 这两年生鲜产业发展迅猛，行业的快速发展使生鲜平台不断调整商业模式。

( ) 农产品的生产效率急剧提高，供应量大大增加，促进了网络生鲜平台产业的发展。

( ) 生鲜保质期的延长为远距离物流提供了可能性，为网络生鲜平台的发展带来了契机。

( ) 互联网终端如电脑、智能移动设备等发展成熟，让网络生鲜平台化变得可行。

( ) 生鲜平台的物流产业是靠淘宝、京东等大型网购平台的带动才发展起来的。

( ) 物流产业的成熟让网络生鲜平台的发展成为可能。

( ) 冷链仓储技术解决了生鲜产品的远途运输问题，极大地推动了生鲜平台的发展。

( ) 基础设施包括冷链仓储和物流等都已基本具备，利于网络生鲜平台商业模式创新。

( ) 从上至下包括政府政策、技术、产业、周边设施等都已完全能够匹配网络生鲜平台的发展，这正是网络生鲜平台发展的良好时机。

( ) 网络生鲜平台企业青睐使用最新技术，这一心态大大激励企业的商业模式创新。

( ) 生鲜企业勇于接受市场挑战的心态，极大影响了网络生鲜平台商业模式创新。

( ) 生鲜企业充分认识到市场是不断变化的，这有利于企业实时调整商业模式。

( ) 在生鲜企业发展过程中不介意来自专家和同行的诸多质疑，积极应对，这样能促进企业商业模式创新。

( ) 企业管理层包容公司员工在面对同一件事时的不同处事方式，这样会提高公司创新性。

( ) 网络生鲜平台企业尽早建立有效的保障机制，能够在突发情况下有效避险，这样能保证公司商业模式的创新持续进行。

（　）保证员工之间信息透明，信息资源利用最大化，这有利于生鲜平台商业模式创新。

（　）鼓励员工间相互求教，互相学习，让员工能够适应企业不同岗位，激发员工的创造性思维，激励企业的商业模式创新。

以下罗列的变量您认为是否能显示出企业的商业模式创新，请根据您对其进行认可度评价，评价标准如下：1 为十分不认可；2 为不认可；3 为不一定；4 为认可；5 为非常认可。

（　）改变了企业的目标客户。

（　）给客户带来了具有创新性的生鲜产品（或服务）。

（　）网络生鲜平台企业的总收入有了显著提高。

（　）网络生鲜平台企业的成本有了显著下降。

（　）网络生鲜平台企业的利润构成方式有了明显改善。

（　）网络生鲜平台企业各项资源更迭的速度和效率得到了明显的提高。

（　）企业所使用的包括冷链等的技术和设施得到更新或改善。

（　）企业员工的整体素质有所提升。

（　）企业的合作伙伴或企业所处的联盟有所改善。

（　）企业获得信息的质量或获得信息的渠道有所改善。

（　）企业运营的流程有所简化或创新。

（　）企业的规则和指标有过很好的改善。

（　）通过企业自身所取得成就，重新制定了网络生鲜平台行业的标准。

请专家按自身情况填写以下信息：

性别：男（ ）　　　　女（ ）

身份：学者（ ）　　　政府相关人员（ ）　　　企业管理人员（ ）

学者：您对商业模式的研究已有多少年？

A. 三年内　　B. 五年内　　C. 五年以上

政府相关人员：您从事相关工作多少年？

A. 三年内　　B. 五年内　　C. 五年以上

企业管理人员：您从事管理岗位多少年？

A. 三年内　　B. 五年内　　C. 五年以上

您对此份问卷或者生鲜平台商业模式创新影响因素还有什么其他看法？

谢谢您的参与！

附录 2　调查问卷 2

用户体验对网络生鲜平台商业模式创新绩效（消费者购买意愿维度）的影响调查问卷

尊敬的先生/女士：

您好！

感谢您参加本次问卷调查。本次问卷调查旨在研究用户体验对网络生鲜平台商业模式创新绩效（消费者购买意愿维度）的影响。您的回答没有对错之分，调查结果仅作学术研究之用，不作其他任何用途，并且尊重您的隐私，对您的资料予以保密，请放心作答。您所提供的宝贵资料对本次研究非常重要，我们诚恳地希望您仔细阅读各项问题，给出最真实的答案。非常感谢您的支持，祝您生活愉快，身体健康！

填表说明：

1. 凡符合您的情况和想法，请填入相应的选项。
2. 请回答所有的问题，如有一个问题未按规定回答，整个问卷作废。
3. 填写问卷时，请不要与他人商量。

第一部分：基本信息（请根据您的现实状态进行选择，在括号中填写答案）

1. 您的性别（　　）

A. 男　　B. 女

2. 您的年龄段（　　）

A. 15 岁以下　　B. 15～20 岁　　C. 21～30 岁　　D. 31～40 岁

E. 41～50 岁　　　F. 50 岁以上

3. 您每次用于购买食材的预算是（　　）

A. 10 元以下　　B. 10～20 元　　C. 20～30 元　　D. 30～40 元

E. 40～50 元　　F. 50 元以上

4. 您购买生鲜产品的频率（　　）

A. 一天一次　　B. 两天一次　　C. 三天一次　　D. 五天一次

E. 一周一次　　F. 其他

5. 您是否在网络上购买过生鲜产品（　　）

A. 买过　　B. 没有

第二部分：以下是一些有关网购生鲜的相关描述，请根据您的真实想法回答

您在网购生鲜时，认为哪些要素较为重要？我们列出了一些要素，在您认为的程度下打"√"。

序号	题目	完全不同意	不同意	不确定	同意	完全同意
1	电子商务商家的定价相对低于实体店的定价					
2	电子商务商家优惠活动或折扣幅度大					
3	产品质量可靠，食用安全					
4	产品新鲜，果肉饱满					
5	产品包装材料安全					
6	该网站能够保障个人隐私安全					
7	该网站消费过程中能够保证资金安全					
8	产品有相关质检机构开具的质检报告					
9	物流配送人员服务态度好					
10	产品在运输过程中很少发现损坏					
11	产品从下单到收货的时间短					

续 表

序号	题目	完全不同意	不同意	不确定	同意	完全同意
12	生鲜产品的运送过程中保鲜效果好					
13	客服人员准确及时回答购前咨询，态度热情					
14	付款后，客服人员依然及时耐心回复咨询					
15	对产品不满意后，客服人员耐心及时帮助退换货物					
16	网站界面新颖，分类清晰，商品配图完整，信息陈列详细					
17	网站操作方便					
18	熟悉的人说这家生鲜网店性价比很高					
19	熟悉的人在朋友圈等社交网络上分享了好的网络购买经历					
20	生鲜产品在购物网站上综合排名靠前					
21	生鲜产品在购物网站上好评比例高					
22	生鲜产品在购物网站上显示成交量大					
23	网络名人推荐，在论坛、微博评价好					
24	该生鲜网店在业内有很高的知名度					

如果您不选择网购或很少购买生鲜产品，判断以下相关原因的程度，并在相应的空格内打“√”。

序号	题目	完全不同意	不同意	不确定	同意	完全同意
25	网上只有图片没有实物，没有办法像在实体店那样判断商品的优劣					
26	网上生鲜类产品难以监管，农药超标等食品安全问题得不到保障					

续 表

序号	题目	完全不同意	不同意	不确定	同意	完全同意
27	如果感觉产品不满意，退换商品麻烦					
28	运输过程中可能导致商品破损、变质和串味					
29	个人信息可能泄露，银行卡可能被盗					

今后的生活中，对于生鲜类产品的网上购买，请您判断下列购买态度的可能性程度，并在相应的空格内打“√”。

序号	题目	完全不同意	不同意	不确定	同意	完全同意
30	从来不会考虑网上购买生鲜产品					
31	优先考虑线下购买生鲜产品，线下没有合适的才会选择网上购买					
32	只要网上提供我想要买的生鲜产品，我就会在网上购买					
33	我会优先考虑上网购买所需的生鲜产品					

再次感谢您的参与，谢谢！

附录3　调查问卷3

品牌形象对网络生鲜平台商业模式创新绩效（消费者购买意愿维度）的影响调查问卷

尊敬的先生/女士：

您好！

感谢您参加本次问卷调查。本问卷旨在调查研究品牌形象对网络生鲜平台商业模式创新绩效（消费者购买意愿维度）的影响。您的回答没有对错之分，调查结果仅作学术研究之用，不作其他任何用途，并且尊重您的隐私，对您的资料予以保密，请放心作答。您所提供的宝贵资料对本次研究非常重要，我们诚恳地希望您仔细阅读各项问题，给出最真实的答案。非常感谢您的支持，祝您生活愉快，身体健康！

填表说明：1. 凡符合您的情况和想法，请填入相应的选项。

2. 请回答所有的问题，如有一个问题未按规定回答，整个问卷作废。

3. 填写问卷时，请不要与他人商量。

第一部分：个人资料

1. 您的性别（　　）

A. 男　　　　B. 女

2. 您的年龄（　　）

A. 20岁以下　　B. 20~30岁　　C. 31~40岁　　D. 41~50岁

E. 50岁以上

3. 您的出生地（　　）

A. 城市　　B. 农村

4. 您每月可支配于生鲜产品的金额（　　）

A. 500元以下　　B. 500～1000元

C. 1001～1500元　　D. 1501～2000元

E. 2000元以上

5. 您经常在哪个网络生鲜平台购买生鲜产品（　　）

A. 京东商城生鲜频道　　B. 天猫喵鲜生

C. 顺丰优选　　D. 苏宁苏鲜生

E. 本来生活网　　F. 天天果园

G. 中粮我买网　　H. 其他

第二部分：企业形象（这部分问卷内容主要是希望了解生鲜平台的形象是否会影响您对生鲜产品的看法）

序号	题目	完全不同意	不同意	不确定	同意	完全同意
1	这个品牌的生鲜平台知名度很高					
2	这个品牌的生鲜平台在市场上占有相对较大的市场份额					
3	这个品牌的生鲜平台顾客服务意识强					
4	这个品牌的生鲜平台员工形象良好（主要指客服、物流人员）					
5	这个品牌的生鲜平台具有很强的研发和创新能力（主要指冷链技术）					
6	这个品牌的生鲜平台在业界很权威					
7	这个品牌的生鲜平台界面设计新颖，具有个性化设计					
8	这个品牌的生鲜平台口碑好					
9	这个品牌的生鲜平台上的商家受到严格监管					

第三部分：产品/服务形象（这部分问卷内容主要是想了解你对生鲜平台下产品形象的看法）

序号	题目	完全不同意	不同意	不确定	同意	完全同意
1	这个品牌的生鲜平台上的生鲜产品的价格是昂贵的					
2	这个品牌的生鲜平台的生鲜产品价格是稳定的					
3	这个品牌的生鲜平台的生鲜产品是物有所值的					
4	这个品牌的生鲜平台的生鲜产品品种齐全					
5	这个品牌的生鲜平台的生鲜产品产地直供					
6	这个品牌的生鲜平台的生鲜产品好评度高					
7	这个品牌的生鲜平台所提供的物流服务是全程冷链					
8	这个品牌的生鲜平台所提供的物流到货速度快					
9	这个品牌的生鲜平台到货腐坏率低					
10	这个品牌的生鲜平台所提供生鲜产品品质有保证					
11	这个品牌的生鲜平台产品上新速度快					
12	这个品牌的生鲜平台客服服务专业					
13	这个品牌的生鲜平台提供特色服务（如美食制作教程、试吃等）					

第四部分：使用者形象（现在许多的消费者非常注重品牌使用者的形象，很大程度上受到以下因素的影响，因此我们想了解您对生鲜平台使用者形象的看法）

序号	题目	完全不同意	不同意	不确定	同意	完全同意
1	购买该平台生鲜产品的消费者相对比较年轻					
2	购买该平台生鲜产品的消费者主要以女性为主					
3	购买该平台生鲜产品的消费者具有较高的可支配收入					
4	购买该平台生鲜产品的消费者大多数受过良好的教育					
5	购买该平台生鲜产品的消费者看起来很有档次					
6	购买该平台生鲜产品的消费者追求品质生活					

第五部分：消费者决策（当您了解生鲜平台的品牌形象后，购买生鲜产品的可能性）

序号	题目	完全不同意	不同意	不确定	同意	完全同意
1	我喜欢购买该平台的生鲜产品					
2	转换平台和投诉的可能性较小					
3	如果重新做决定还是会做出相同消费决策					
4	主动向他人称赞以及推荐的该平台的生鲜产品					

再次感谢您的参与，谢谢！

附录 4　图表清单

图 1. 1　研究的总体结构 …………………………………………………… 10
图 2. 1　平台企业的构成要素 ……………………………………………… 12
图 2. 2　平台企业架构 ……………………………………………………… 12
图 2. 3　价值创造视角下互联网平台企业的概念与内涵 ………………… 13
图 2. 4　扎根理论研究过程 ………………………………………………… 20
图 3. 1　滴滴出行商业模式创新内部影响因素及各核心范畴主线 ……… 33
图 3. 2　核心范畴之间的关系 ……………………………………………… 34
图 4. 1　网络生鲜平台商业模式创新外部影响因素研究 ………………… 48
图 4. 2　网络生鲜平台企业商业模式创新外部影响因素初始结构方程模型 …………………………………………………………………… 60
图 4. 3　修正后网络生鲜平台企业商业模式创新外部影响因素结构方程模型 …………………………………………………………………… 64
图 4. 4　网络生鲜平台企业商业模式创新影响因素最终模型 …………… 69
图 6. 1　基于感知质量中介作用的研究模型 ……………………………… 92
图 6. 2　品牌形象对网络生鲜平台企业商业模式创新绩效的路径分析结果……………………………………………………………………… 103
图 6. 3　基于感知质量中介作用的品牌形象对商业模式创新绩效的路径分析结果……………………………………………………………… 105
图 7. 1　"互联网 + " 背景下商业模式创新路径 ………………………… 122
图 8. 1　滴滴出行商业模式创新核心范畴………………………………… 135
图 10. 1　网络购物类平台时空制约突破商业模式创新路径 …………… 170
图 10. 2　网络打车平台时空制约突破商业模式创新路径 ……………… 171

图 10. 3　一站式企业商务运营平台时空制约突破商业模式创新路径 …… 172
图 10. 4　网络社交平台时空制约突破商业模式创新路径 …… 173
图 11. 1　小米科技核心范畴的提取过程 …… 186
图 11. 2　小米科技技术创新——商业模式创新协同发展路径模型 …… 187
表 3. 1　开放性编码（部分） …… 28
表 3. 2　主轴性编码 …… 30
表 4. 1　自变量测量题项及参考文献来源 …… 49
表 4. 2　因变量测量题项及参考文献来源 …… 50
表 4. 3　KMO 指标判断标准 …… 52
表 4. 4　研究中采用的模型拟合指数及取值范围 …… 53
表 4. 5　样本大小和因子负荷量选取标准 …… 54
表 4. 6　解释变量信度检验 α 值 …… 55
表 4. 7　人口因素变量的信度检验 α 值 …… 55
表 4. 8　经济因素变量的信度检验 α 值 …… 55
表 4. 9　竞争因素变量的信度检验 α 值 …… 55
表 4. 10　技术进步变量的信度检验 α 值 …… 55
表 4. 11　冷链产业的发展变量的信度检验 α 值 …… 55
表 4. 12　公共政策的支持变量的信度检验 α 值 …… 55
表 4. 13　管理者富有创新精神变量的信度检验 α 值 …… 56
表 4. 14　管理者保持开放心态变量的信度检验 α 值 …… 56
表 4. 15　鼓励员工知识共享变量的信度检验 α 值 …… 56
表 4. 16　解释变量的 KMO 和 Bartlett’s 球形检验 …… 56
表 4. 17　解释变量的因子负荷系数 …… 56
表 4. 18　被解释变量信度检验 α 值 …… 58
表 4. 19　客户价值主张创新变量的信度检验 α 值 …… 58
表 4. 20　企业盈利模式创新变量的信度检验 α 值 …… 58
表 4. 21　企业关键资源创新变量的信度检验 α 值 …… 58
表 4. 22　企业关键流程创新变量的信度检验 α 值 …… 58
表 4. 23　被解释变量的 KMO 和 Bartlrtt’s 球形检验 …… 59

表4.24 被解释变量的因子负荷系数…………………………………………… 59
表4.25 初始结构方程模型拟合结果………………………………………………… 61
表4.26 修正后结构方程模型拟合结果……………………………………………… 62
表4.27 修正后生鲜平台商业模式创新影响因素模型的路径系数………… 64
表4.28 研究假设验证摘要…………………………………………………………… 67
表5.1 量表设计题目及来源 ………………………………………………………… 78
表5.2 量表设计题目代号及统计分析 ……………………………………………… 80
表5.3 相关系数 ……………………………………………………………………… 82
表5.4 变异系数分析 ………………………………………………………………… 82
表5.5 各因素对消费者决策回归系数 ……………………………………………… 83
表6.1 量表变量及测试项 …………………………………………………………… 97
表6.2 Cronbach α 系数 ……………………………………………………………… 99
表6.3 企业形象、产品（或服务）形象和使用者形象变量拟合指数
比较……………………………………………………………………………… 101
表6.4 企业形象各维度的区分效度检验…………………………………………… 102
表6.5 产品（或服务）形象各维度的区分效度检验 ……………………………… 102
表6.6 使用者形象各维度的区分效度检验………………………………………… 102
表6.7 结构方程模型拟合概要（1） ………………………………………………… 104
表6.8 假设检验结果（1） …………………………………………………………… 104
表6.9 结构方程模型拟合概要（2） ………………………………………………… 105
表6.10 假设检验结果（2） ………………………………………………………… 106
表8.1 开放性编码带入的概念（部分） …………………………………………… 129
表8.2 开放性编码结果（部分） …………………………………………………… 130
表8.3 营销策略的典范模型………………………………………………………… 132
表8.4 产品与服务的典范模型……………………………………………………… 133
表9.1 永安行案例开放性编码结果（部分） ……………………………………… 143
表9.2 永安行案例主轴性编码典范模型分析过程………………………………… 145
表9.3 ofo案例开放性编码过程（部分） ………………………………………… 148
表9.4 ofo案例主轴性编码典范模型分析结果 …………………………………… 151

表 10.1　人类交流的时空要求与制约 …………………………………… 160
表 10.2　基于扎根理论的案例资料编码（部分） ……………………… 163
表 10.3　一站式企业商务运营平台标签 ……………………………… 166
表 10.4　范畴 F3 的典范模型……………………………………………… 168
表 11.1　开放性编码（部分） …………………………………………… 182
表 11.2　主轴性编码结果 ……………………………………………… 184